Seadove

Seadove

世界頂級思維

62個影響世界的法則

滄海滿月/著

The World's Top Thinking

生存競爭的年代，

你需要的不是高人一等的學歷，

而是別人無法取代的實力。

62 Rules

愛因斯坦說過：

「人們解決世界的問題，

靠的是大腦思維和智慧。」

前言

改變世界文明進程的大科學家愛因斯坦說過：「人們解決世界的問題，靠的是大腦思維和智慧。」思維決定觀念，思維左右人生，思維創造一切，思維是進步的靈魂。解決問題、戰勝困境的最好武器是大腦，決勝的關鍵在於是否擁有先進的思維方式。

你的思維方式決定你的行為模式，決定你看待世界和人生的角度。優秀的思維，能使你很容易走向成功。有好的思維就會有好的出路，有宏大的思維就會有宏大的出路，有精彩的思維就會有精彩的出路。反過來，一般化的思維、平庸無奇的思維，則讓人碌碌無為、默默無聞。

無論是企業的經營管理，還是個人的發展，都是一個在不斷開創新的思考中選擇和變化的過程。思維是決定企業和個人成敗的關鍵因素，思維不同、解決問題的方法不同，由此會產生截然不同的兩種結局。成功者之所以成功，就在於他們能夠不斷思考、開拓創新，進而突破人生中的一個個難題，最終取得成功；平庸者之所以平庸，則在於他們墨守成規、畫地為牢、抱殘守缺，遇事不善於思考，不主動改變自己，最終成為社會的落伍者。

生活和工作中，我們常常為諸多複雜的問題和難題煩惱不已，為找不到高效的解決問題的思維方式自責灰心。「他山之石，可以攻

玉」，學習和借鑑那些成功人士的思維技巧是提高我們思維能力的一個有效捷徑。

社會發展和進化的過程也是人類思維發展和進化的過程。在人類漫長的自我探索、改造世界的過程中，各行各業的先驅們不斷開發大腦，總結思維規律，逐漸形成了解決問題、辨別真偽、開拓創新的思維體系。這些閃爍智者之光的世界頂級思維，彙集了成功學大師、經濟巨匠、心靈導師、管理領袖等各領域精英人士的思維精華，是人類思維長河中大浪淘沙後的智慧沉澱。它們是一把把開啟思維之門的鑰匙，能幫助我們打開一個個新的天地，讓我們從紛亂的表象中看到其本質，然後順勢而為，收到事半功倍之效；它們是一盞盞照亮人生的明燈，指引我們在黑暗中摸索前進，在人生的道路上少走彎路、少受挫折，更快地走向成功。

本書從世界思維寶庫中精選了流傳最廣、影響最大、最有價值的思維定律、效應和法則，劃分為素養、目標、計畫、統御、溝通、選拔、協調、參謀、決策、資訊、創新、競爭、財富等18大類別，結合中外經典案例，詳盡解析和探討了每一種思維定律、效應和法則的內涵及其應用之道，讓你一書在手通覽世界頂級思維的精義和奧妙，掌握開啟人類思維大門的鑰匙，探尋世界思維殿堂中的無窮寶藏。

畢馬龍效應，告訴你積極的心理暗示改變一個人的命運，激發潛能才能心想事成、夢想成真。

破窗效應，告訴你容忍破壞就是容忍犯罪，要防微杜漸，避免管理工作中出現「千里之堤，潰於蟻穴」。

長尾理論，告訴你冷門有時比熱門更有前景，抓住不熱銷的「尾巴」產品就能做大市場。

奧卡姆剃刀定律，告訴你如無必要勿增實體，最複雜的問題可用最簡單的方法來解決。

馬太效應，告訴你富者恆富、窮者恆窮的道理，啟發你改變思維，擺脫貧窮命運。

複利效應，告訴你複利的威力勝過原子彈，利用時間的複利效應可以讓錢倍增致富，實現財富滾雪球。

……

「紙上得來終覺淺，絕知此事要躬行。」打開本書，領悟書中一個個定律效應的奧祕，感悟思維的神奇力量，洞悉人生成功的方略，刷新自己的思維，創造自己的精彩人生！

目錄

Part 1

素養：改變世界前先改變自己

謙虛不是把自己想得很糟，而是完全不想自己。

——盧維斯（美國）

修養的本質如同人的性格，最終還是歸結到道德情操這個問題上。

——愛默生（美國）

性情的修養，不是為了別人，而是為自己增強生活能力。

——池田大作（日本）

跳蚤效應：心有多大，舞臺有多大

來源：生物學實驗。

內容精解：生物學家往玻璃杯中放入一隻跳蚤，跳蚤輕易地就跳出來了。再把這隻跳蚤放入加蓋的玻璃杯中，結果一次次跳起，一次次被撞。最後，這隻跳蚤變得聰明起來，它開始根據蓋子的高度來調整自己所跳的高度。一週之後取下蓋子，而跳蚤卻再也跳不出來了。

跳蚤效應說明，「自我設限」是一件悲哀的事情，跳蚤變成「爬蚤」並非自身已失去跳躍能力，而是由於一次次受挫後學乖了，習慣了，麻木了。跳蚤調節了自己跳的目標高度，而且適應了它，不再改變，行動的欲望和潛能被自己扼殺！

應用要訣：害怕失敗會導致失敗。要想獲得成功，就要打破自我設限的心理高度。心有多大，舞臺就有多大，只要你有成功的信心，你就能找到施展才華的舞臺。

態度決定高度，人生不設限

在成長的過程中，我們會遭受外界（包括家庭）太多的批評、打擊和挫折。在這樣的境地中，有的人奮發向上的熱情、欲望被「自我設限」壓制封殺，既對失敗惶恐不安，又對失敗習以為常，喪失了信心和勇氣，漸漸養成了懦弱、猶疑、狹隘、自卑、孤僻、害怕承擔責

任、不思進取、不敢拚搏的精神面貌，與生俱來的成功火種過早地熄滅。

成功是每一個人的夢。這個夢與生命同在，至死方休。按照佛洛伊德的理論，人生來就有「做偉人」的欲望。「做偉人」其實就是「成功」的集中表現。佛洛伊德之後的一些心理學家經過研究，也得出一個相似的結論：不論民族、文化、歷史、家庭、性別和年齡，人天生就有愛受讚美、喜愛人尊重的強烈願望和傾向。這是「人」的共性。因此，可以這麼說，成功的渴求與生俱來——因為，成功是獲得讚美與尊重最有效的途徑。

正如美國的著名心理學家約翰・杜威所認為，人類本質裡最深遠的驅策力是「希望有重要性」。以至於有些罪犯自述，他之所以縱火、殺人就是為了讓人們知道他，親眼目睹別人一聽到他的名字就如同五雷轟頂，那是他最感滿足之處。

追求成功是人類的本能。人為成功而來，也為成功而活。絕大多數人能堅韌不拔地走完人生歷程，就是因為成功的渴望始終存在。把它稱做信念也好，使命也好，責任也好，任務也好，總有期盼和牽掛，總有要完成的欲求。否則心有不甘，難以瞑目。成功意味著富足、健康、幸福、快樂、力量……在人類社會裡，這些東西總能獲得最多的尊重和讚美。人人追求成功。普天之下，無論貧富貴賤，有誰會站出來說：我不想成功，我不願成功？！

成功始於心動，成於行動。要解除「自我設限」，關鍵在自己。西諺說得好：「上帝只拯救能夠自救的人。」成功屬於願意成功的人。成功有明確的方向和目的。你不願成功，誰拿你也沒辦法；你自己不行動，上帝也幫不了你。成功並不是一個固定的蛋糕，數量有

限，別人切了，你就沒有了。不是那樣的，成功的蛋糕是切不完的，關鍵是你是否去切。你能否成功，與別人的成敗毫無關係。只有自己想成功，才有成功的可能。

洛克菲勒曾對兒子說：「西恩，我記得我曾對你說過你在現在這種年齡，務必做好的事情就是想好10年之後從事什麼工作，你對將來必須具有想象力。」

無論你現在處於什麼環境，你要在心裡問自己一個重要的問題：我將來想成為什麼人？無論是否有人對你說過「這是不可能的」，這對你來說並不重要；在你的生活中是否還有這樣的人存在也不重要，重要的只有一點，如果有一個人不同意這個說法，那這個人就應該是你自己。

你絕不能認定你的生命已經「過去了」。因為，如果你不抓住自己的夢想，那就沒有人會這樣做了。扼殺你夢想的還有另一個陷阱，就是那種認為眼下還不能追求自己夢想的想法，也就是說現在還沒到適當的時候。你要相信，根本不存在開始一件新事情的最佳時刻。每當你推遲開始做一件事情時，你離它也就又遠了一步。

可以輸給別人，不能輸給自己

莎士比亞曾說：假使我們將自己比做泥土，那就真要成為別人踐踏的東西了。其實，別人認為你是哪一種人並不重要，重要的是你是否肯定自己；別人如何打敗你，並不是重點，重點是你是否在別人打敗你之前就先輸給了自己。很多人失敗，通常是輸給自己，而不是輸給別人。

下面是一個真實的故事：

美國從事個性分析的專家羅伯特・菲力浦有一次在辦公室接待了一個因企業倒閉而負債累累的流浪者。羅伯特從頭到腳打量眼前的人：茫然的眼神、沮喪的皺紋、十來天未刮的鬍鬚以及緊張的神態。專家羅伯特想了想，說：「雖然我沒有辦法幫助你，但如果你願意的話，我可以介紹你去見本大樓的一個人，他可以幫助你賺回你所損失的錢，並且協助你東山再起。」

　　羅伯特剛說完，他立刻跳了起來，抓住羅伯特的手，說道：「看在老天爺的份上，請帶我去見這個人。」

　　羅伯特帶他站在一塊看來像是掛在門口的窗簾布之前，然後把窗簾布拉開，露出一面高大的鏡子，他可以從鏡子裡看到他的全身。羅伯特指著鏡子說：「就是這個人。在這世界上，只有這個人能夠使你東山再起。你覺得你失敗了，是因為輸給了外部環境或者別人了嗎？不，你只是輸給了自己。」

　　他朝著鏡子走了幾步，用手摸摸他長滿鬍鬚的臉孔，對著鏡子裡的人從頭到腳打量了幾分鐘，然後後退幾步，低下頭，哭泣起來。

　　幾天後，羅伯特在街上碰到了這個人。他不再是一個流浪漢形象，他西裝革履，步伐輕快有力，頭抬得高高的，原來那種衰老、不安、緊張的姿態已經消失不見。

　　後來，那個人真的東山再起，成為芝加哥的富翁。

　　在生活的艱難跋涉中我們要堅守一個信念：可以輸給別人，但不能輸給自己。因為打敗你的不是外部環境，而是你自己。

　　一個不輸給自己的強者，是不忘自己的人生權利、在困境時也能選擇積極心態的人；他是能正確對待失敗，永不放棄的人；他是有傲骨而沒傲氣、看重自己做人的尊嚴勝過自己生命的人；他是能尊重、

寬容、善待朋友，知道怎樣對待別人，別人就怎樣對待自己的人；他是能駕馭時間，高效利用時間和能跟時間賽跑的人；他是對財富有正確的理解，君子愛財取之有道的人；他是理解愛情真諦、擁有強大情感支撐的人。

你的能量超乎你想像

人的潛能是無限的，但是被挖掘出來的卻很少，很大一部分原因是人們習慣了自己的現狀，懶得去改變。但是當受到外界刺激不得不做出改變的時候，潛能就爆發出來了。

著名作家柯林·威爾遜曾用富有激情的筆調寫道：「在我們的潛意識中，在靠近日常生活意識的表層的地方，有一種『過剩能量儲藏箱』，存放著準備使用的能量。就好像存放在銀行裡個人帳戶中的錢一樣，在我們需要使用的時候，就可以派上用場。」

如果我們在平常的日子裡能試著去挖掘自己的潛力，是不是可以比現在的自己在很多方面做得更好呢？掌握挖掘自己潛力的方法也是很重要的。

我們每個人都要學會積極歸因。當自己取得進步時，可以歸功於自己的努力，這樣會激發自己繼續挑戰自己的欲望；也可以把自己的進步看成是自己實力的體現，這樣你會對自己以後進行的挑戰更有信心，因為你相信自己的實力。

習慣往往是人們拒絕去挖掘自己潛力的一個重要因素。它就像一個能量調節器，好習慣自發地使我們的潛能指引思維和行為朝成功的方向前進，壞習慣則反之。好習慣會激發成功所必需的潛能，壞習慣則在腐蝕有助於我們成功的潛能寶庫。

人一旦習慣了安逸的環境就變得遲鈍起來，很難看清外界的變化。當這些變化累積到足以讓你的人生陷入低谷的時候才恍然大悟，但是這個時候往往已經太晚了。所以，在風平浪靜的時候要養成好的習慣，主動挖掘自己的潛力，如可以嘗試一些自己以前從未做過但是很有興趣的事情。也許經過嘗試，你會發現自己做得很好，這就相當於又找到了一條成功之路。

喚醒潛能，拆掉思維的牆

人究竟具有多大的潛能？開發的極限是什麼？誰都無法回答。看來，其實我們每個人都可以活得比現在卓越，因為我們並沒有達到自己的人生極限。

現代科學顯示，一個正常人只運用了全部能力的10％，甚至6％。有人估計人能記憶的東西相當於5億冊書那麼多，但通常人們所展示出的記憶力還不及10％；人的想像力也不過展示了15％；人的聽覺、嗅覺、視覺等均未得到充分利用；人本應活到150歲，現在平均還活不到80歲。人的很多潛能尚未見過「天日」，就伴隨生命的終結而無影無蹤了。這不僅僅只是人類的遺憾，更是人類的巨大悲劇。

隨著早期教育的普及和終生學習的推廣，人們的心理發育提前，衰老期會推遲，即成熟期延長，日後從小到老每個階段的潛能都將放出異彩，社會的發展和科學技術將達到空前的發達。人們為了自己的目標和願景，會不斷開發自己的潛能，實現自己的人生價值。

潛能包含兩層意義，一層意思是指潛力。所謂「潛力」，指那些露於外而未發的才力。以智力、能力等來說，你本有歌唱天才，而且你也喜歡，你發現了自己的天賦，但你並沒有成為一位偉大的歌唱

家，而只是「大材小用了」，完全被當作一種業餘愛好，甚至從來不敢想自己會成為大歌唱家。這時你的歌唱能力就只能說是一種「潛力」，需要你進一步發掘、發展才能修成「正果」。潛能的另一層含義，則是指那些蘊藏於大腦之內尚未開發的智慧、智謀、智略等。這層意義上的潛能一般不能為人所知，只有等待日後開發出來，但也許會跟你肉體一起消失，成為一抔黃土。

一般來說，一個人的才能取決於他的天賦，而天賦又難以改變。實際上，大多數人的志氣和才能都潛伏著，必須要外界的東西予以激發才能爆發出來，潛能一旦被激發並能加以關注和引導，就能發揚光大，否則終將漸漸磨去稜角，一事無成。

因此，如果人的潛能不能被激發並發揚光大，那麼，其固有的才能不但不能保持，還會變得遲鈍並失去它原本的力量。

愛迪生說：「我最需要的，就是有人叫我去做我力所能及的事情。」表現「我」的才能的最好途徑，就是先去做「我」力所能及的事情。凱撒、羅斯福未必能做的事情，也許「我」能夠做，只要盡「我」最大的努力，發揮「我」所具有的潛能，就有可能取得成功。潛伏在絕大多數人的體內的潛能都是巨大的，但這種潛能酣睡著，只有被激發，才能做出驚人的事業來。

舍恩定理：成功垂青自信的人

提出者：美國哲學家、美國「反思性教學」思想的重要宣導人唐納德·舍恩。

內容精解：對事業懷有信心，相信自己，乃是獲得成功不可或缺的前提。

應用要訣：自卑是人生大敵，會使聰明才智和創造能力得不到發揮，使人難有作為。自信是成功的必要條件。自信是發自內心的自我肯定與相信。自信無論在人際交往、事業工作上都非常重要。只要自己相信自己，他人就會相信你。

自卑是成功的攔路虎

自卑屬於性格上的一個缺點。自卑，即一個人對自己的能力、品德等作出偏低的評價，總覺得自己不如人，悲觀失望，喪失信心等。自卑是一種低劣的心理，是一種消極的心理狀態，是阻撓成功的巨大心理障礙。自卑的人往往都是失敗的俘虜、被輕視的對象，嚴重的自卑心理能導致一個人頹廢落伍、心靈扭曲。

自卑是成功的攔路虎。一個人要想取得成功，就要克服自卑的心理，打敗自卑。

自卑的人，總哀歎事事不如意，老拿自己的弱點跟別人的優點

比，越比越氣餒，甚至比到自己無立足之地。有的人在旁人面前就面紅耳赤，說不出話；有的人遇上重要的會面就口吃；有的人認為大家都欺負自己因而厭惡他人。因此，若對自卑感處置不妥，無法解脫，將會使人消沉，甚至走上邪路墜入犯罪的深淵，或走上自殺的道路。

與此同時，長期被自卑感籠罩的人，不僅自己的心理活動會失去平衡，而且生理上也會產生變化，最敏感的是心血管系統和消化系統將會受到損害。生理上的變化反過來又影響心理變化，加重人的自卑心理。

自卑，是個人對自己的不恰當的認識，是一種自己瞧不起自己的消極心理。在自卑心理的作用下，遇到困難、挫折時往往會出現焦慮、洩氣、失望、頹喪的情感反應。一個人如果做了自卑的俘虜，不僅會影響身心健康，還會使聰明才智和創造能力得不到發揮，使人覺得自己難有作為，生活沒有意義。所以，克服自卑心理是消除通往成功路上的一大障礙。

肯定自己，戰勝自卑

戰勝自卑就要正確地認識自我。尺有所短，寸有所長。每個人都有自己的短處，也都有自己的長處。如果我們以己之長去比別人之短，就能發掘出自信，可以在客觀地認識短處和劣勢的基礎上找出自己的長處與優勢。可以將自己最滿意的事情、最引以為榮的優點和令人矚目的成績，炫耀於心中的「榮耀室」，從而反覆地刺激和暗示自己「我還可以」、「我能行」。美國著名心理學家麥克斯威爾說：「人的所有行為、感情和舉止，甚至才能，與其自我意向是一致的。」如果能將「我還可以」、「我能行」的心理暗示不斷地滲透到

自己人生的各個方面，便能撞擊出生命的火花，就能培養出阿基米德「給我一個支點，我將撬動地球」的那份自信。

1. 正確地評價自己

人貴有自知之明。所謂「自知之明」，就是不僅能如實地看到自己的短處，也能恰如其分地看到自己的長處。切不可因自己的某些不如別人之處，而看不到自己的如人之處和過人之處，這才是正確的與人比較。

2. 正確地表現自己

心理學家建議：有自卑心理的人，不妨多做一些力所能及、把握較大的事情。這些事情即使很「小」，也不要放棄爭取成功的機會。任何成功都能增強自己的自信，任何大的成功都蘊積於小的成功之中。換言之，要通過在小的成功中表現自己，確立自信心，循序漸進地克服自卑心理。

3. 設法正確地補償自己

盲人尤聰，聾者尤明。這是生理上的補償。人的心理也同樣具有補償能力。為了克服自卑心理，可以採用兩種積極的補償：其一是勤能補拙。知道自己在某些方面有缺陷，不背思想包袱，以最大的決心和最頑強的毅力去修補這些缺陷，這是積極的、有效的補償。華羅庚說：「勤能補拙是良訓，一分辛苦一分才。」其二是揚長避短，「失之東隅，收之桑榆」。我們讀達爾文、濟慈、歌德、拜倫、培根、亞里斯多德的傳記，就不難明白，他們的優秀品德和一生的輝煌成就從某種意義上來說都促成於人的缺陷。缺陷不是絕對不能改變的，關鍵是自己願不願意改變。只要下定決心，講究科學方法，因勢利導，就會使自己擺脫自卑，逐漸成熟起來。

自信創造驚人的奇蹟

讓別人相信我們，首先就要自己相信自己。在現實生活中放棄自己的權利，讓別人的意志來決定自己生活的人實在不少。他們把上學、擇業、婚姻——統統託付或交給別人，失去了自我追求、自我信仰，也就失去了自由，最後變成了一個毫無價值的人。人生最大的缺失，莫過於失去自信。

自卑只能自憐，自信贏得成功。相信自己，就是相信自己的優勢、相信自己的能力，相信自己有權佔據一個空間。「沒有得到你的同意，任何人也無法讓你感到自慚形穢。」

有個小男孩名叫湯姆·鄧蒲賽，他生下來就只有半隻右腳和一隻畸形的右手。他父母親常會告訴他：「湯姆，其他男孩能做的事情你都能做。為什麼不能呢？你沒有任何比別人差勁的地方。任何孩子可以做的事情，你一樣能做到！」

後來湯姆要玩橄欖球。他發現自己比在一起玩的其他男孩要踢得遠多了。為了能實現這個願望並發揮出這種能力，他找人為訂定做了一雙鞋子。

他參加了踢球測驗，並且得到了一份衛鋒隊的合約。但教練婉轉地告訴他：「你不具有做職業橄欖球員的條件，去試試其他的職業吧！」最後他申請進入紐奧良聖徒隊，教練看他對自己充滿了信心，就抱著試試看的態度收了他。兩個星期後，教練完全改變了想法，因為湯姆在一次友誼賽中因踢出55碼遠的好成績而得分，這使他獲得聖徒隊職業球員的身份，而且在那一季中為他所在的球隊得了99分。

最偉大的一天到來了！那天球場上坐滿了人，有6萬多名球迷。球

是在28碼線上，比賽只剩下幾分鐘，球隊已經把球推進到35碼線上。「湯姆‧鄧蒲賽，進場踢球！」教練大聲說。當湯姆走進場的時候，他知道他的隊距離得分線有55碼遠，這等於說他要踢出63碼遠。在正式比賽中踢得最遠的紀錄是55碼，由巴爾的摩小馬隊畢特‧瑞奇查踢出來的。湯姆閉上眼睛對自己說道：「我一定能行！」只見他全力踢在球身上，球筆直前進，但是踢得夠遠嗎？6萬多球迷屏住呼吸，看見終端得分線上的裁判舉起了雙手，表示得了3分。球在球門橫桿之上幾寸的地方越過，湯姆所在的球隊以19比17獲勝。球迷瘋狂呼叫，為踢得最遠的一球而興奮。「真是難以相信！」有人大聲叫道。這居然是由只有半隻右腳和一隻畸形手的球員踢出來的！但湯姆只微微一笑，他想起了父母，他們一直告訴他的是他能做什麼，而不是他不能做什麼。他之所以能創造出如此了不起的紀錄，正如他自己所說：「我從來不知道我有什麼不能做的，也沒人這樣告訴過我！」

如果我們能做出所有我們能做的事情，我們毫無疑問地會使自己大吃一驚。你一生中有沒有為自己的潛能大吃一驚過？事實上，人通常比自己認為的要好得多。對你的能力抱著肯定的想法，這樣就能發揮出心智的力量，並且會產生有效的行動。

成功永遠青睞自信的人

自信就是在自我評價上的積極態度。自信是與積極密切相關的事情。沒有自信的積極，是軟弱的、不徹底的、低能的、低效的積極。

自信，是一種非常可貴的素質。自信，可以讓生活變得更加美好。在所有這些大自然的力量中，與我們個人的成長和發展關係最密切的或許就是自我暗示的力量了，但是對這種力量的無知導致大部分

人在應用自我暗示原則時，沒有讓它發揮應有的作用。相反，它變成了一種阻力。

不自信的人，通常不能正視別人的眼睛，眼神游離，生怕一旦眼神接觸就會被別人看穿。比如，在教學或教室中，後排的座位總是先被坐滿，大部分人都希望自己不要「太顯眼」，他們怕受人注目從而佔據後排座，之所以這樣就是因為缺乏信心。

自信的人勇敢，勇於面對生活中的困難和挫折；對新事物採取積極開放的態度；虛心，能夠接受批評，坦然承認錯誤；言行一致，言談舉止表現自如。自信的人走起路來比一般人快，像跑。他們的步伐告訴整個世界：「我要去一個重要的地方，去做很重要的事情。更重要的是，我會在15分鐘內成功。」

毫無疑問，自信還能夠讓我們在人生的競技場上發揮出最好的水準。反之，因為缺乏自信常常讓很多優秀的人在關鍵的時刻迷失了自我。

自信是走向成功的重要力量。自信能為你帶來巨大的力量，並讓你真正相信它同時積極將其轉化為物質力量。

盧維斯定理：謙虛是完全不想自己

提出者：美國心理學家盧維斯。

內容精解：謙虛不是把自己想得很糟，而是完全不想自己。

應用要訣：第一，做人首先要謙虛。如果把自己想得太好，很容易將別人想得很糟；第二，謙虛要有個度。謙虛不是把自己想得很糟；第三，要處理把握好謙虛的尺度。對自己不懂或懂得不夠的要謙虛學習；對工作職責中本應該由自己完成的要盡自己的才能去完成，不能因過分謙虛而失去顯示才華的機會。

謙虛不是裝傻和裝蒜

正如盧維斯所預料的那樣，人們通常總是在某些地方錯誤地去理解「謙虛」，老以為謙虛就是把「自己想得很糟」。當有人問一些問題或事情的時候，人們總會有意無意地說：「我也不知道啊；我也沒有把握；我會盡量做得好些吧；讓我來試試吧……」所有這些措辭都含有一些「把自己想得很糟」的成分在內。似乎不這樣「謙虛」表達就不行了，有時明明自己能行的、知道的事情，也會這樣故弄虛玄「謙虛」一下，以防被別人扣上不謙虛的帽子。

因此，盧維斯定理有針對性的單刀直入，首先對這種虛偽的「謙虛」作了解剖和否定，果決指出「謙虛不是把自己想得很糟」。按孔

子的話說，就是要「知之為知之，不知為不知」。知道就是知道，不知道就是不知道嘛。為什麼知道也要裝作不知道呢？裝傻和裝蒜其實都不好，都缺乏「實事求是」的精神。

那些「把自己想得很糟」的偽謙虛者，往往是陷入了這樣的一個錯誤邏輯：如果把自己想得太好，相對而言就容易將別人想得很糟，就會招來別人的攻擊或批評，說你傲慢或驕傲。所以，寧可把自己想得糟些。但是結果呢，真的變得謙虛起來了嗎？也未必。很多人可能受到這種偽謙虛的劣根性影響，反而喪失了最本真、最可貴的品德——探索和挑戰的精神。

一位美國的大學教授，曾經對美國的大學生和東方的大學生進行仔細比較後發現：在探索精神和創新精神方面，東方的學生遠遠不如美國的學生。可能是怕老師打擊報復、扣分數或者固有的傳統陋習作祟，東方的學生往往缺少上課反問老師和與老師爭辯的勇氣與舉動，凡事都循規蹈矩、趨勢附庸，看老師的眼色行事，處處生怕得罪了老師，內心缺少主心骨和獨立見解。

無怪乎，在這種教學學術氛圍裡是很難出現脫穎而出的奇才的。還要說到的是：沒來由的或者過分的「把自己想得很糟」，往往會使員工產生自卑心理，乃至膽小、怯場、動輒臉紅，說話娘娘腔、行動婆婆媽媽……總之，很多災難性的弊病洶湧而來。因為，自信心喪失了，最根本的動力出了毛病。

謙虛是完全不想自己

謙虛到底是什麼呢，要如何給它一個定義才算正確？

盧維斯緊接著是這樣定義謙虛的：「不是把自己想得很糟，而是

完全不想自己。」這話真的一語中的。謙虛的尺度既然難以把握，要嘛把自己想得太糟了，要嘛又把自己想得太好或者把自己估計得過高了，那麼盧維斯乾脆讓人們「完全不想自己」，要人們都忘卻自己，進入一個全新的、忘我的精神境界。當一個人把自己的一切，包括得失、榮辱、成敗等個人利益都暫時拋開，置個人的一切於度外，結果會出現什麼奇蹟呢？心胸頓時豁然開朗了，沒有了拘束、怯場，也沒有了做作、虛偽，把整個身心都投入到他人的身心中去了，人們都是個誠實的觀望者和虔誠的傾聽者，步履輕盈自如地走進了他人的心靈……並且，人們在努力尋找著與他人合拍、搭脈的共振頻率，尋求著與他人的合作或同行。

從盧維斯的角度去看，謙虛就是這麼簡單——完全不想自己，忘我了就是謙虛了，沒有再受到個人利益的左右和干擾，已經進入了一個崇高的境界。此時，絕對不會明明知道卻說什麼自己不知道，也不會不懂裝懂先聲奪人；知道實事求是，知道有理不在聲高。然而在現實中，要做到真正的忘我也是不容易的，利益、身體、社會關係等總是如影隨形地跟著人們。怎麼辦？這裡可能需要磨練和決心，需要學習刻意忘我，特別在一些公眾場合，不妨刻意讓自己暫時試試忘我。同時，學習做一個觀望者和傾聽者。如果能夠心靜如水，做到忘我地觀望和傾聽，那離一個真正的謙虛者就不遠了。

怎樣學會謙虛？特別在自己不懂或懂得不夠的領域做到謙虛？不妨就牢記盧維斯的話——「完全不想自己」試試，多看多聽，按捺不住再有感而發、適當發言也不遲。注意了：在需要暫時忘卻自己的時刻，千萬不要輕易把自己記起，尤其不要把自己想得太糟。

用謙遜的天平衡量自己

有人曾說過：「偉大只不過是謙遜的別名。」虛懷若谷的人，不會被頭上各色各樣的光環所蒙蔽。他清楚自己的長處與弱點、失敗與成就，他能虛心接受不同的意見，更能以寬廣的胸懷接受他人的批評，甚至為批評自己的人鼓掌。

19世紀的法國名畫家貝羅尼，有一次去瑞士度假，每天背著畫架到各地去寫生。有一天，他在日內瓦湖邊正用心畫畫，旁邊來了三位英國女遊客，看了他的畫，便在一旁指手畫腳地批評起來，一個說這兒不好，一個說那兒不對，貝羅尼都一一修改過來，末了還跟她們說了聲「謝謝」。第二天，貝羅尼有事到另一個地方去，在車站看到昨天那三位婦女，正交頭接耳不知在議論些什麼。過一會兒，她們看到了他，便朝他走過來，問他：「先生，我們聽說大畫家貝羅尼正在這兒度假，所以特地來拜訪他。請問，你知不知道他現在在什麼地方？」貝羅尼朝她們微微彎腰，回答說：「不敢當，我就是貝羅尼。」三位英國婦女大吃一驚，想起昨天的不禮貌，一個個紅著臉跑掉了。

蘇霍姆林斯基說過：「謙遜是愛好勞動、盡心竭力、堅定頑強的親姊妹。誇誇其談的人從來不是勤奮的勞動者。腦力勞動是一種需要非常實際、非常清醒、非常認真的勞動，而這一切又構成謙遜的品德——謙遜好像是天平，人用它可以測出自己的分量。傲慢具有很大的危險性——這是現代人常見的通病，它往往表現在：把對於某種複雜事物的模糊的、膚淺的、表面的印象當做知識。」

因此，我們要養成善於正確看待自己優缺點的習慣。無論人家怎

樣誇獎你，你都要明白，你還遠不是個盡善盡美的人。你要懂得，人們讚揚你，多半是要求你這樣進行自我教育：怎樣才能做得更好。如果你不再進行自我鍛鍊和自我教育，那就是一種自高自大的表現。

人們稱謙遜為一切美德的皇冠，因為它將自律、天職、義務以及意志的自由和諧地融會到一起。一個謙遜的人如果將自己身上一切值得讚揚的東西都看做是應該的、理所當然的，那麼他就會將紀律當做真正的自由，並且為之努力奮鬥。

有一種姿態叫謙遜

做人要謙遜，不要自作聰明，不要總以為自己比別人多一點智慧。巴夫洛夫說：「絕不要驕傲。因為一驕傲，你們就會在應該同意的場合固執起來；因為一驕傲，你們就會拒絕別人的忠告和友誼的幫助；因為一驕傲，你們就會喪失客觀方面的準繩。」

謙遜的目的，並不是使我們覺得自己渺小，而是為了更能瞭解自己。在我們身邊，那些成功的人都是謙遜的人，他們能給自己一個準確的定位。

人是很怪的。有的人依恃著才能、學識、金錢等，目空一切，狂妄自大。一般來說，人們稱狂妄輕薄的少年為「狂童」，稱狂妄無知的人為「狂夫」，稱舉止輕狂的人為「狂徒」，稱自高自大的人為「狂人」，稱放蕩不羈的人為「狂客」，稱狂妄放肆的話為「狂言」，稱不拘小節的人為「狂生」……

《三國演義》裡有一個禰衡，堪稱「狂夫」。他第一次見曹操，把整個曹營中勇不可當的武將、深謀遠慮的謀士貶得一文不值。他貶低起人來，如數家珍，如「荀彧可使弔喪問疾，荀攸可使看墳守墓，

程昱可使關門閉戶，郭嘉可使白詞念賦，張遼可使擊鼓鳴金，許褚可使牧牛放馬，樂進可使取狀讀招，李典可使傳書送檄，呂虔可使磨刀鑄劍，滿寵可使飲酒食糟，于禁可使負版築牆，徐晃可使屠豬殺狗。夏侯惇稱為『完體將軍』，曹子孝呼為『要錢太守』。其餘皆是衣架、飯囊、酒桶、肉袋耳。」

禰衡稱別人是酒囊飯袋，稱自己「天文地理，無一不通；三教九流，無所不曉；上可以致君為堯、舜，下可以配德於孔、顏。豈與俗子共論乎！」更有甚者，當曹操錄用他為打鼓更夫時，禰衡擊鼓罵曹，揚長而去。對這種人，曹操自然不肯收留。禰衡又去見劉表、黃祖，依然邊走邊罵，最後被黃祖砍了腦袋，做了個無頭「狂鬼」。

狂妄與無知是連結在一起的，「鼓空聲高，人狂話大」。舉凡狂妄的人，都高估自己，看輕別人。他們口頭上無所不能，評人評事誰也看不起，只有自己最好。

人們常說：「天不言自高，地不言自厚。」自己有無本事，本事有多大，別人都看得見、心裡都有數，不用自吹，更不能狂妄。沒有多少人樂意信賴一個言過其實的人，更沒有一個人樂意幫助一個出言不遜的人。不論是莊子還是老子，都勸人要以謙抑為上，不可自作聰明地顯示、誇耀自己的才能和實力。只有這樣，才能不被人妒忌。

魯尼恩定律：笑到最後的才是贏家

提出者：奧地利經濟學家魯尼恩。

內容精解：賽跑時不一定快的贏，打架時不一定強的贏。戒驕戒躁，笑到最後的才是真正的贏家。

應用要訣：競爭是一項長距離的賽跑，一時的領先並不能保證最後的勝利。同樣，一時的落後並不代表會永遠落後。腳踏實地，奮起直追，你就會成為笑到最後的人。笑到最後的才是贏家。

心急吃不了熱豆腐

稍加留意就不難發現，在生活中，「急躁情緒」成了出現頻率很高的一個詞：「工作中有時犯急躁情緒」、「希望今後注意克服急躁情緒」等。有的人甚至幾年、十幾年都犯「急躁情緒」。

急躁習慣的弊端是顯而易見的：它會使人心神不寧，經常在惴惴不安中生活；它會打亂人們生活、學習、工作的正常秩序，並常常會造成「忙中生亂、殃及他人」、「虎頭蛇尾、不了了之」和「欲速則不達」等不良結果。急躁的人容易發怒，因而既影響了人際關係，又影響了自己的身心健康。

從前有這樣一對師徒，在一個三伏天，小和尚看到廟裡的草地上仍然是一片枯黃，對師父說：「師父，快撒點草籽吧，這草地太難看

了！」

師父說：「好啊！等天涼了，隨時吧！」

中秋，師父買了包草籽叫小和尚去種。

在陣陣秋風吹動下，草籽四處飄灑……小和尚急得喊了起來：「師父，不好了！許多草籽都被風給吹走了！」

師父不動聲色地說：「嗯——沒關係。吹走的多半是空的，撒下去也發不了芽兒。隨性吧。」

種子剛剛撒完，就引來了一群麻雀。小和尚急得直跺腳：「壞了，壞了！草籽都讓麻雀給吃了。怎麼辦呢？」

師父心平氣和地說：「別急。種子多，吃不完。隨遇吧。」

那天夜裡，下了一陣暴雨。清晨，小和尚到院裡一看，就匆匆地跑進禪房：「師父，這下可完了！草籽都讓雨水給沖走了！」

師父說：「沖到哪兒就會在哪兒發芽，隨緣吧。」

十幾天過去了，枯黃的草地居然長出了一片青翠可人的綠色小苗！原先沒有播種的地方也泛出綠意。

小和尚高興得直拍手：「太好了！」

師父眯起笑眼，點著頭說：「隨喜，隨喜！」

從這個故事中可以看出，徒弟的心態是浮躁的，常常為事物的表面所左右，而師傅的心態看似平和、順其自然，其實是洞察了世間玄機後的豁然開朗。

無論辦什麼事都要保持冷靜，從容鎮定，不要急急忙忙，心慌意亂。要知道「心急吃不了熱豆腐」，急切慌亂不但解絕不了問題，還會更加拖延時間，於事無補。雖然這些事在一定方面決定於一個人的性格，但也反映了一個人的涵養功夫。因此，在這方面要多多鍛鍊。

戒除浮躁，腳踏實地

做人做事還需忍耐，步步為營。凡是成大事者，都力戒「浮躁」二字。只有踏踏實實的行動，才可開創成功的人生局面。急躁會使你失去清醒的頭腦，在奮鬥過程中，浮躁佔據著你的思維，使你不能正確地制定方針、策略而穩步前進。所以，任何一位試圖成大事的人都要扼制住浮躁的心態，只有專心做事，才能實現自己的目標。

古代有個叫養由基的人，精於射箭，且有百步穿楊的本領。據說連動物都知曉他的本領。一次，兩個猴子抱著柱子爬上爬下，玩得很開心。楚王張弓搭箭要去射牠們，猴子毫不慌張，還對人做鬼臉，仍舊蹦跳自如。這時，養由基走過來，接過了楚王的弓箭。於是，猴子便哭叫著抱在一塊兒，害怕得發抖。

有一個人很仰慕養由基的射術，決心要拜養由基為師，經幾次請求，養由基終於同意了。養由基交給他一根很細的針，要他放在離眼睛幾尺遠的地方，整天盯著看針眼。

看了兩三天後，這個學生有點疑惑，問老師：「我是來學射箭的，老師為什麼要我幹這種莫名其妙的事，什麼時候教我學射術呀？」養由基說：「這就是在學射術，你繼續看吧。」這個學生開始還能繼續下去，可過了幾天，他便有些煩了。他心想，我是來學射術的，看針眼能看出什麼來呢？這個老師不會是敷衍我吧？

後來，養由基教他練臂力的辦法，讓他一天到晚在掌上平端一塊石頭，伸直手臂。這樣做很苦，那個徒弟又想不通了。他想，我只學他的射術，他讓我端這石頭做什麼？於是很不服氣，不願再練。養由基看他不行，就由他去了。

後來這個人又跟別的老師學藝，最終也沒有學到射術，浪費了很多時間。

其實，如果他能腳踏實地，不好高騖遠，甘於從一點一滴做起，他的射術肯定就會有很大的進步。

作家秦牧在〈畫蛋·練功〉文中講道：「必須打好基礎，才能建造房子，這道理很淺顯。但好高騖遠、貪抄捷徑的心理，卻常常妨礙人們去認識這最普通的道理。」

從處世謀略上講：「是技皆可成名天下，唯無技之人最苦；片技即足自立天下，唯多會之人最勞。」若什麼都只是淺嘗輒止，不肯鑽研卻又想馬上取得成效，是不可能的。好高騖遠者並非定是庸才，他們中有許多人自身有著不錯的條件，若能結合自己的實際制訂切實可行的行為方針，是會有光明前途的。如果一味追求過高過遠的目標，就會成為高遠目標的犧牲品。

現在有許多年輕人不滿意現實的工作，羨慕那些有錢人或高級白領人員，不安心本職工作，總是想跳槽。其實，那些人大多看似風光，但其中的艱苦搏殺也非一般人所能承受。沒有十分的本領，就不應做此妄想。我們還是應該腳踏實地做好基礎工作，一步一個腳印地走上成功之途。

唯有埋頭，方能出頭

古人說：「唯有埋頭，方能出頭。」種子如不經過在堅硬的泥土中掙扎奮鬥的過程，它將止於是一粒乾癟的種子，永遠不能發芽滋長成一株大樹。

許多有抱負的人忽略了積少才可以成多的道理，一心只想一鳴驚

人，而不去做埋頭耕耘的工作。等到忽然有一天，他看見比自己開始晚的、比自己天資差的，都已經有了可觀的收穫，他才驚覺到在自己這片園地上還是一無所有。這時他才明白，不是上天沒有給他理想或志願，而是他一心只等待豐收而忘了播種。

因此，單是對自己那無法實現的願望焦急是沒有用的。要想達到目的，必須從頭開始。所謂「登高必自卑，行遠必自邇」；正如爬山，你只要低著頭，認真耐心地去攀登。到你付出相當的辛勞努力之後，登高下望，你才可以看見你已經克服了多少困難，走過來多少險路。這樣一次次的小成功，慢慢才會累積成大的更接近理想目標的成功。

最終的目標絕不是轉眼之間所可以達到的，在未付出辛勞艱苦和屈就的代價之前，空望著那遙遠的目標著急是沒有用的。唯有從基本做起，按部就班地朝著目標行進才會慢慢地接近它、達到它。

有時候，也不是我們對自己食言，而是缺乏成功所要求我們付出的相應的毅力和持之以恆。很多時候，成年人和小孩子是一樣的。成年人也喜歡玩樂，喜歡遊戲，喜歡拖延，或許比小孩子還更缺乏自制力。當我們需要面對為成功而設計的計畫時，當我們需要開始做出具體的行動時，痛苦就來了。

舉個簡單的例子。

你準備出國讀MBA，這是你的近期目標；你的遠期目標是當你拿到學位時，你要在國際大都市的跨國公司裡謀得一個職位，然後從那個起點上進行新的人生奮鬥，成為一個全方位的高級國際管理人才。

這個目標無疑是美好的，但你得為實現這個目標開始付出努力。你得準備TOEFL、GRE、GMAT。當你需要坐在桌前面對英文資料

時，你就會覺得辛苦。那種每天、每夜需要付出的實際努力，才是對你的真正考驗。大量的記憶、重複枯燥的勞動會令你很容易就覺得厭倦，電影、書籍、娛樂、美食在時時向你發出誘惑。如果沒有足夠的毅力，你很容易放鬆對自己的要求，向這些誘惑投降。

Part 2

目標：知道做什麼，才能做成什麼

對於一艘盲目航行的船來說，所有的風都是逆風。

——哈伯特（法國）

成功等於目標，其他的一切都是這句話的注解。

——博恩・崔希（美國）

有專一目標，才有專注行動。

——洛克（美國）

古特雷定理：每一處出口是另一處的入口

提出者：美國管理學家古特雷。

內容精解：每一處出口都是另一處的入口。

應用要訣：上一個目標是下一個目標的基礎，下一個目標是上一個目標的延續。細分階段目標，要保證目標的延續性。把最終目標分成幾個臺階之後，就要把每一個臺階走好。實現大目標從小目標開始。

目標是什麼樣，人生就是什麼樣

哈佛商學院曾調查了一群智力、學歷、環境等條件差不多的年輕人，調查結果發現：

27%的人沒有目標。

60%的人目標模糊。

10%的人有清晰但比較短期的目標。

3%的人有清晰且長期的目標。

經過25年的跟蹤研究結果發現，他們的生活狀況及分佈現象十分有意思。那些占3%者，25年來幾乎都不曾更改過自己的人生目標。25年來他們都朝著同一方向不懈地努力，25年後，他們幾乎都成了社會各界的頂尖成功人士，他們中不乏創業者、行業領袖、社會精英。

那些占10%有清晰短期目標者,大都生活在社會的中上層。他們的共同特點是,那些短期目標不斷被達成,生活狀態穩步上升,成為各行各業不可或缺的專業人士,如醫生、律師、工程師、高級主管等。而占60%的模糊目標者,幾乎都生活在社會的中下層,他們能安穩地生活與工作,但都沒有什麼特別的成績。剩下27%的是那些25年來都沒有目標的人群,他們幾乎都生活在社會的最底層。他們的生活都過得不如意,常常失業,靠社會救濟,並且常常都在抱怨他人、抱怨社會、抱怨世界。

調查者因此得出結論:

目標對人生有巨大的導向性作用。成功,在一開始僅僅是一種選擇,你選擇什麼樣的目標,就會有什麼樣的人生。

因此,哈佛商學院在招募學生的時候,非常注重吸收那些有著卓越目標並願意努力為之實現的學生。

有長期目標,還要有短期目標

設定人生目標,既要有長期目標,也要有短期目標。既要目光長遠,鎖定長期目標,又要腳踏實地,注重短期目標,從短期目標開始逐步實現長期目標。

有的人過於看重長期目標,一心想完成長期目標,操之過急,而忽視了短期目標。其實,匆匆忙忙不見得能夠把事情辦好,最好還是先坐下來,放鬆精神,想一想能夠完成短期目標的辦法,會很有好處。有短期目標的人,比輕率行事的人更明智。

除非有令人滿意的解決方法,否則,最好把問題擱在一邊。問題的解決並不在於一蹴而就,而在於步步為營,從冷靜沉著中尋找出可

行的辦法。卡內基在一次演講時曾說：「因為胸有成竹，所以不輕舉妄動。時機尚未成熟便想一步登天，結果成事不足敗事有餘。」

所以，你要想順利地、輕鬆地實現「未來遠景」，就必須一步一個腳印，制定每一個事業發展階段的「短期目標」。這樣，你就可以踏著這些臺階，達到成功的目標了。

以下是制定長期目標下短期目標的方法：

（1）用明確的詞句說明你的短期目標。

（2）廣泛的目標能合理地延伸為明確的短期目標嗎？

（3）短期目標應當切實可行，不可以是狂妄的幻想。

（4）對於短期目標的完成，你應該具備計算其成功程度的能力。

（5）短期目標對於你應當有意義，而且與你的長期目標協調一致。

（6）顧及環境，如此你的短期目標才算符合實際。

（7）給每個短期目標設定一個完成的期限。

（8）辨認你目標中隱含的能力目標，這樣你才知道你應加強什麼。

俗話說：慢工出細活。制定短期目標，正是對「慢工出細活」這一鐵律的印證。

要完成大目標，先設定小目標

一個新組裝好的小鐘放在了兩個舊鐘當中。兩個舊鐘「滴答滴答」一分一秒地走著。其中一個舊鐘對小鐘說：「來吧，你也該工作了。可是我有點擔心，你走完3200萬次後，恐怕便吃不消了。」

「天啊！3200萬次。」小鐘吃驚不已：「要我做這麼大的事？辦

不到，辦不到。」

另一個舊鐘說：「別聽他胡說八道。不用害怕，你只要每秒鐘『滴答』擺一下就行了。」

「天下哪有這樣簡單的事。」小鐘將信將疑：「如果這樣，我就試試吧。」

小鐘很輕鬆地每秒鐘「滴答」擺一下，不知不覺中一年過去了，它也擺了超過3200萬次。

每個人都渴望夢想成真，成功似乎遠在天邊遙不可及。其實，我們有了清晰的目標後，只要想著今天我要做些什麼，明天我該做些什麼，然後努力去完成，就像那個鐘一樣每秒「滴答」擺一下，成功的喜悅就會慢慢浸潤我們的生命。

曾經有一位63歲的老人，從紐約市步行到了佛羅里達州的邁阿密市。經過長途跋涉，克服了重重困難，她到達了邁阿密市。

在那兒，有位記者採訪了她。記者想知道，這路途中的艱難是否曾經嚇倒過她？她是如何鼓起勇氣徒步旅行的？

老人答道：「走一步路是不需要勇氣的。我所做的就是這樣。我先走了一步，接著再走一步，然後再一步，我就到了這裡。」

要達成大目標，不妨先設定小目標，這樣會比較容易達到目的。許多人會因目標過於遠大或理想太過崇高而輕易放棄，這是很可惜的。若設定了小目標，便可較快獲得令人滿意的成績。你在逐步完成小目標時，心理上的壓力會隨之減小，大目標總有一天也能完成。

目標的天梯要一級一級攀

目標的力量是巨大的。目標應該遠大，才能激發你心中的力量。

但是，如果目標距離我們太遠，我們就會因為長時間沒有實現目標而氣餒，甚至會因此而變得自卑。山田本一為我們提供了一個實現遠大目標的好方法，那就是在大目標下分出層次，分步實現大目標。

所謂「天助」，即當我們擬定目標努力實現之際，會覺得好像凡事都順遂己意；當我們奮發圖強積極進取時，一切都將變得比較稱心如意。

當然，行進的路上不可能完全一帆風順，有時也得含辛茹苦。無論遭遇多少打擊都要永不氣餒，堅持到底。一個懷抱鮮明目標的人從不叫苦，凡事總是默默耕耘。

首先，心中擁有目標，給人生存的勇氣，在艱難困苦之際賦予我們堅韌不拔的毅力。有了具體目標的人少有挫折感，因為比起偉大的目標來說，人生途中的波折就是微不足道的了。因此，擁有科學的目標可以佳化人生進程。

其次，由於目標事物存在於腦海某處，所以即使我們從事別的工作，潛意識裡依然暗自思量對策。遂在不知不覺之中接近目標，終於夢想成真。擁有目標的人成大功立大業的機率，無疑要比缺乏志向的人高。

最後，實現目標好像攀登階梯一般，循序漸進為宜，儘管前途險阻重重，也要自我勉勵。當時認為不可能做到的事情，往往幾年之後出乎意料之外地輕易做到了。

雖說某種偶然確能開創個人命運，不過對於有目標取向的人而言，與其相信偶然，不如掌握必然。儘管「機會」公平眷顧世上每一個人，但缺乏目標的人只能眼睜睜地看著它溜掉。

心中擁有目標，便會使自己不太留意與之不相關的煩惱，這會使

你變得豁達、開朗。因為人的注意力是很有限的，一旦他（她）全身心地為自己的目標去努力、去冥思苦想時，其他的事情是很難在其腦子裡停留的。

洛克定律：有專一目標，才有專注行動

提出者：美國馬里蘭大學的心理學教授愛德溫·洛克。

內容精解：可以為自己制定一個總的高目標，但一定要為自己制定一個更重要的實施目標的步驟。千萬別想著一步登天，多為自己制定幾個籃球架子，然後一個個地去克服和戰勝它，久而久之你就會發現，你已經站在了成功之巔。

應用要訣：有專一目標，才有專注行動。要想成功，就得制定一個奮鬥目標。目標並不是不切實際地越高越好。當目標既是未來指向的，又是富有挑戰性的時候，它便是最有效的。

目標要合理

目標不是越大越好、越高越棒，而是要根據自己的實際情況制定出切實可行的目標才最有效。這個目標不能太容易就能達到，也不能高到永遠也碰不著，要高度適中。

這個目標既要有未來指向，又要富有挑戰性。比如那籃框，定在那個高度是有道理的，它不會讓你輕易就進球，也不會讓你永遠也進不了球，它正好是你努力就能進球的高度。試想，如果把籃框定在5公尺的高度，那進球還有意義嗎？如果把籃框定在15公尺的高度，還有人會去打籃球嗎？所以，制定目標就像這籃框一樣，要不高不低，透

過努力能達到才有效。

　　曾經有一個年輕人，很有才能，得到了美國汽車工業巨頭福特的賞識。福特想要幫這個年輕人完成他的夢想，可是當福特聽到這位年輕人的目標時，不禁嚇了一跳。原來這個年輕人一生最大的願望就是要賺到1000億美元，超過福特當時所有資產的100倍。這個目標實在是太大了，福特不禁問道：「你要那麼多錢做什麼？」年輕人遲疑了一會兒，說：「老實講，我也不知道，但我覺得只有那樣才算是成功。」福特看看他，意味深長地說：「假如一個人果真擁有了那麼多錢，將會威脅整個世界。我看你還是先別考慮這件事，想些切實可行的吧。」5年後的一天，那位年輕人再次找到福特，說他想要創辦一所大學，自己有10萬美元，還差10萬美元，希望福特可以幫他。福特聽了這個計畫覺得可行，就決定幫助這位年輕人。又過了8年，年輕人如願以償地成功創辦了自己的大學——伊利諾大學。

　　所以說，一個人的目標不能定得過大，如果聽起來很空洞，沒有一點可行性，那這個目標只是一個空談，永遠沒有可以兌現的一天。

　　千里之行，始於足下。汪洋大海積於滴水，成功都是一步一步走出來的。當然也有人一夜暴富，一日成名，但是誰又能看到他們之前的努力與艱辛。有人在俄國著名生理學家巴夫洛夫臨終前向他請教成功的祕訣，巴夫洛夫只說了一句話：「要熱誠，而且要慢慢來。」熱誠，有持久的興趣才能堅持到成功。「慢慢來」，不要急於求成，做自己力所能及的事情，然後不斷提高自己；不要妄想一步登天，要為自己定一個切實可行的目標，有挑戰又能達到，不斷追求，走向成功。

　　美國成功學勵志專家拿破崙·希爾說過：「一個人能夠想到一件

事並抱有信心，那麼他就能實現它。」換句話說，一個人如果有堅定明確的目標，他就能達成這一目標。堅定是說態度，明確是講對自我的認識程度。每個人都有自己的優點和缺點，有自己的愛好與厭惡，所以每個人所制定的目標也是不一樣的。

要對自己的實際情況有一個清晰的認識，對自己的能力、潛力和自己的各方面條件都有一個明確的把握，經過仔細考慮定出屬於自己的奮鬥目標。有些人之所以一生都碌碌無為，是因為他的人生沒有目標；有些人之所以總是失敗，是由於他的目標總是太大、太空，不切實際。因此，想要成功，就要先為自己制定一個奮鬥目標，屬於自己的可以「達到」的奮鬥目標。

目標越實際越好

目標應該不是伸手可及，但不可好高騖遠。許多人在讀過成功勵志的書籍以後，往往會因一時激動而立刻擬訂無法達成的大目標，結果卻大都是躊躇不前。這種情形等於是把挫折當成了目標。做事情一定要量力而行、一步步來，設立目標也是同樣的道理，目標只有切實可行才會有效，下面這個故事就說明了這樣一個道理。

有一位大師隱居於山林中，平時除了參禪悟道之外，還對武術頗有研究。

聽到他的名聲，人們都千里迢迢來尋找他，想跟他學些武術方面的竅門。

他們到達深山的時候，發現大師正從山谷裡挑水。他挑得不多，兩個木桶裡的水都沒有裝滿。按他們的想像，大師應該能夠挑很大的桶，而且裝得滿滿的。

他們不解地問：「大師，這是什麼道理？」

大師說：「挑水之道並不在於挑多，而在於挑得夠用。一味貪多，適得其反。」

眾人越發不解。

大師從他們中拉了一個人，讓他重新從山谷裡打了兩滿桶水。那人挑得非常吃力，搖搖晃晃，沒走幾步就跌倒在地，水全都灑了，膝蓋也摔破了。

「水灑了，豈不是還得回頭重打一桶嗎？膝蓋破了，走路艱難，豈不是比剛才挑得還少嗎？」大師說。

「那麼大師，請問具體挑多少，怎麼估計呢？」

大師笑道：「你們看這個桶。」眾人看去，桶裡畫了一條線。

大師說：「這條線是底線，水絕對不能高於這條線，高於這條線就超過了自己的能力和需要。起初還需要畫一條線，挑的次數多了以後就不用看那條線了，憑感覺就知道是多是少。這條線可以提醒我們，凡事要量力而行，而不要好高騖遠。」

眾人又問：「那麼底線應該定多低呢？」

大師說：「一般來說，越低越好。因為這樣低的目標容易實現，人的勇氣不容易受到挫傷，相反會培養起更大的興趣和熱情，長此以往，循序漸進，自然會挑得更多、挑得更穩。」

挑水如同做事，同樣的領導者在為企業設立目標的時候也要循序漸進，逐步實現目標，才能避免許多無謂的挫折。

因此，擬訂目標時，首先要切合實際，兼顧理想與現實；其次要儘量減少定為目標的事項。要根據自己的情況來設定可行的目標，不能定得太高，也不能定得過低，要切實可行。只要你能定下切實可行

的目標，然後按照這個目標去努力，目標就可以實現。

合理的目標是成功的一半

在設立目標時，你的目標必須是明確的，否則你付出再多的努力也是白費。這就猶如一個弓箭手，如果無法看清靶心，姿勢擺得再正確、弓拉得再滿也沒有多大意義。

明確的目標可以讓你少走彎路，是你制定工作計畫、明確工作責任的基礎。明確的目標會維持和加強你的行動動機，讓你總能有足夠的動力推進工作，創造更大的價值。

目標應該是合理的、可以達成的，只要努力一把，給自己一點點挑戰就能夠達成的。尤其是剛剛開始設定目標的時候，你應該讓自己從小目標開始設定，最為重要的就是讓你能夠感受到達成之後的成就感。當你達成以後一定要記得給自己一些獎勵，這樣才會讓你把目標和快樂的感覺連接在一起，以至於下次你會很願意設定並達成更重要的目標！

制定一個合理的目標是實現目標的一半，目標關鍵在於內容而不是形式。設定目標很關鍵的一點是設定階段目標，個人的一年、一季度、甚至一個月的目標。只有把目標分解，才能使目標完成的效果更好。

目標設置要遵循五原則

指向目標的工作意向是工作激勵的一個主要源泉。也就是說，目標本身就可以告訴員工需要做什麼以及需要作出多大的努力。但僅僅是設立一個目標並不能確保在員工中產生高水準的激勵效果。要使目

標能夠有效地影響組織成員的行為，目標設置要遵循五項原則。

1. 目標應當是具體的

具體的目標比一般含混不清的目標更能激發人的行為，達到更好的工作績效。例如，制定每小時、每天或每月應完成的產量和品質的具體指標。

2. 目標應當是難度適中的

研究顯示，有一定難度的目標比容易的、唾手可得的目標更能激發人的工作行為，達到更好的工作績效。但目標的難度必須適中，過於困難、無法達到的目標會使人受到挫折、喪失信心。在這種情況下，工作績效甚至會低於比較容易達成目標的績效。此外，人們對目標難度的認識會受到個人對自己能力的估計、任務的性質以及個人完成該項任務經驗的影響，所以在設置目標時也要考慮個體的差異。

3. 目標應當被個人所接受

目標可能是個人自己設置的，但在多數情況下，尤其是在工作情境中，目標往往是由組織、上級提出的。這時，個人必須接受這種目標，把組織對個人提出的目標轉化為個人的目標，才能對個人的行為產生激勵作用，這就是目標的內在化。被迫接受的目標和自覺接受的目標，對於激勵人的工作行為有不同的影響。只有自覺接受的目標才能最大限度地激發人的工作動機，調動人的工作積極性。而目標的內在化顯然是指自覺地接受目標，即把組織的目標變成個人自願努力要達到的目標。影響個人接受目標的因素也是多方面的，如提出目標的管理者的威信、同事的影響、獎勵制度、競爭以及個人達到目標的信心等。

4. 必須對達到目標的進程有及時客觀的回饋資訊

一般來說，在通往目標的進程中，有客觀及時的回饋資訊比沒有這種資訊更能激勵人的行為。回饋是對行為結果的瞭解，它可以幫助員工認清已做的和要做的之間的差距，保證行為向目標前進。回饋的效果取決於種種因素：回饋的次數和時間；回饋的資訊具有肯定的性質還是否定的性質（一般來說，肯定性質的回饋更為有效）；回饋的資訊是否具體（具體的回饋往往比一般的回饋更有效）；回饋與設置目標的聯繫程度；接受回饋者的個體差異等。

5. 某些時候個人參與設置的目標更為有效

研究顯示，除最簡單的工作情境外，幾乎在各種工作情境中參與目標設置過程，都有助於個人更清楚地瞭解組織對他的期望，而對目標瞭解得更清楚也使個人更有可能達到目標。此外，一些研究顯示，個人參與設置的目標在難度上，可能高於別人為他設置的目標，而這種較難的目標在其他條件相同的情況下，往往會取得更好的績效。

目標置換效應：心往一處想，力往一處使

提出者：美國管理學家約翰‧卡那。

內容精解：在達成目標的過程中，「對於如何完成目標的關切，致使漸漸地讓方法、技巧、程序、資訊等問題佔據了一個人的心思，反而忘了整個目標的追求」。換言之，「工作如何完成」逐漸代替了「工作完成了沒有」。這一現象說明，手段再高明也不是目的，只有運用方法實現目標才算是真正的成功。

應用要訣：以目標為中心，為了目標而不懈地努力，最終才能到達成功的終點。管理者要使組織的一切活動圍繞著既定目標而展開和進行，讓全體員工充分理解並形成自己遠大的理想和希望，為目標群策群力，不屈不撓地工作、奮鬥。

誰在「轉換」你的目標

組織的一切活動都是圍繞著既定目標而展開和進行的，但在管理實務中，達不到或只達成部分既定目標的情況卻比較多，原因當然是多種多樣的，而「目標置換」就是其中比較普遍和典型的一種。

在實施目標的過程中，總是有或多或少、或直接或間接、或潛在或明顯的因素干擾和阻礙著目標的達成。

若從「目標置換」的角度上分析大致有兩類。

一類是客觀上的，具體表現：

一是目標不明確，對目標的完成在數量、品質、時限、標準等方面規定得比較籠統，使目標缺乏方向感。

二是目標或過高，超出了人們的實現能力；或過低，激不起人們的興趣，難以發揮真正的激勵作用。

三是目標實現週期長，隨著時間的推移和環境的改變，達成目標的現實條件逐漸喪失。

四是出現了不可預料的事件，分散了目標實施者的精力和注意力。

另一類是主觀上的，具體表現：

一是目標實施者對目標的理解出現偏差，無意中使自己的行為偏離了既定目標。

二是因循守舊、思維僵化，不敢變通和創新。

三是缺乏團隊精神，難以得到上級或同事的有力配合與支援。

四是實際操作能力低，缺乏達成目標的相關方法與手段。

五是缺乏資訊意識，不能積極瞭解目標的實施進展情況並經由回饋來及時調整和糾偏。

綱舉目張，以目標為本

目標是本，任何一項工作都必須以目標為中心。它是一種「行動的承諾」，有助於推進工作速度，藉以達成你背負的使命。它同時又是一種「標準」，藉以測度你的行動績效。只有把注意力凝聚在目標上，你才能在事業上取得成就。

做任何事情都要有目標，以目標為中心，為了目標而不懈地努

力，目標終會實現，最終到達成功的終點。

做事要有目標才能把事情做好，才有助於事業的建立。最常見的阻力也許就像很多人所表示的這個感覺：「我不太確定自己要幹什麼，所以我只有做一天算一天。」缺少長期的指引，往往使一個人不能集中衝刺的力量。成功人士斷言，先準備好再上路是很重要的。從現在起十年的事業規劃，必定會有點幻想，誰知道以後發生什麼事情呢？任何一幅「事業圖」都可能不完全，但令人吃驚的是，卻有那麼多人實現了他們長遠的目標。期望最好的成績，最好是根據實際情況做好計畫，隨時為意外發生事情妥善作好準備。你無法控制別人所為，但是你可以預期各種不同的情況，盡你所能作好萬全準備，你也能控制你在意外發生時的反應。如果有明確的動機，還應該再將思考和感覺結合在一起，一天一天推進自己的成功。

總之，目標是做任何一項工作的中心，不管環境如何複雜多變，我們都要明確目標；要意識到明確目標是為了有效地配置資源，衡量一個目標體系是否有效的最終標準是它是否有助於我們有效地實現我們的追求；目標不是一成不變的，重要的是在任何時候都必須要有明確的目標；而要實現目標，就必須在實施過程中以目標為中心，圍繞著目標展開各項工作。

樹立共同目標，共同去衝刺

人的需要決定了人們行動的目標。當人們有意識地明確了自己的行動目標，並把行動和目標不斷加以對照，知道自己前進的速度和不斷縮小達到目標的距離時，他行動的積極性就會持續高漲。

那麼，管理者如何透過目標引導下屬完成任務呢？

目標是能激發和滿足人的需要的外在物。目標管理是領導工作最主要的內容，設置適當的目標能激發人的主動性，調動人的積極性。目標既可以是外在的實體對象，也可以是內在的精神對象。

　　一般來講，目標的價值越大，社會意義就越大。因此，管理者要善於設置正確、恰當的總目標和若干的階段性目標，以調動人的積極性。設置總目標可使下級的工作感到有方向，但達到總目標是一個長期、複雜甚至曲折的過程，如果僅僅有總目標，只會使人感到目標遙遠和渺茫，可望而不可及，從而影響積極性的充分發揮。因此，還要設置若干恰當的階段性目標，採取「大目標，小步子」的辦法，把總目標分解為若干經過努力都可實現的階段性目標，透過逐個實現這些階段性目標而達到大目標的實現，這才有利於激發人們的積極性。管理者要善於把短期目標和長期目標結合起來，持續地調動下屬的積極性，並把這種積極性維持在較高的水準上。

　　在目標制定、分解時，目標的難度以中等為宜，難度太大容易失去信心；目標難度過小，又激發不出應有的幹勁。只有難度適中的目標，積極性才是最高的，因為這樣的目標滿足個人需求的價值最大。

　　管理者在制定目標的時候除了上述問題之外，還應注意：

　　第一，目標必須是明確的。想要幹什麼，達到什麼程度，都要清楚。

　　第二，目標必須是具體的。要使用什麼辦法，什麼時候達到，要明白。

　　第三，目標必須是實在的。看得見，摸得著，達到應該有檢驗的尺度。

　　管理者不但要為下級樹立遠大的理想，而且要學會把這個理想和

實實在在的工作結合起來，一步一個腳印地前進。

避免「目標置換」現象的發生

如何避免「目標置換」現象的發生呢？

1. 建立動態的目標體系

在目標的設立、分解、定責等過程中，要使諸目標間形成一個相互支援、關聯、照應的有機整體，總目標要成為分目標的「標竿」，各分目標要自覺地、主動地、經常地向總目標「看齊」。另外還要使一些目標具有相應的彈性，以便在出現新情況和新問題時能根據具體情況進行調整與完善。

2. 實施全方位的目標管理

主要應抓好以下各環節：

其一，目標應建立在上下達成共識的基礎之上，不能人為地「壓任務」、「下指標」。最好由上下級協商確定，否則上下級往往會在目標問題上形成「對立」關係。管理實踐證明，上級親自參與下級目標的制定過程，生產率的平均改進幅度可達56%，反之則僅達6%。

其二，目標要適度。過低則人忽其易，太高則人畏其難。

其三，目標間要建立其支援關係，以便於目標承擔者之間的積極互動。

其四，為目標實施者創造必要的實施條件（如設備、技術、培訓、資金等）。

其五，賦予目標實施者充足的權力，並使目標與權力、責任和利益掛鉤，以更好體現「目標激勵」。

其六，調整式改革一些有礙於達成目標的規章、制度。

其七，鼓勵目標承擔者在許可權以內大膽創新、獨立自主。

3. 解決「資訊不對稱」問題

從某種意義上講，達成目標的過程也是處理資訊的過程，能否擁有充分、及時、準確、優質的資訊對達成目標起著至關重要的作用，否則就會因資訊不對稱而導致目標實施者「逆向選擇」行為和「道德風險」現象的發生。

因此，一方面，管理者要為目標責任人提供必要的資訊支援，並與其經常進行資訊交流與溝通，說明其正確分析形勢、研究問題和解決問題；同時對目標責任者所採取的一些行之有效的新方法和取得的新進展、新成果要及時給予肯定和鼓勵。另一方面，要定期對目標的進展情況進行檢查和考評，並及時將檢查和考評的結果回饋給實施者，因為知道做得怎樣的人，往往也最易知道怎樣做得更好。

Part 3

計畫：想比做重要，準備比行動重要

事前多計畫，事中少折騰。

——艾德‧布利斯（美國）

計畫的制定比計畫本身更為重要。

——戴爾‧卡內基（美國）

布利斯定理：事前多計畫，事中少折騰

提出者：美國行為科學家艾德‧布利斯。

內容精解：用較多的時間為一次工作事前計畫，做這項工作所用的總時間就會減少。

應用要訣：不論做什麼事，事先做好準備就能得到成功，不然就會失敗。明確和詳細的事前計畫，可以幫我們對自己的設想進行科學分析，梳理實現設想的思路和方法，這可以大大節省我們的寶貴時間，同時減輕壓力。

凡事預則立，不預則廢

「凡事豫則立，不豫則廢」，是《禮記‧中庸》裡的一句話，這裡的豫，亦作「預」，是預先的意思。講的是：不論做什麼事，事先做好準備，就能得到成功，不然就會容易失敗。

這是先哲在幾千年前說的道理，這個道理在今天依然很受用。俗話說得好：「不打無準備之仗。」無論做什麼，都要提前做好準備，這樣才有可能達到期望的目的。如果總想著「臨場發揮」，很可能會發生現場「抓瞎」的局面。所謂：胸有成竹，方能妙筆生花。道理亦是如此。

美國著名的成功學大師安東尼‧羅賓斯曾經提出過一個成功的萬

能公式：

成功＝明確目標＋詳細計畫＋馬上行動＋檢查修正＋堅持到底

從這個公式我們可以看出明確目標和詳細計畫的重要性。明確目標和詳細計畫都屬於事前的計畫，而事前的計畫可以幫我們對自己的設想進行科學分析，預見一下我們的設想是否可以實現。同時，在做計畫的過程中，也是在梳理實現設想的思路和方法，這可以大大節省我們的寶貴時間，同時減輕壓力。

美國的心理學家曾做過這樣一個實驗：

隨機挑選三組學生，分別進行不同方式的投籃技巧訓練。第一組在20天內每天練習實際投籃，並把第一天和最後一天的成績記錄下來。第二組學生也記錄下第一天和最後一天的成績，但在此期間不做任何練習。第三組將第一天的成績記錄下來，然後每天花20分鐘做想像中的投籃，如果投籃不中時，他們便在教練的指導下在想像中做出相應的糾正。

實驗結果顯示：第二組的投籃技巧在20天裡沒有絲毫長進；第一組進球率上漲了24%；第三組進球率上漲了26%。心理學家們由此得出結論：行動前進行頭腦熱身，構思要做之事的每個細節，梳理思緒，然後把它深深銘刻在腦海中，當你做這件事的時候就會得心應手。

這個實驗要講的其實還是計畫的重要性。一個人做事如果沒有計劃，行動起來就會像一隻迷途的羔羊，到處亂撞以致傷痕累累。如果事前擬定好了行動的計畫，梳理通暢了做事的步驟，做起事來就會應付自如，迅速高效。

計畫，是指引我們前進的明燈，是我們贏得成功的時間表。萬事有計劃，方向才會明確，目標才不會落空。學習、工作、生活都要有

計劃，都要定一個短期計畫和一個長期計畫。計畫很重要，制訂合理的計畫更重要。無論是制訂哪方面的計畫，都是從個人的實際情況出發，從現實的環境基礎入手。若目標定得很高，計畫要求很嚴，但是都是一些自己無法完成的任務，這樣的計畫訂了也是白訂。

一個人要對自己負責，每一天都應該活得充實和精彩。只有這樣，才能不枉此生。怎樣才能讓我們的人生充實有精彩呢？首要的就是對自己的人生做一個整體的安排和規劃。有了人生的目標，我們就會朝著這個奮鬥目標一直堅持不懈地走下去。這樣我們就會離自己的目標越來越近，總有一天會到達成功的彼岸。人生規劃既是一個實現你終生目標的時間表，也是一個實現那些影響你日常生活的無數更小目標的時間表。人生規劃的設計是要使你的注意力集中起來，在一個特定的時間範圍裡充分地利用你的腦力和體力。事實上，注意力越集中，腦力和體力的使用就越有效。人生規劃可以合理地分配你的精力和時間，讓你的人生不虛度，每一天都會有精彩。

正如高爾基所說：「不知道明天做什麼的人是可悲的。」我們不應該做這種可悲的人，對於自己的人生、工作、學習都應該有一套切實可行的計畫，要有每天的計畫、每月的計畫、每年的計畫、十年的計畫、一生的計畫。

好的計畫能節約精力和成本

不論做什麼事都要有計劃，計畫對每個人來說都是必要的。別說沒時間計畫，如果你改變你的生活方式，留出時間作計畫，將極大地節約你的精力和成本。

第一，制訂短期計畫。

短期計畫一般指從現在起的半年時間內的計畫。

制訂短期計畫，需要有三個步驟。

步驟一：將需要在短時間內完成的工作確定下來。

步驟二：把所有工作都排列起來，重要的排在前面，次要的排在後面。

步驟三：把各項工作安排到每日的日程表中去。

一幅大的牆曆可以使排程栩栩如生，掛在你的眼前。如果你的大部分工作是在辦公室裡完成的，不需外出訪問客戶或顧客，牆曆是你最佳的選擇。

如果你大部分時間是在路上或者客戶的辦公室裡，那麼一個精美的行事曆是很有必要的。

儘管任何一種行事曆都可以用來記錄每日工作及約會，但是每月行事對一位時間管理者來說應當是最有幫助的。因為它可以為你提供一次對近期工作的展望，有利於你掌握工作的進展情況。你還可以很精確地看到你正在做哪件事，可以在一段合理的時間內擴大工作量，也可以避免工作量過大。

選擇哪種行事曆並不是最主要的，重要的是要經常翻翻行事曆，特別是在星期天晚上回顧一下一週內所做的事情，然後看看下週的排程。翻閱行事曆的時間，也是你回頭看看自己目標、檢查一下自己是否走了彎路的最佳時刻。

你在每天晚上或早晨做一個簡單的回顧也是很有必要的。在筆記本上寫下你已完成的事情，以及第二天要做的事情。查看一下你每週或每月日曆以及每天的日程事務安排表，看看日程表中的事情是否已

經完成。如果完成得好，可以給自己一點獎勵。如果沒有完成，那麼就要想辦法儘快補償回來，並要給自己一點懲罰。

第二，制訂中期計畫。

中期計畫是半年到一年時間內的計畫。

無論是在你的生活中還是在你的工作中，中期計畫無疑都起著很重要的作用。

中期計畫的時間和內容總是在變化的。對於不同的時間管理者來說，中期計畫可能是三四個月的時間，也可能是一兩年的時間；而對一個大石油公司或一家國際銀行來說，它可能會長得多，但它總是長期計畫的一個組成部分。

要制訂一個合適的中期計畫就要將眼光放遠一點，構想一下自己或公司在兩年內可能發生的變化，根據預定的目標逐項進行安排。

比如，時間管理者打算在兩年內將公司的利潤提高到現在的兩倍。那麼根據這一目標，將目標細化為各項小的目標，又將每一個小的目標結合到具體的排程中去，使中期目標具體到多個短期目標，完成一個短期目標也就是向中期目標邁進了一步。

畢竟，中期計畫是由相對較長的日常工作組成的，比較機械化，沒什麼靈活性，提不起人們的精神來，所以，在時間管理中常常被忽視。事實上，它們是非常需要花大量時間去考慮的。

因而，在下次計畫前，時間管理者一定要找出既定的和重複出現的活動，把它們一一列舉出來，擺在目的、目標和任務的面前對照一下，看看它們到底有多重要。使用這種方法可以輕而易舉地發現那些花費時間不當的日常行為，以便你及時調整自己的工作節律。

第三，制訂長期計畫。

長期計畫一般是指一年時間以上的計畫。

長期計畫的時間跨度更大，它是一個遠期目標。長期計畫的實行，依賴於短期計畫和中期計畫。

長期計畫是在長期的時間內都要遵循的一個計畫，完成了這個計畫，也就完成了其工作的目標。所以，完成計畫所需的時間越長，那麼目標相應就越大，也就越能吸引人。

許多成功的人士在計畫開始時，都是因為懷有美好的、激動人心的目標，才開始他們的工作的。

例如，美國通用汽車公司在最初成立時只有2000美元的註冊資金。公司的創始人比利‧杜蘭特在創業之初就給自己確立了一個目標，那就是要成為汽車工業的老大，獨立成立若干汽車企業，再用聯合的方式控制整個汽車工業。經過幾十年的努力，杜蘭特終於實現了這一夢想（長期計畫）。

長期計畫的制訂是以短期計畫和中期計畫為基礎，合理安排好時間，分期完成計畫。同時，用短期計畫帶動中期計畫，中期計畫又帶動長期計畫。

長期計畫的完成、目標的實現，是激動人心的。但是，這一切都需要時間管理者長期堅持不懈的努力，任何的中途退縮都不可能有長期計畫的完成和夢想的實現。

不斷翻新你的人生計畫

執著的追求是應該嘉許的，但如明知道不行仍一條道走到黑，或明知客觀條件造成的障礙無法逾越，還要硬鑽牛角尖，就不可取了。

計畫的調整實際上是一種動態調整，是隨機轉移的。若發現你原來確定的計畫與自己的條件及外在因素不適合，那就得改弦易轍，另擇他徑。

　　這種動態調整有以下的基本形式：

　　一是主攻方向的調節。若原定計劃與自己的性格、才能、興趣明顯相悖，這樣的計畫實現的機率趨零。這就需要適時對計畫做橫向調整，並及時捕捉新的資訊，確定新的、更易成功的主攻計畫。

　　揚長避短是確定計劃、選擇職業的重要方法。在科學、藝術史上，大量人才的成敗證明，有的人在某一方面具有良好的天賦和能力，但他不可能有多方面的強項；有的人在研究、治學上是一把好手，而一到管理、經營的職位他就一籌莫展，能力平平，甚至很差。

　　二是在原定計劃基礎上的調節。主攻方向不變，只是變革層次的調整。若是原計劃定得過高了，只有很小的實現可能，必須調低，再繼續累積，增強攻關的後勁。若原計劃已實現，則要馬不停蹄地制定新的更高層次的計畫。若原計劃定得太低，輕易就已躍過，則要權衡自己的能力、水準，使計畫向上升級。

　　實現計畫自然需要長期的努力。在為人生計畫奮鬥時不能幻想一勞永逸，而要務實篤行、穩紮穩打、奮力前行。同時也要看到，每取得一點成功，都是向總計畫靠近一步。取得了全域性的成功也不是計畫的終止，而恰恰是向更高一級計畫攀登的開始。

　　三是在獲得資訊回饋之中調節。即在原定計劃中受挫而幡然醒悟，調整通道，重新把計畫定在自己拿手的領域。

　　美國科學家麥克森，青年時曾入海軍學校，但他學習成績很差，特別是軍事課長期不及格，最後學校不得不把他開除。

但是，他對物理實驗非常感興趣，被開除後他投入對物理的學習和研究，很快顯示出才華。他長期孜孜不倦、苦苦鑽研，終於做出被榮稱為「麥克森光學實驗」的偉大創舉，為相對論奠定了實驗基礎，成為美國第一個獲得諾貝爾獎的人。

　　四是從預測未來中進行調節。社會的需要和個人的興趣、才能、性格等都經常會發生變化。

　　要善於打一個「提前量」，進行預測。如才能的發展與年齡大小關係極大，任何才能都有其萌發期、發展期和衰退期，這樣順勢而為，做出設想、規劃，顯然對計畫定向是大有益處的。

　　五是對具體階段計畫視情況進行調節。大的計畫要終生矢志追求，而小的階段計畫則可以進行適當的調節。科研人員在研究方向的選擇上有時為了能快出成果，改變思路而取得成功的案例在科學史上不乏先例。

隨時修正計畫，讓人生更高效

　　那麼計畫在什麼情況下需要適時調整呢？一般來說如下幾種情況必須調整人生計畫：

　　第一，環境發生重大變化的時候。任何人的人生計畫都是特定時代、特定環境的產物，而各種環境中主要是社會環境對人生計畫具有決定作用。社會環境、自然環境的變化，會影響人生計畫的變化，特別是重大的環境變化常造成人生計畫的重大改變。

　　所謂環境的重大變化時刻，是指兩個方面發生的重大變化：一是國內外經濟、政治、思想文化領域的大動盪，二是人們的家庭經濟、政治、親屬關係等發生重大變化。

這兩個方面發生的重大變化對人生計畫都將發生影響。我們的原則是，無論環境發生什麼變化，具體的計畫（某個階段的計畫或某個方面的計畫）可以變通，隨時做好調節，但總計畫應該矢志不移。

　　第二，在人才競爭的勝敗轉折時刻。奮鬥中的成與敗，常常形成人生道路的轉捩點，這已為無數事實所證明。

　　第三，人生總流程中，前後兩個階段相更替的時刻。這種時刻，稱為人生轉折時刻。這種轉折，或發生在人的生理發生轉折時（發育和疾病造成的），或發生在人的社會地位發生突變的時候，或發生在人的社會智慧結構發生質變前後。總之，是人自身某種或某些條件發生重要變化的時刻。這個時刻，也是容易引起人生計畫發生改變的時刻。我們應努力防止在人生轉折時刻發生人生計畫的不良轉變，防止因社會地位升高或降低而腐化或喪志、因疾病而頹喪、因智慧提高而驕傲，應使人生計畫始終保持正確的大方向，具體計畫始終切實可行。

　　為計畫下定義，不斷修正，相信它會實現——成果就這樣出現了。任何人都能完成他們所想的，你也一樣。第一步，你必須知道這偉大的成就是什麼；下一步，設計許多能令你保持高昂情緒的小計畫，讓它們逐步引導你邁向成功。每天對工作選擇實行，對優先順序做瞭解，對你大有助益。確信自己的努力沒有白費，而且要求事半功倍。謹慎而自覺地決定事情先後，一般人從不這樣做，他們只是任性而為，隨波逐流；他們是基於恐懼、氣憤和報復，而非為了活得更好而努力；他們不求提高效率，夢想終幻化為泡影。

　　瞭解自己的需要和如何得到自己所想的。明瞭這些事情的輕重緩急，你可以按部就班地計畫自己的一天。

列文定理：沒有能力去籌畫，只有時間去後悔

提出者：法國管理學家列文。

內容精解：那些猶豫著遲遲不能作出計畫的人，通常是因為對自己的能力沒有把握。

應用要訣：如果沒有能力去籌畫，就只有時間去後悔了。不論做什麼事，事先要做好計畫和準備，要按優先次序安排工作、分配時間，這樣才能避免工作中的忙亂現象，提高效率。

讓你的工作承前啟後

使工作有條不紊地進行的一個祕訣，就是在採取行動前就有條理地安排好自己，然而，把今天安排得井井有條的最佳時間卻是在昨天。回顧今天的最佳時間是在這一天快結束的時候，這個時候同時也是把明天安排得井井有條的最佳時間。

1. 利用一天快結束的時間，回顧一下今天的進展

這個方法可以在適合的任何時候完成，譬如離開辦公室之前，在車上，甚至是在家裡。花點時間看看哪些工作你已經完成了，又有哪些工作遺留下來了？你是怎麼做的？今天的工作清單上還剩下了哪些工作？本週開始的時候，你為自己安排的重要任務完成得怎麼樣了？

2. 一定要把沒有完成的任務移到明日的清單上

時間是你最寶貴的財富，用完了它你就會一無所有。如果你得填寫公司發的日程登記表，就在一天快結束的時候做吧。如果沒有人要你這麼做，你應該利用行動清單檢查一下自己把時間花在了什麼地方。你做了些什麼事，這些事用去了你多長時間？你有沒有設法把時間用在那些需要優先考慮辦理的事情上？有沒有偏離目標？

3. 增強工作意念的妙法

將平常該做的事情列成一張表，做好之後就用紅筆劃掉，這麼一來，每劃掉一項就可確認「這項工作已經完成」，當時心中的成就感與滿足感即成為下回工作意念的來源。如此看來似乎沒什麼意義，不過在工作沒什麼進展的情況下，多半原因都在於工作流於單調、冗長。大部分的工作都是由小作業累積而成的，由於這樣很容易造成煩瑣，所以可以用清單方式來處理。此外，採用這個方式還可免於遺漏某項工作。

4. 防止厭倦單調工作的「成功畫面思考法」

想撰寫一本書著實需要有強烈的意志力，但多達數百頁的稿紙，雖說有工具可輔助，不過，有時候也是一件非常痛苦的事。在這種情況下，只要想到這是完成一本書的必經過程，就會再次提起幹勁。重要的是，如果一心只想到眼前單調的工作，不但會心生厭煩，而且工作效率也會一落千丈。試用成功畫面思考法，想像計畫成功或完成工作時的成就感，是防止這些弊端的方法之一。

5. 要誠實地對待自己

看看哪些事你還沒有做。那會不會成為問題呢？再看看哪些事你已經完成了？完成這些任務的時間預算是多少？比你一天的工作時間

是長了還是短了？你還做了其他什麼事情？

怎樣做可能會更好些？什麼地方出了差錯？如果沒有完成一定的任務，是否是因為有一個不可預料的危機突然降臨了？如果確實如此，那麼是否有必要考慮一下你所能採取的措施，以防止危機的再度發生呢？

有沒有給自己設置太多的任務，以致於無從下手呢？如果處於這種情況，你需要更實際地確定自己一天所能完成的任務。另外，你有在一天中對工作不感興趣的時候嗎？問問自己為什麼會出現那樣的情況？是不是你設定的目標不能充分地激勵自己呢？

也許你把所有的事務都處理好了，還額外完成了一些任務。那無疑會增強你的自信。或許明天你可以設立高一些的目標，但不要太高，以免導致失敗。

真正可取的是，你能從今天吸取經驗教訓，使明天做得更好。設想一下如果你每天改進工作的百分之一，那麼幾個月後你的工作效能就可以提高一倍。

養成有條不紊的做事習慣

一天中午，小豬正在家中的園子裡悠閒地曬著太陽，牠小時候的玩伴山羊突然造訪。多年不見，小豬很高興，也很興奮，忙不迭地去給山羊泡茶。但因為平時懶散慣了，不知道茶杯、茶葉放在哪個角落。於是，在招呼山羊之餘，小豬開始翻箱倒櫃地找，好不容易找到一個落滿灰塵的茶杯。牠洗好茶杯，才想起茶葉還沒有找到，又費了大把時間找到茶葉。正準備泡茶，卻發現壺裡的開水早已用完。於是，牠又搖著尾巴開始燒開水，等到水燒開了，才發現山羊早已等得

不耐煩離開了。

　　客人來了要泡茶，這就要洗茶杯、找茶葉、燒開水。而完成這件事，可以有各種不同的順序：

　　找茶葉→洗茶杯→燒開水

　　洗茶杯→找茶葉→燒開水

　　找茶葉→燒開水→洗茶杯

　　洗茶杯→燒開水→找茶葉

　　燒開水→找茶葉→洗茶杯

　　燒開水→洗茶杯→找茶葉

　　前面兩個順序最費時，最後兩個順序效果好。可不是嗎？等洗茶杯與找茶葉這兩件事做完後才想起燒開水，就費時了。如果先燒開水，在燒水的同時洗杯子、找茶葉，效果就好多了。

　　在我們的周邊，可能存在這樣兩種人：個性急躁的人，做起事來雷厲風行，卻不免粗心大意，常常會為雜亂的事物所折磨。結果，他的事務總是一團糟，他的辦公桌簡直就是一個垃圾堆。他經常很忙碌，從來沒有時間來整理自己的東西，即使有時間，他也不知道怎樣去整理和安放。

　　另外一種人與上述那種人正好相反。他們做起事來不慌不忙，顯得平靜而有條不紊；與人交談的時候也總是慢條斯理，對人彬彬有禮。他每天下班前都要整理自己的辦公桌，做什麼事都是井井有條。

　　看起來，第一種人能夠做更多的事情。但事實是，他們經常為自己所製造出來的一些「困難」束縛了手腳，降低了辦事的效率；第二種人，剛開始覺得辦事緩慢，但是他們少走彎路，最後能夠將速度趕上來。

工作中，為了避免做事無效率，應該培養有條不紊的習慣。

常言道：萬物有理，四時有序。這裡的「序」，是順序、次序、程序的意思。自然界是這樣，人類社會也是這樣。序，就是事物發生發展、運動變化的過程和步驟，是客觀規律的體現。反映到實際工作中，它要求我們做事情必須講程序。

對於程序及其重要性，長期以來存在著某些片面的認識。有人認為程序屬於形式，沒有內容那麼重要；有人覺得程序是細枝末節，可有可無；有人甚至把程序當作繁文縟節，不但不重視，而且很反感。由此而來，現實生活中不講程序、違反程序的現象屢見不鮮，結果既影響做事的品質和效率，又容易助長不正之風，給工作和事業帶來損失。

為什麼做事要講程序呢？我們不妨從程序的客觀性來作一些分析。事物存在的基本形式是空間和時間，事物的發展變化都是在一定的空間和時間上展開的。事物的發展變化，從空間方面看，可以分解為若干個組成部分；從時間方面看，各個部分都要佔用一定的時間並具有一定的次序。比如「種植」這一行為，就可以分解為播種、施肥、灌溉、收割等部分，這些部分均需佔用一定的時間，並且有相應的先後次序。如果不在一定的時間播種，或者把收穫和施肥的次序顛倒，那麼種植行為就無法達到預期的目的。所以，順時而動，不違農時，是務農必須遵守的程序。尊重程序，實質上是尊重規律。這就是做事情需要講程序的道理所在。

工作是以方法和效率取勝。有序地做事，不要拖泥帶水，將時間變得更有價值。

提高能力，克服忙亂現象

讓不少人經常感到最苦惱的事就是「時間危機」，沒有工夫來思考和處理那些重要的事情。許多領導者每日工作達十幾個小時，但還是有許多事情處理不完。

不可否認，忙，是正常現象，也是工作積極、事業心強的一種表現，只有什麼事也不做的人才不感到忙。但是，忙應該有限度、有秩序、有效率，用一句更通俗的話說，就是不能「瞎忙」。

產生忙亂現象的原因大致如下：缺乏實際工作經驗，對要處理的問題難決難斷，一拖再拖，考慮再三；對所擔當的工作沒有比較妥當的通盤安排，沒有正常的工作秩序，做事雜亂無章、顧此失彼；主觀上願意多做工作，總覺得對什麼事情都有責任，唯恐哪件事情沒辦好會被人家說工作不努力、能力差等等。

那麼，怎樣才能克服忙亂現象呢？以下有幾點經驗可供參考。

1. 工作要有計劃性

這是使整個工作有秩序前進的中心環節。要具備定量控制自己時間的能力，也就是說，對時間要實行計畫分配。事實證明，不做計畫的人只能消極地應付工作，在心理上處於受擺佈的地位；有計劃的人則居於支配者的地位。時間計畫有下列幾種：

（1）長期計畫。即在較長的一個時期內，可以是3年、5年或10年，自己的工作和事業要達到什麼水準，要取得多大成就，都要有一個積極進取、宏偉明確的目標：這個目標透過幾步來實現，每一步的大致起訖時間，都要有一個大致的安排。

（2）年度計畫。應當回顧上年的時間利用和事業進展情況，作出

新的年度計畫，以便更有效地使用一年的時間。

（3）月份計畫。機關或部門的工作常常是以季或月為單位的，人的生理變化也會呈現出月週期現象，體力、智力、情緒處於最佳狀態時為高潮期，其次是過渡期和低潮期。每個人都可以根據本單位的工作和自己的生理月週期來安排自己一個月的活動，把難度較大的重要工作和學習任務安排在高潮期，其他時間則可以安排相對容易的內容。

（4）週計畫。有許多工作是按週來安排的，把月計畫分解到每週裡面，便於分步驟實施。

（5）日計畫。在前一個工作日接近終了時編好第二天的計畫，有助於克服緊張忙亂的現象，避免丟三落四、顧此失彼。

2. 掌握用時之道

許多人懂得所有關於時間管理的知識，但是在利用時間方面仍然很不足。

用時之道，就是認識自己的時間，管理好時間，合理使用時間的思想、原則、方法。儘管你的性格、作風、知識、經驗等情況不同，儘管時間具有複雜性、綜合性、隨機性、多樣性等特點，有其自身的客觀規律，但只要在實踐中注意觀察、分析和總結，就可以把握用時之道。

時間管理是一項基礎工作。時間對每個人而言都是公平的，你並不能獲得更多的一份。但是，有些人看起來用他們的定量時間做了比別人更多的事，他們顯然掌握了合理使用時間的竅門。這種竅門是你也可以獲得的，它可以成為你能獲得的最有價值的資產。

提升效率的13個策略

如果你不得不拖延處理某一份文件時，應預先定下最終完成的期限，在完成期限內無論如何也要處理完畢。

下面這些建議將幫助現代領導者「創造奇蹟」。

策略一：確定優先性。決定今天要做的最重要的事情，然後著手去做。不要因為在這一天的過程中發生了某些事情，就從自己本來要做的事情中分散精力或轉移方向。更重要的是，不要用別人確定的優先性來替代自己的。

策略二：不要拖延。因為不確定性或者因為我們不知道該如何去做，所以我們拖延做某事。延誤會擾亂日程，它們不可避免地在下游形成更大的延誤和中斷。因此，在一天剛開始的時候先去解決最困難的事情，把容易的事情留在最後。

策略三：對於一天將發生的事情做好準備。許多問題是可以預期的，預測什麼環節發生問題，然後做好準備對付它。

策略四：做今天能做的每件事。如果今天做了某件小事就不會發展成為今後必須進行修繕的工程，那並不意味著在深思熟慮後不能推遲某件不急需做的項目，對於那些放到以後進行的活動要做記錄。

策略五：建立一個系統來提醒自己和提醒別人。明白自己有多少時間是浪費在一而再、再而三地索要資訊或請別人做某件事上，使自己能夠記錄下每個未能得到答覆的要求。當人們知道你總是在做記錄，他們會在你第一次提出時就做出反應。

策略六：作出決策。時間浪費大致總是發生在為等待更多資訊而推遲決策的時候，但資訊永遠不會是完全的。決策延誤了，行動也會

延誤。

策略七：**放權。**是否總有一排人站在你的辦公室門口等著你對這件或那件事作決策。給下屬成員一些決策的責任，不但使他們也使自己有自由的時間。

策略八：**清理你的辦公桌。**如果你的辦公桌上堆滿了備忘錄、電話記錄、報告、信件、散頁的紙張等，時間就會在你尋找某個需要的東西時浪費掉。

策略九：**建立一個好的但是簡單的檔案系統。**有多少時間被浪費在尋找重要文件的過程中？把檔收好，放在今後容易找到它們的地方。

策略十：**不要求完美。**「完美就是沒有效率」，在一個過程中總是吹毛求疵直到每件事都絕對完美無缺，是對時間的巨大浪費。

策略十一：**對錯誤承擔責任並且改正。**承認錯誤要比試圖隱瞞它花費少得多的時間。簡單的錯誤不會發展為大的災難。

策略十二：**建立工作進展情況的自動檢查系統。**有了它你就能夠知道每件事在什麼時候是按日程並且正確進行，你將在問題還很小、還可以控制的時候及時發現它們並且加以處理。

策略十三：**對過去的做法要懷疑。**僅僅因為某項任務總是以一個特定的方式去做，並不意味它就必須照著那種方式去做，會有一種更好的方法。實際上，幾乎肯定存在一種更好的方法，關鍵是如何找到它。

佛洛斯特法則：一開始就把事情做對

提出者：美國思想家佛洛斯特。

內容精解：要築一堵牆，首先就要明晰築牆的範圍，把那些真正屬於自己的東西圈進來，把那些不屬於自己的東西圈出去。

應用要訣：開始就明確了界限，最終就不會做出超越界限的事來。做任何事情之前都要有一個清晰的界定：什麼能做，什麼不能做；接受什麼，拒絕什麼。

一開始就想好如何去做

有這樣一個故事：

有一次，大哲學家蘇格拉底領著他的三個弟子來到一片麥田前，他對弟子們說：「現在，你們到麥田裡去摘取一顆自己認為最飽滿的麥穗，每個人只有一次機會，採摘了就不能再換。」

三個弟子欣然前行。第一個弟子沒走多遠就看到一顆大麥穗，如獲至寶地摘下。可是，越往前走，他越發現前面的麥穗遠比手中的飽滿。他懊惱而歸。

第二個弟子吸取前者的教訓，每看到一個大麥穗時，他總是收回自己伸出去的手，心想：更大的麥穗一定在前頭。

麥田快走完時，兩手空空的弟子情知不妙，想採一顆，卻又覺得

最飽滿的已經錯過。他失望而歸。

第三個弟子很聰明。他用前三分之一的路程去識別怎樣的麥穗才是飽滿的，第二個三分之一的路程去比較判斷，在最後三分之一的路程裡他採摘了一顆最飽滿的麥穗。他自然滿意而歸。

湯姆・布蘭德20歲進入工廠的時候，就想在這個地方成就一番事業。他並沒有像很多年輕人那樣迫不及待地尋找一切可以晉升的機會，相反，他首先弄清楚了一部汽車由零件到裝配出廠需要13個部門的合作，而每個部門的工作性質不盡相同。他決心要對汽車的全部製造過程形成一個深刻的認識，所以，他要求從最基層的雜工做起。雜工的工作就是哪裡有需要就到哪裡工作，經過一年的認真工作與思考，他對汽車的生產流程已經有了初步的認識。

之後，湯姆申請調到汽車椅墊部工作，在那裡他用了比別人更少的時間就掌握了做汽車椅墊的技能。後來又申請調到點焊部、車身部、噴漆部、車床部去工作。不到五年的時間，他幾乎把這個廠的各部門工作都做過了。

湯姆的父親對兒子的舉動十分不解，他問湯姆：「你工作已經五年了，總是做些焊接、刷漆、製造零件的小事，恐怕會耽誤前途吧？」「爸爸，你不明白。」湯姆笑著說：「我並不急於當某一部門的小工頭。我以整個工廠為工作的目標，所以必須花點時間瞭解整個工作流程。我是把現有的時間做最有價值的利用，我要學的，不僅僅是一個汽車椅墊如何做，而是整輛汽車是如何製造的。」

當湯姆確認自己已經具備管理者的素質時，他決定在裝配線上嶄露頭角。湯姆在其他部門待過，懂得各種零件的製造情形，也能分辨零件的優劣，這為他的裝配工作增加了不少便利，沒有多久，他就成

了裝配線上的靈魂人物。很快，他就升為領班，並逐步成為15位領班的總領班。

湯姆一開始就很明確自己的目標，知道自己需要什麼，但是，他沒有一蹴而就，而是按照自己的計畫，從底層做起，把根基打牢，一步一步地實現自己的最終目標。

如果缺乏事前思考的習慣，每次一有了任務就急於去完成，就會每次都付出很多、收穫很少。因為，這樣總是會走一些彎路，很多時候不得不重新進行，害得自己總是匆匆忙忙的。

如果你屬於比較善於思考的類型，總是把工作分成幾部分，經過慎重考慮後再著手進行。這樣工作起來會輕鬆很多，而且效率很高。

無論是做一件具體的工作，還是自己人生中的每一步，你都要想好了再去做。

做事盲目，難免做無用功。做事之前，頭腦中要先有一個計畫：想好如何去做。這有助於你少走彎路。

要事第一，優先排序

重要的任務能夠給投入的時間以很高的回報，並能對你的長遠目標和任務的實現起到不可忽視的作用。緊急的任務需要管理者做好計畫，及時對其採取行動。

1. 將重要並緊急的任務排在最前面

你在行動之前，先研究所列出的事情，問問自己，是否列出的每一件事情都將使你向任務目標靠近；是否它們會使你朝著錯誤的方向前進。選出那些與你的目標直接相關的任務，並將它們按照優先原則依次排列。

將重要並緊急的任務排在最前面，然後列出重要但並不緊急的任務。而且，在你準備著手實施一項新任務時，不要每次都停下來決定該優先考慮哪項任務。如果你在工作的前夜便對此加以明確，或者將它作為你每天清晨的第一項工作，那麼你就能夠取得更高的工作效率，能夠更好地掌握你的時間，並且能夠知道那些重要的工作正在進行中。

2. 學會從事務性工作中擺脫出來

　　企業領導者最重要的是要弄清自己的崗位職責，用它來判斷哪些事是自己必須做的，哪些是應該做的，哪些是能夠做的。先做最重要的事，一個高效率的領導者應該把精力集中到少數經過努力就能突出成果的重要領域中去。不要什麼都想做，一個領導者必須懂得什麼樣的事情不宜去做，不宜強行作出決定。「對於各種不同的事，是否分配了恰當的時間去做？」「是否將有限的幾小時利用得有效？」要將這些問題放在心中思索，仔細地分析所有的活動，然後，就必須決定哪件事應當先處理。有許多人都從公文堆最上面的一件開始做，結果很可能使堆在下面的舊公文「越陳越香」了。很多事，就是如被擱置以致成了無法解決的問題。要避免這種錯誤，只有在每天晚上或早晨，坐在辦公桌前先看看那些堆在案上的東西，花點時間瀏覽一番，並且歸類，分成數堆，再分緩急依次排好，這樣，「陳年老酒」就可絕跡了。

　　每個人都想成就一番事業，但現實生活中，糾纏你的東西太多了，它們從各個方面牽制你，迫使你就範。想做某些不同及矛盾事情的時候，理智、感情及身體的需要全部都必須滿足，但又往往不能同時滿足它們，有時候它們還必須爭戰一番。該如何決定呢？我們不妨

聽聽如下的忠告，或許可找到一點解脫之法。

3. 例外管理法

如果你是個擁有下級的管理人員，那麼這種技巧能大大節約無謂的時間浪費。你可能發現，你手頭的文件和報告已積壓了不少，再若送來，你簡直就要被它們淹沒了。這時你就可以採用例外管理的辦法。只讓下級報告那些違反一般規定和制度的材料，沒有任何問題、完全按照計畫執行的工作則不必報告，這樣一來，自然會大大減少文件和報告的數量。按此法處理問題，就會使領導者從日常瑣碎的事務中解脫出來，從而將更多的時間和精力從數量繁多的小事轉到為數不多的大事上。

4. 對瑣事敬而遠之

當然這不是「隨它去」的觀點，而是為了使自己有時間處理重要的事情。你不妨這樣試試，凡是你認為下級可以處理的事，就大膽放權。分配下去的工作，無論如何也不允許它再回到你的辦公桌上來。只有當預先計畫時設想的情況發生重大變化令下級無所適從時，才可以由你來解決。高效率的領導者不應陷入貪多嚼不爛的錯誤之中，事事都想試一試，結果哪一件也做不好。這需要領導者有膽識做出選擇，要有很大的勇氣敢於說「不」！敢於做出否定的決定。這就是為什麼說勇氣是領導者的一個重要素質。

一次只做一件事

做事成功有一把鑰匙。在將這把鑰匙交給你之前，先讓拿破崙·希爾告訴你它有些什麼用處。卡內基、洛克菲勒、哈里曼、摩根等人都是在使用這種神奇的力量之後，成為了大富翁。它將打開監獄鐵

門，把人渣變成有用及值得信任的人。它將使失敗者變為勝利者，使悲哀變成快樂。

你會問：「這把『神奇之鑰』是什麼？」拿破崙‧希爾的回答只有兩個字：「專心。」現在，把這兒使用的「專心」一詞的定義介紹如下：「專心」就是把意識集中在某個特定的欲望上的行為，並要一直集中到已經找出實現這項欲望的方法而且成功地將之付諸實際行動為止。

同時想做很多事的習慣會使人們焦慮，注意力不集中。

學生一面看電視，一面做功課；職員不將注意力放在他正在口述的一件事情上，卻惦記著今天該完成的另外一件事，心裡巴不得能馬上同時解決。

這些壞習慣是在不知不覺中養成的。我們同時想著好多件未完成的事，極其容易感到神經過敏、憂慮、焦慮不安。我們緊張是因為我們想做不可能的事情，這樣會無可避免地招來徒勞和挫折。正確的做法是：一次只做一件事，把這件事做好，會使自己有成就感，然後信心百倍地去做下一件事。

紐約中央車站詢問處可能是世界上最忙碌的地方之一。在這個小小的地方，每一天都是人潮洶湧，詢問處前總是擠滿了爭先恐後大聲說話的旅客。對於詢問處的工作人員來說，工作的緊張和壓力可想而知。但是，櫃檯後面的工作人員臉上卻沒有絲毫的緊張感。他身材矮小，戴著眼鏡，看上去很文弱，卻又顯得自信而輕鬆。

此刻，他的面前是一個中年婦女，頭上戴著一條絲巾，臉上充滿著焦慮與不安的表情。顯然，這是她第一次來紐約。詢問處的工作人員身子向前傾斜，集中精神看著這個婦女：「你要去哪裡？」

旁邊一個男士焦急地試圖插話進來，但是這個服務人員卻旁若無人，而是繼續對這個婦女說：「你要去哪裡？」

「春田。」

「是俄亥俄州的春田嗎？」「不，麻薩諸塞州的春田。」

他直接脫口而出：「15號月臺，10分鐘之內出車。」

「你是說15號月臺嗎？」「是的，太太。」

婦女走後，工作人員開始接待剛才插話的那位男士。但沒多久，剛才那位婦女又回頭問月臺號碼：「你剛才說是15號月臺？」工作人員彷彿沒有聽見，仍然集中精神在下一位旅客身上。

在如此繁忙的車站，他如何做到有條不紊的呢？

這個工作人員說：「我沒有和所有的公眾打交道。我只是在單純地處理一位旅客。忙完一個，忙下一個。我一次只為一位旅客服務。」

做事不能貪多。無論是對人還是對事，都需要集中精力。就好像凸透鏡一樣，將太陽光聚焦到一點，才能將物體燃燒。

當你從事一件偉大的事業時，或許操縱著很多部門的事情，來炫耀自己的博學多才，發揮自己的天才與威勢；在奔馳於偉大的前程時，結果反而把自己推進了毀滅的深淵。反過來，你能小心謹慎地從事一件小的事情，或者專心致志做一件事，埋頭苦幹，卻能把你從渺小的凡人造就成偉大的人物。

Part 4

統御：魅力勝於權力，威信勝於權威

用自己的魅力，使得團隊一致，簡化、重複、堅持，成功就是這麼簡單。

——傑克·威爾許（美國）

一個領袖人物必須正直、誠實、顧及他人的感受，並且不把個人或小團體的利益和需要擺在一切衡量標準的首位。否則人們就不會追隨他。

——約翰·科特（美國）

鰷魚效應：身教比言教更具說服力

提出者：德國動物學家霍斯特。

內容精解：德國動物學家霍斯特發現了這個有趣的現象，他做了一個試驗：將一隻較為強健的鰷魚腦後控制行為的部分割除後，此魚便失去自制力，行動也發生紊亂，但是其他鰷魚卻仍像從前一樣盲目追隨，整個鰷魚群行動都發生了紊亂，失去了抵抗外侵的能力。這就是我們在企業管理中經常提到的「鰷魚效應」。

鰷魚的首領行動紊亂導致整個鰷魚群行動紊亂。同樣，在一個企業或者組織中，只要管理者出現問題，那麼整個企業或者組織也就不可避免地會出現問題。

應用要訣：下屬覺得最糟糕的事，是他們跟著一位最差勁的主管。領導者要做下屬的表率，以身作則，帶動下屬成長。管理者就是一個企業的核心脊梁，必須為企業的發展承擔責任。

身教是最好的示範

美國行政管理學家傑克・威爾遜提出：如果部下得知有一位主管在場負責解決困難時，他們會因此信心倍增。因此說：身教重於言教。

1944年日本戰敗後，松下公司面臨極大的困境。為了度過難關，

松下幸之助要求全體員工振作精神，不遲到、不請假。

然而有一天，松下幸之助本人卻遲到了10分鐘，原因是他的司機疏忽大意而晚接了他10分鐘。

他認為必須嚴厲處理此事。首先他以不忠於職守為理由，給司機減薪處分。其直接主管、間接主管也因監督不力受到處分，為此共處分了8個人。

松下幸之助認為對此事負最後責任的，是作為最高領導的社長——他自己。於是他對自己實行了最重的處罰，扣發全月的薪資。

僅僅遲到10分鐘就處理了這麼多人，甚至包括企業的最高管理者自己。此事深刻教育了松下公司的員工，在日本企業界也引起了很大震撼。

從這個故事中我們看出：在企業管理中，身教不僅起到了導向和示範作用，而且還有凝聚人心、化解矛盾、鼓舞士氣和催人奮進的特殊功能。身教還是管理人員與員工的黏合劑。

管理人員的職位越高，身教影響力的涉及面越寬、越廣，管理人員只有自身過得硬，才能引起見賢思齊的廣泛思想共鳴，帶出過硬的團隊。而且，從某個或某些管理人員身上往往可以看到一個企業的前途與希望。因此，企業的管理者要當好表率。

以身作則最具說服力

前日本經聯會會長土光敏夫是一位地位崇高、受人尊敬的企業家。土光敏夫在1965年曾出任東芝電器社長。當時的東芝人才濟濟，但由於組織太龐大、層次過多、管理不善、員工鬆散，導致公司績效低下。

土光接掌之後，立刻提出了「一般員工要比以前多用三倍的腦，董事則要十倍，我本人則有過之而無不及」的口號，來重建東芝。他的口頭禪是「以身作則最具說服力」。他每天提早半小時上班，並空出上午七點半至八點半的一小時，歡迎員工與他一起動腦，共同來討論公司的問題。土光為了杜絕浪費，還藉著一次參觀的機會給東芝的董事上了一課。

　　有一天，東芝的一位董事想參觀一艘名叫「出光丸」的巨型油輪。由於土光已看過9次，所以事先說好由他帶路。那一天是假日，他們約好在「櫻木町」車站的門口會合。土光準時到達，董事乘公司的車隨後趕到。董事說：「社長先生，抱歉讓您等了。我看我們就搭您的車前往參觀吧！」董事以為土光也是乘公司的專車來的。土光面無表情地說：「我並沒乘公司的轎車，我們去搭電車吧！」董事當場愣住了，羞愧得無地自容。原來土光為了杜絕浪費，以身示範搭電車，給那位渾渾噩噩的董事上了一課。

　　這件事立刻傳遍了全公司，上上下下立刻心生警惕，不敢再隨意浪費公司的物品。由於土光以身作則點點滴滴的努力，東芝的情況逐漸好轉。

　　身為一名管理者，要比員工付出加倍的努力和心血，以身示範，激勵士氣。言教不如身教，自己做到了才能去教育員工，以身立教、以行導行，用自己的習慣去引導員工要比單純的說教更具有效力。管理者的工作習慣和自我約束力，對員工有著十分重要的影響。如果管理者滿腔熱情，對工作盡職盡責，那麼在管理的過程中自然就會事半功倍。

魅力永遠勝於權力

曾經在一個報告會上有一位著名企業家說：「在現實世界裡，眾所皆知的一流管理者，無一例外地都具有一種罕見的人格特質，他們處處展現出魅力領袖的風範。他們不但能激發下屬們的工作意願，又具有高超的溝通能力，能夠動之以情、曉之以理，渾身散發出熱情洋溢的力量。尤其重要的是，他帶領團隊屢創佳績，擁有一連串驕人的輝煌成就。運用獎賞力與強制力來領導，也許有效，但是如果你要提高自己的領導魅力、贏得眾人的尊重和喜愛，我建議你們要盡最大的努力以影響和爭取下屬的心。假如你們誰能做到這點，誰就能成為一位成功的管理者，而且也可能完成許多不可能完成的任務。」

一個人為什麼為他的主管或組織賣力工作？很重要的原因，就是因為他的主管所擁有的個人魅力征服了他的心，激勵他勇往直前。你可能會聽到一個下屬說：「你和他在一起相處一分鐘，你就能感受到他渾身散發出來的光和熱。我之所以賣命努力，乃是因為他強大的魅力深深吸引我所致。」

從領導效能的觀點來看，我們不得不承認：魅力遠勝過權力。優秀的領導才能，特別是個人的魅力或影響力，比他的職位高低和提供優越的薪資、福利重要得多，魅力才是真正促使他們發揮最大潛力、實現任何計畫和目標的魔杖。

多少年來，有關統御、領導的書籍和研究報告數以千計，討論的主題涉及組織領導、管理者行為、權力領導，可謂數量眾多，內容廣泛。這些重要的主題，都包含了許多不錯的構想。

事實上，就一句話：與其做一位實權在手的主管，不如做一位渾

身散發無窮「魅力」的管理者。就是說，主管們需要更多的是令人佩服的魅力，而不是令人生畏的權力。

帶人要帶心。做一位管理者，除非我們具備了相當程度的魅力與影響力。否則，是很難實現領導統御的第一個課題：贏得下屬的信賴和忠心。因此，是否擁有這種魅力，是一個主管能否成功的關鍵。

要有勇擔責任的風範

鰷魚效應說明，「鰷魚」的首領行動紊亂會導致整個鰷魚群行動紊亂。同樣地，在一個企業或者組織中，只要管理者出現問題，那麼整個企業或者組織也就不可避免地會出現問題。管理者就是一個企業的核心脊梁，必須為企業的發展承擔責任。

敢於承擔責任，關鍵時刻上得去，是管理者在管理中管理到位的體現。當自己分管的部門出現問題時，管理者不是推卸、指責和埋怨，而是主動承擔責任，從自身的管理中去尋找原因，有主見、妥善地解決問題。這兩方面都是管理者管理到位很重要的因素。

所以，一個管理者想要更成功的話，就從現在開始，百分之百地對自己負責。

在營救駐伊朗的美國大使館人質的作戰計畫失敗後，當時美國總統吉米・卡特即在電視裡鄭重聲明：「一切責任在我。」僅僅因為上面那句話，卡特總統的支持率驟然上升了10%以上。

做下屬的最擔心的就是做錯事，特別是花了很多精力又出了錯，而在這個時候老闆來了句「一切責任在我」，此時這個下屬又會是何種心境？

卡特總統的例子說明：下屬對一個領導者的評價，往往決定於他

是否有責任感。勇於承擔責任不僅使下屬有安全感，而且也會使下屬進行反思，反思過後會發現自己的缺陷，進而在大家面前主動道歉並承擔責任。

老闆這樣做，表面上看是把責任攬在了自己身上，使自己成為受遣責的對象，實質上不過是把下屬的責任提到高層主管身上，從而使問題解決起來容易一些。假如你是個中階主管，你為你的下屬承擔了責任，那麼你的上司是否也會反思：自己是否也有某些責任呢？

一旦公司裡上行下效，形成勇於承擔責任的風氣，便會杜絕互相推委、上下不團結的局面，使公司有更強的凝聚力，從而更有競爭力。

企業、部門與團隊以及任何組織，只要出現了問題，管理者應該承擔不可推卸的責任。領導者要勇於承擔責任，為下屬樹起擔當責任、解決問題的表率。

權威效應：人微則言輕，人貴則言重

來源：心理學實驗。

內容精解：在為某大學心理學系的學生們講課時，向學生介紹一位從外校請來的德語教師，說這位德語教師是從德國來的著名化學家。實驗中這位「化學家」然有其事地拿出了一個裝有蒸餾水的瓶子，說這是他新發現的一種化學物質，有些氣味，請在座的學生聞到氣味時就舉手，結果多數學生都舉起了手。對於本來沒有氣味的蒸餾水，由於這位「權威」的心理學家的語言暗示而讓多數學生都認為它有氣味。

應用要訣：權威效應又稱為權威暗示效應，是指一個人要是地位高、有威信、受人敬重，那麼他所說的話及所做的事就容易引起別人重視，並讓他們相信其正確性，即「人微言輕、人貴言重」。

一個優秀的管理者應當是企業的權威，或者為企業培養了一個權威，然後利用權威暗示效應進行領導。管理者可利用「權威效應」去引導和改變下屬的工作態度以及行為，這往往比命令的效果更好。

權威是無聲的命令

權威效應說明，人們對權威的信任要遠遠超過對常人的信任。

「權威效應」的普遍存在，首先是由於人們有「安全心理」，即

人們總會認為權威人物掌握著真理，權威人物的判斷、選擇、行為都會更加正確，服從權威人物便會使自己具備安全感，不會在眾人面前出醜；再者，人們往往有獲得認同和讚許的心理訴求，人們傾向於認為權威人物的要求和社會規範相一致，按照權威人物的要求去做會獲得其他人的認同，以致贏得他們的好感。

權威暗示效應的寓意：迷信則輕信，盲目必盲從。在日常生活中，「權威效應」隨處可見：你打開電視，常會看見某個權威人物在大力地推薦某個商家的產品；你翻閱報紙，發現文章中常會出現某些權威機構和權威人物的名字，作者以此佐證自己的觀點；你參加辯論會，人們在辯論說理時引用權威人物的話作為論據，增強自己文章的說服力；企業公司以及商場、學校、娛樂場所大都願意請領袖人物或名人雅士題寫名稱；很多書籍，也喜歡請名人題簽，這一切，都是權威效應的作用。

在企業中，管理者也可利用「權威效應」去引導和改變下屬的工作態度以及行為，這往往比命令的效果更好。因此，一個優秀的管理者肯定是企業的權威，或者為企業培養了一個權威，然後利用權威暗示效應進行領導。當然，要樹立權威就必須要先對權威有一個全面深層的理解，這樣才能正確地樹立權威，才能讓權威保持得更加長久。

要區分權威效應與名人的心理實質。權威效應是藉助權威的名聲、勢力，推動式推行、強化或拔高某種事物；而名人效應是人們仿效名人、追逐名人的心理傾向。兩者有著作用方向的差異，也有作用力的不同。

有一種影響力叫「權威」

航空工業界裡，有一個現象叫「機長症候群」。說的是在很多事故中，機長所犯的錯誤都十分明顯，但飛行員們沒有針對這個錯誤採取任何行動，最終導致飛機墜毀。下面這個有趣的故事，就是「機長症候群」的一個典例。

一次，著名空軍將領烏托爾·恩特要執行一次飛行任務，他的副駕駛卻在飛機起飛前生病了，於是總部臨時給他派了一名副駕駛做替補。和這位傳奇的將軍同飛，這名替補覺得非常榮幸。在起飛過程中，恩特哼起歌來，並把頭一點一點地隨著歌曲的節奏打拍子。這個副駕駛員以為恩特是要他把飛機升起來，雖然當時飛機還遠遠沒有達到可以起飛的速度，他還是把操縱桿推了上去。結果飛機的腹部撞到了地上，螺旋槳的一個葉片傷到了恩特的背部，導致他終生截癱。

事後有人問副駕駛：「既然你知道飛機還不能起飛，為什麼要把操縱桿推起來呢？」他的回答是：「我以為將軍要我這麼做。」

從心理學角度，這個故事反映了社會中普遍存在的一種心理現象——權威效應。也就是說，儘管我們每個人都對身邊的人或者對社會有一定的影響力，但影響力的大小有所不同。一般來說，權威人士容易對其他人產生更大的影響。

例如，某天你眼部不適，到醫院就診。如果其他條件相同，有一位眼科專家和一位剛從醫學院畢業的年輕醫師供你選擇，相信你一定會選擇專家。還有，一篇醫學論文是被推薦到聯合國的某個組織去報告，還是刊登在普通雜誌上，這種反映醫學成就的資訊，其影響肯定是不同的。

權威對我們的影響力要超出常人，崇尚權威、迷信權威人士成了社會大眾的一個普遍特徵。社會中大多數處於中下層地位的人學識有限，心理脆弱，對超出自身生活經驗的問題不甚瞭解、不辨真偽，因而盲目相信所謂權威的意見。他們甚至不在乎「說什麼」，而在乎說者本身的權威地位。古往今來的君主梟雄、教主領袖，乃至市井中有號召力之人，他們的號召力往往正是來源於對大眾心理的這種控制。

在現實生活中，無論是做人還是做事，我們都要擦亮雙眼、理智思考，不要讓權威成為遮蓋事實真相的心理面紗。

樹立令人心悅誠服的權威

作為一個領導者，應該如何管理好員工，讓員工能接受管理。這靠的是什麼？靠的是自己的權威。管理者的權威指的是作為管理者使人信服的權力和威望，具體表現為管理者對周圍環境及下屬的影響與感召力。

所謂「權威」，是指管理者在組織中的威信、威望，是一種非強制性的「影響力」。權威不是法定的，不能靠別人授權。權威雖然與職位有一定的關係，但主要取決於管理者個人的品格、思想、知識、能力和水準；取決於同組織人員思想的共鳴，感情的溝通；取決於相互之間理解、信賴與支持。這種「影響力」一旦形成，各種人才和廣大人民都會吸引到管理者周圍，心悅誠服地接受管理者的引導和指揮，從而產生巨大的物質力。

權力是支配他人行為的制度性力量，一個人只要在某個組織中擔任某個職位，就可以獲得與這個職位相應的權力。而權威則是一種不依靠權力就能夠使人心甘情願追隨你的能力。

作為管理者，在工作中最希望看到的事情就是下屬承認自己的地位，樂於接受自己的指令，並遵照執行。在這樣的過程中，所體現出來的就是管理者的領導權威。

　　權威是存在於正式組織內部的一種「秩序」，一種資訊交流的對話系統。如果管理者發出的指示得到下屬的執行，在下屬身上就體現了管理者的權威；同樣的道理，如果下屬違抗命令，也就說明了他否定了這種權威。因此，管理者是否具有權威性，檢驗的根本標準是接受其指示的下屬，而不是發佈指示的管理者。一些管理者之所以不能在組織內部樹立自己的權威，就是因為他們不能建立起這種體現權威的「秩序」。

　　有威懾力的管理者一般決斷力強，辦事爽快果斷，常常是一字千金，憑這就可使人折服。部下也會因為佩服你而不自覺地向你靠攏。

　　管理者要樹立自己的權威，這種權威不僅依賴於組織賦予給他的權力，更有賴於其個人能力的體現和表現出來的人格力量。所謂做任何事首要的就是先做人，只有個人權威建立起來了，他才有能力去感召別人，才能開展一項活動。在要求好自身的同時，就是如何去引導下屬。要正確引導下屬，首先需幫助其設置適當的目標，這個目標的設定，有賴於個人能力的培養和組織績效評估系統的公正性、客觀性。因此，對下屬的知人善任和分配難度、適合的工作任務對於引導成員行為有重要的影響。打個比方，管理者可以透過小組的活動，使成員在進行活動過程中能感到自己的價值、拓寬知識面以及看到自己尚存的不足和應奮鬥的方向，還能培養團隊協作精神等，並使個人目標有效的與組織目標結合起來。

　　管理者的良好行為、模範作用、以身作則就是一種無聲的命令，

有力地激發下屬的積極性。權威是暗示成功的重要心理條件，良好的行為具有權威性，使下屬很快受到良好影響。

「仁之所在，天下歸之」。管理者人格上的魅力才具有最巨大的影響力，也最持久。在今天人性化管理大行其道的時候，管理者更要深明此理。

不要將權力等同於權威

權力與威信之間有著異常緊密的聯繫，這是毫無疑問的，但是它們又是截然不同的。無權的人同樣可以有威信，而有權的人卻未必擁有。領導者希望自己的權力給他帶來威信，然而權力不等於威信，領導者如果明白這一點將會給自己及別人帶來很大的好處，如果不明白這一點其結果可能是災難性的。讓我們來看看有權威的人是怎麼樣的。

1955年12月1日，是美國歷史上一個永遠值得紀念的日子。那天，在阿拉巴馬的蒙哥馬利，一位名叫羅莎‧派克的美國黑人婦女拒絕服從一位公車司機要她離開座位到公車尾部就坐的命令，而這個命令符合當時盛行的公共汽車種族隔離慣例。由於冒犯了蒙哥馬利的種族隔離法，派克太太遭到拘捕。

這件事引起了當地浸禮會教堂一位牧師馬丁‧路德‧金恩的注意，他認為這種境況可以而且必須得以糾正。隨之，他在蒙哥馬利號召開展聯合抵制乘坐公共汽車的群眾運動，以非暴力的群眾運動形式反對在公共汽車上實行種族隔離政策。馬丁‧路德‧金恩也因為在為期382天的蒙哥馬利抵制乘坐公共汽車運動中發揮了領導作用，而受到當地廣大黑人群眾的擁護，這也使他以民主權力運動領導人的形象成

為全國矚目的人物。

馬丁·路德·金恩在沒有人授予他職務權力，自己也沒有特意去追求權力的情況下，為什麼仍然可以成為民權運動的領袖呢？羅伯特·塔克在他的著作《政治領導論》中稱這種人為「非委任領袖」。

「非委任領袖」不擁有職務權力，但他們仍然可以成為政治領袖，領導他人。他人願意、也樂於接受他們的領導，乃是為「非委任領袖」的個人權威所影響。

作者還認為「非委任領袖」能否最大程度地施展領導才能是以政治自由為條件的。因為政治自由可為他們提供足夠的機會，以便公開提出他們對局勢的判斷和他們對政策制定的設想，並動員支援。

1995年11月4日，歷史將永遠記住這一天。這一天對全世界，尤其是對以色列人來說，是一個讓人悲痛不已的日子，總理拉賓於該日在國王廣場遇刺身亡。

拉賓遇刺受傷之後，以色列電臺和電視臺都中斷正常節目，不停地播出從醫院和國王廣場發出的最新消息。當拉賓去世的消息公佈後，守候在伊奇洛夫醫院門外的數百名市民禁不住失聲痛哭。數以千計的人佇立在國王廣場，久久不願離去。拉賓在特拉維夫市的住宅四周很快也圍滿了人，許多人自發地在街頭點燃一支支蠟燭，以悼慰拉賓的亡魂。

按照猶太人的傳統習慣，拉賓的遺體應於11月5日下葬，但因為有很多的外國元首、政府首腦或他們的代表要遠道趕來參加葬禮，以色列政府臨時決定推遲一天安葬。6日下午，拉賓的葬禮在西耶路撒冷隆重舉行。參加葬禮的除以色列總統魏茲曼、代總理裴瑞斯、拉賓夫人和成千上萬的市民外，還有來自世界80個國家的代表，其中有44位

國家元首和政府首腦，包括美國總統柯林頓，俄羅斯總理切爾諾梅爾金，英國首相梅傑，法國總統席哈克、總理朱佩，德國總理柯爾等。此外還有包括美國前總統卡特、布希在內數以百計的世界知名人士。埃及總統穆巴拉克、約旦國王胡笙也參加了葬禮，他們是繼埃及已故總統沙達特1979年出訪以色列後，首次踏足以色列的阿拉伯國家元首。他們的出席使拉賓的葬禮成了有史以來極為罕見的超級葬禮。拉賓作為以色列總理，其權力不可謂不大，但權力只有在有生之年才有作用，在他不幸去世之後，權力自然不復存在。是什麼力量讓如此多的國民對他戀戀不捨難抑悲痛呢？而又是什麼力量使其他國家的政府首腦和世界知名人士們對拉賓如此肅然起敬、扼腕長歎呢？很明顯，這裡存在著權力之外的另一種力量，這便是權威。

　　拉賓和馬丁・路德・金恩在權力上可以形成顯明的對比，但是他們在對群眾的威信上卻有著他人不可比擬的相似，這一點可以猛烈抨擊那種權威帶來權力、等於權力的說辭。領導者有權力，但千萬不要認為同時就擁有了權威，權力可以說只是權威獲得的一個小小的優勢。我們反對把權力等同於權威，但我們不否認從權力到權威的路走起來確實很有技巧性。

刺蝟法則：親密過頭會「刺傷」人

來源：生物學實驗。

內容精解：一位生物學家曾做了一個實驗，他在冬季的一天，把十幾隻刺蝟放到戶外空地。這些刺蝟被凍得渾身發抖，為了取暖緊緊地靠在一起，而相互靠攏後它們身上的長刺又把同伴刺疼，很快就分開了。寒冷又迫使大家再次圍攏，疼痛又迫使大家再次分離。如此反覆多次，它們終於找到了一個較佳的位置——保持一個忍受最輕微疼痛又能最大程度取暖禦寒的距離。刺蝟法則是指人際交往中的「心理距離效應」，人與人之間需要保持適當的距離，只有這樣才能最大限度地感受彼此的美好。

應用要訣：親密過頭會「刺傷」人。保持親密的重要方法，乃是保持適當的距離。領導者與下屬保持適當的距離更有利於開展工作。

人與人之間，不必親密無間

刺蝟法則啟發我們：人與人之間亦是如此，良好交際需要保持適當的距離。

我們先來做一個小小的選擇題：

你要坐公車出去玩，上車後你發現只有最後一排還有五個座位。走在你前面的兩個人，一個選了正中間的座位，一個選了最右側靠窗

子的座位。剩下三個座位中，一個在前兩個人之間，兩個在中間人與最左側的窗戶之間。這時，你會坐在哪裡呢？

想必，你多半會選擇最左側窗戶的座位，而不是緊挨著兩個人中的任何一位坐下。不要好奇，這是因為人與人之間也像前面講的刺蝟那樣，彼此需要一定的距離。

這種距離，有時是環繞在人體四周的一個抽象範圍，用眼睛沒法看清它的界限，但它確確實實存在，而且不容他人侵犯。

例如，無論在擁擠的車廂裡還是電梯內，你都會在意他人與自己的距離。當別人過於接近你時，你可以調整自己的位置來逃避這種接近的不快感；但是擠滿了人無法改變時，你只好以對其他乘客漠不關心的態度來忍受心中的不快，所以看上去神態木然。

還有，法國前總統戴高樂在其十多年的總統歲月裡，對新上任的辦公廳主任總是這樣說：「我聘用你兩年，正如人們不能以參謀部的工作作為自己的職業，你也不能以辦公廳主任作為自己的職業。」所以，他的祕書處、辦公廳和私人參謀部等顧問和智囊機構，沒有任何人的工作年限能達到兩年以上。用戴高樂自己的解釋就是：第一，由於受軍隊流動性做法的影響，他覺得調動很正常，固定才是不正常。第二，他不想讓這些人成為自己「離不開的人」，唯有經由調動才能夠使相互之間保持一定的距離，以確保顧問與參謀的思維、決斷具有新鮮感及充滿朝氣，並能杜絕顧問與參謀們利用總統與政府的名義來徇私舞弊。

關於這方面，一位心理學家曾做過這樣一個實驗：

在一個剛剛開門的閱覽室，當裡面只有一位讀者時，心理學家進去拿了把椅子，坐在那位讀者的旁邊。實驗進行了整整80人次。結果

證明，在一個只有兩位讀者的空曠閱覽室裡，沒有一個被試者能夠忍受一個陌生人緊挨自己坐下。當他坐在那些讀者身邊後，被試者不知道這是在做實驗，很多人選擇默默地遠離到別處坐下，甚至還有人乾脆明確表示：「你想幹什麼？」

這個實驗向我們證明了，任何一個人，都需要在自己的周圍有一個自己把握的自我空間。如果這個自我空間被人觸犯，就會感到不舒服、不安全，甚至惱怒起來。所以在現實生活中，我們在人際交往中，一定要把握適當的交往距離，就像互相取暖的刺蝟那樣，既互相關心又有各自獨立的空間。

交往距離，多少才合適

既然距離在人際交往中如此重要，那麼究竟保持多遠的距離才合適呢？一般而言，交往雙方的人際關係以及所處情境決定著相互間自我空間的範圍。

美國人類學家愛德華‧霍爾博士劃分了四種區域或距離，各種距離都與雙方的關係相稱。

1. 親密距離

所謂「親密距離」，即我們常說的「親密無間」，是人際交往中的最小間隔，其近範圍在6英寸（約15公分）之內，彼此間可能肌膚相觸、耳鬢廝磨，以至相互間能感受到對方的體溫、氣味和氣息；其遠範圍是6～18英寸（15～44公分），身體上的接觸可能表現為挽臂執手，或促膝談心，仍體現出親密友好的人際關係。

這種親密距離屬於私下情境，只限於在情感聯繫上高度密切的人之間使用。在社交場合，大庭廣眾之下，兩個人（尤其是異性）如此

貼近就不太雅觀。在同性別的人之間，往往只限於貼心朋友，彼此十分熟識而隨和，可以不拘小節，無話不談；在異性之間，只限於夫妻和戀人之間。因此，在人際交往中，一個不屬於這個親密距離圈子內的人隨意闖入這一空間，不管他的用心如何，都是不禮貌的，會引起對方的反感。

2. 個人距離

這是人際間隔上稍有分寸感的距離，較少有直接的身體接觸。個人距離的近範圍為1.5～2.5英尺（46～76公分），正好能相互親切握手，友好交談。這是與熟人交往的空間。陌生人進入這個距離會構成對別人的侵犯。個人距離的遠範圍是2.5～4英尺（76～122公分），任何朋友和熟人都可以自由地進入這個空間。不過，在通常情況下，較為融洽的熟人之間交往時保持的距離更靠近遠範圍的近距離（2.5英尺）一端，而陌生人之間談話則更靠近遠範圍的遠距離（4英尺）端。

人際交往中，親密距離與個人距離通常都是在非正式社交情境中使用，在正式社交場合則使用社交距離。

3. 社交距離

這個距離已超出了親密或熟人的人際關係，而是體現出一種社交性或禮節上的較正式關係。其近範圍為4～7英尺（1.2～2.1公尺），一般在工作環境和社交聚會上，人們都保持這種程度的距離。社交距離的遠範圍為7～12英尺（2.1～3.7公尺），表現為一種更加正式的交往關係。

例如，公司企業常用一個大而寬闊的辦公桌，並將來訪者的座位放在離桌子一段距離的地方，這就是為了與來訪者談話時能保持一定的距離。還有，企業或正式會議之間的談判、工作招聘時的面談、教

授和大學生的論文答辯等，往往都要隔一張桌子或保持一定距離，這樣就增加了一種莊重的氣氛。

4. 公眾距離

通常，這個距離指公開演說時演說者與聽眾所保持的距離。其近範圍為12～25英尺（約3.7～7.6公尺），遠範圍在25英尺之外。這是一個幾乎能容納一切人的「門戶開放」的空間，人們完全可以對處於空間的其他人「視而不見」、不予交往，因為相互之間未必發生一定聯繫。因此，這個空間的交往大多是當眾演講之類，當演講者試圖與一個特定的聽眾談話時，他必須走下講臺，使兩個人的距離縮短為個人距離或社交距離，才能夠實現有效溝通。

與下屬保持一定的距離

管理心理學專家的研究認為：不管怎麼說，企業主管和下屬還是有區別的。主管和下屬之間無論多麼親密，他們的位置始終是不能變的：主管在上，下屬在下。上下顛倒只會招致失敗。

不知是否因為社會變得富有，導致現今我們很難遇到為了伸張自己的信念而與人激烈辯論的人。大部分的人皆保持著無所謂的心態，而且避免傷害對方。在這種風氣下培育出來的年輕人，很少有機會遇到挫折。他們未曾被父母親責罵過，也不曾遭到周圍長者訓斥，很多老師對學生也儘量採取溫和教育。因此，要對這一代的下屬批評並非易事。你必須做到一件事：就是必須與下屬保持一定的距離。因為在下屬的腦中沒有上下的觀念。主管要做好工作應該與下屬保持親密關係，但這是「親密有間」的關係。特別要提醒的是，主管與下屬親密無間地相處，還容易導致彼此稱兄道弟、公私不分，並在工作中喪失

原則。讓一個主管完全放下架子、放下權力，走到下屬中間，親近是夠親近了，平等也是夠平等了，但是總讓人感到這個主管身上好像缺了一點什麼。我們不提倡主管高高在上，但是也不提倡主管完全忘掉自己的身份和下屬稱兄道弟。還是那句話：畢竟主管和下屬還是有區別的。當然，堅持交往的原則，並不是說主管和下屬交往時處處提心吊膽、躲躲閃閃，相反，有原則交往能贏得下屬的尊重，使人人感受到平等。

對企業領導者而言，在一定原則指導下的相互往來，有助於加深上下級之間的理解，有助於確定上下級之間的正常而平等的關係。無數事實證明：主管如果過分注重沒有原則的交往，往往導致庸俗的交往氾濫，這樣就會形成親疏遠近，為管理工作帶來許多問題和困難。這一點應當切記，不可用交往替換原則，而在原則性上喪失領導者形象。要想避免失敗，作為主管就必須始終和下屬之間保持一段距離。這段距離不能太長，太長產生隔膜；也不能太短，太短則如同縱容下屬胡作非為。

保持距離有時是很痛苦的，因為你需要忍受孤獨。上班族都是與同事並排一起工作，職工則是貼著機器並肩工作，兩者在休息時間都習慣聚在一起談論各種話題，所以管理人員反而落單。如果是高級主管或是董事長，都各有一間辦公室，這種情形就更加嚴重，到最後總不免要感歎：「我是如此的孤獨……」隨著地位的提升，孤獨的原因並不僅在於地位上的問題。所謂的幹部，在其工作的性質、心理上，都得與下屬保有某種程度的距離，這是職務調升後的必然情形。若是期望下屬把自己當做朋友一樣地對待，或是要下屬直截了當地表達自己所想的事情，那簡直是緣木求魚。

職員為了解除上司在工作上施加的壓力，偶爾會放肆地說一些上司的壞話，以滿足心理上的欲求。因此，介入他們的閒談，反而會妨害他們的娛樂時間。

　　身為領導者，時常會面臨無法與下屬商量而必須自己解決的問題。隨著地位的提升，這些無法與下屬商量、必須自己單獨解決的事情將會越來越多。與下屬之間保持距離，實屬必要。不過，如果距離過大，就會招致失敗。

Part 5

溝通：語言和心靈的雙重交流

管理就是溝通、溝通再溝通。

——傑克・威爾許（美國）

溝通是管理的濃縮。

——山姆・沃爾頓（美國）

管理者的最基本能力：有效溝通。

——L・威爾德（英國）

蜂舞法則：管理到位，溝通先到位

提出者：奧地利生物學家弗里茲。

內容精解：奧地利生物學家弗里茲經過細心的研究，發現了蜜蜂「舞蹈」的祕密。蜜蜂的舞蹈主要有「圓舞」和「鐮舞」兩種形式。工蜂回來後，常作一種有規律的飛舞。如果工蜂跳圓舞，就是告訴同伴蜜源與蜂房相距不遠，約在100公尺左右。工蜂如果跳鐮舞，則是通知同伴蜜源離蜂房較遠。路程越遠，工蜂跳的圈數越多，頻率也越快。如果跳8字型舞，並搖擺其腹部，舞蹈的中軸線跟巢頂的夾角正好表示蜜源方向和太陽方向的夾角。蜜蜂跳舞時頭朝上或朝下，與告知蜜源位置之方向有關：跳舞時頭向上，表明找尋蜜源位置必須朝著太陽的方向飛行。蜂舞法則揭示的道理是：資訊是主動性的源泉，加強溝通才能改善管理的效果。

應用要訣：管理中70％的錯誤是由於不善於溝通造成的。溝通是一個把組織的成員聯繫在一起以實現共同目標的手段。管理者要像蜜蜂採蜜一樣，吸取各種溝通方式的特點，將「蜂舞」採入自己的管理藝術中。

溝通決定興衰成敗

溝通決定管理成敗，甚至可以決定企業生與死的命運！

1990年1月25日，恰恰發生了這種事件。那一天，由於哥倫比亞航空52號航班飛行員與紐約甘迺迪機場飛航管制員之間的溝通障礙，導致了一場空難事故，機上73名人員全部遇難。

　　1月25日晚間7點40分，哥倫比亞航空52號航班飛行在南紐澤西海岸上空11277.7公尺的高空。機上的油量可以維持近兩個小時的航程，在正常情況下飛機降落至紐約甘迺迪機場僅需不到半小時的時間，這一緩衝保護措施可以說十分安全。然而，此後發生了一連串耽擱。首先，晚間8點整，甘迺迪機場飛航管制員通知52號航班，由於嚴重的交通問題他們必須在機場上空盤旋待命。

　　晚間8點45分，52號航班的副駕駛員向甘迺迪機場報告他們的「燃料快用完了」。飛航管制員收到了這一資訊，但在晚間9點24分之前沒有批准飛機降落。在此之間，哥倫比亞航空機組員沒有再向甘迺迪機場傳遞任何情況十分危急的資訊，但飛機座艙中的機組員卻相互緊張地通知他們的燃料供給出現了危機。

　　晚間9點24分，52號航班第一次試降失敗。由於飛行高度太低以及能見度太差，因而無法保證安全著陸。當甘迺迪機場指示52號航班進行第二次試降時，機組員再次提到他們的燃料將要用盡，但機長卻告訴飛航管制員新分配的飛行跑道「可行」。晚間9點32分，飛機的兩個引擎失靈，1分鐘後另兩個也停止了工作，耗盡燃料的飛機於晚間9點34分墜毀於長島。

　　當調查人員考察了飛機座艙中的磁帶並與當事的飛航管制員交談之後，他們發現導致這場悲劇的原因是溝通的障礙。為什麼一個簡單的資訊既未被清楚傳遞又未被充分接受呢？下面我們針對這一事件作進一步的分析。

首先，飛行員一直說他們「燃料不足」，飛航管制員告訴調查者這是飛行員們經常使用的一句話。當被延誤時，飛航管制員認為每架飛機都存在燃料問題。但是，如果飛行員發出「燃料危急」的呼聲，飛航管制員有義務優先為其導航，並盡可能迅速地允許其著陸。一位飛航管制員指出，如果飛行員「表明情況十分危急，那麼所有的規則程序都可以不顧，我們會盡可能以最快的速度引導其降落」。遺憾的是，52號航班的飛行員從未說過「情況緊急」，所以甘迺迪機場的飛航管制員一直未能理解到飛行員所面對的真正困境。

其次，52號航班飛行員的語調並未向飛航管制員傳遞燃料緊急的嚴重資訊。許多飛航管制員接受過專門訓練，可以在各種情境下捕捉到飛行員聲音中極細微的語調變化。儘管52號航班的機組員相互之間表現出對燃料問題的極大憂慮，但他們向甘迺迪機場傳達資訊的語調卻是冷靜而職業化的。最後，飛行員的文化和傳統以及機場的職權也使52號航班的飛行員不願意聲明情況緊急。正式報告緊急情況之後，飛行員需要寫出大量的書面彙報。另外，如果發現飛行員在計算飛行過程需要多少油量方面疏忽大意，聯邦飛行管理局就會吊銷其駕駛執照。這些消極強化物極大阻礙了飛行員發出緊急呼救。在這種情況下，飛行員的專業技能和榮譽感可能變成賭注。

面對現代社會日益複雜的社會關係，我們希望自己能夠獲取和諧、融洽、真誠的家庭關係、朋友關係、同事關係以及上下級關係；在市場的激烈競爭中，我們希望自己能夠鍛造出一支上下齊心、精誠團結的企業團隊；我們希望自己的企業能夠生活在一種良好的外部環境中，能在與顧客、股東、上下游企業、社區、政府以及新聞媒體的交往中，塑造出良好的企業形象等。

上述問題的答案可能是由種種相關的要素所構成，其中溝通是解決一切問題的基礎。溝通不是萬能的，但沒有溝通卻是萬萬不能的。

溝通力決定領導力

人活在世上，都會與人有關；不管是誰，每人每天都在反覆地與人溝通。領導者更是如此。

具體地說，溝通在領導中的重要作用展現在以下幾個方面。

第一，良好的組織溝通，尤其是暢通無阻的上下溝通，可以達到振奮員工士氣、提高工作效率的作用。

隨著社會的發展，人們開始了由「經濟人」向「社會人」、「文化人」的角色轉換。人們不再是一味追求高薪、高福利等物質待遇，而是要求能積極參與企業的創造性實踐，滿足自我實現的需求。良好的溝通使員工能自由地和其他人，尤其是管理人員談論自己的看法、主張，使他們的參與感得到了滿足，從而激發了他們的工作積極性和創造性。

第二，在有效的人際溝通中，溝通者互相討論、啟發，共同思考、探索，往往能迸發出創意的火花。

員工對於本企業有著深刻的理解，他們往往能最先發現問題和癥結所在。有效的溝通機制使企業各階層能分享他的想法，並考慮付諸實施的可能性。這是企業創新的重要來源之一。松下的意見箱制度就充分說明了這一點。

第三，溝通的一個重要職能就是溝通資訊。

顧客需求資訊、製造工藝資訊、財務資訊……都需要準確而有效地傳達給相關部門和人員。各部門、人員間必須進行有效的溝通，以

獲得其所需要的資訊。難以想像，如果製造部門不能及時獲得研發部門和市場部門的資訊，會造成什麼樣的後果。企業任何決策，都需要憑藉書面或是口頭，以正式或是非正式的溝通方式和管道傳達給適宜的對象。

第四，企業領導可通過資訊溝通瞭解客戶的需要、供應商的供應能力、股東的要求及其他外部環境資訊。

任何一個組織只有通過資訊溝通，才能成為一個與其外部環境發生相互作用的開放系統。尤其是在環境日趨複雜、瞬息萬變的情況下，與外界保持著良好的溝通狀態，及時捕捉商機，避免危機是企業管理人員的一項關鍵職能，也是關係到企業興衰的重要工作。

架起一座溝通的橋梁

現代企業管理越來越重視內部溝通，已經把談心這種最直接、最具親和力的溝通方式應用到企業管理中來。

據報導，由美國市民評選出來的百家最受員工歡迎的企業中，有一家名為英格拉姆的電腦批發公司。該公司董事長斯特德有一條號碼為800的全天候免費專用熱線，公司1300多名員工有什麼煩惱都可以撥通這條熱線和他交流，這個免費電話被員工親切地稱為「談心800」。

當前，企業面臨日益激烈的市場競爭，迫切需要調動一切積極因素以應對競爭。員工作為企業最重要的生產要素，同樣要面對嚴酷的市場競爭。人們的就業壓力越來越大，職場內外的焦慮和浮躁情緒危害著在職者和求職者的健康。

與員工進行有效溝通，有助於企業科學決策。在微軟公司，由於人員分佈在100多個國家和地區，公司為每一個員工提供通訊設備，用

於和公司內任何人進行交流，包括與最高層人物談心。這種即時互動的交流，確保了微軟在世界各地的決策能夠集思廣益，提高決策的科學性。

與員工進行有效溝通，能直接展示領導者的人格魅力。人格魅力在企業管理中具有很好的感染力和示範效應。奇異前總裁威爾許是一位與人溝通的高手，有很高的談心技巧。他能說出1000名公司高級管理者的名字和職務，熟知公司3000名管理者的表現，並根據他們的表現授獎。威爾許還善於採取非正式方法與員工溝通，有時他會突然造訪某個工廠或辦公室，有時又會臨時安排與下屬共進午餐，工作人員還會從傳真機上見到總裁的親筆批示。

真誠溝通也是留人的一種技巧，公司不僅要以事業留人，還要以感情留人。

有效溝通還有助於公司創名牌。松下公司很多產品的開發都是在與用戶及員工的交談中獲得靈感的。如果員工有新的創意，松下甚至會撥一筆專款，讓他去另開辦一家工廠，實現他的創意。在這些交流中，公司不僅充分傾聽到員工的意見，解決了員工懸而未決的問題，更便於找對經營思路創出品牌。

有人以為溝通只要人際交往時不隱瞞、真實地表達本意就行了。其實，這還不夠。確實，不以誠相待就根本談不上良性溝通，但往往真知灼見在合理碰撞時也會不歡而散。因此，溝通不僅需要真實，也需要技巧。這裡有五個溝通的小技巧：對人對事皆以真誠欣賞與讚美為前提；先說自己錯在哪裡，然後才指出別人的錯誤；說話要顧及別人的面子；只要對方稍有改進即加以鼓勵；嘉勉要誠懇，讚美要大方。從人性的角度看，每個人都是想被他人認可的。

溝通要做到「全方位」

「溝通」的特點和用途，在優秀公司中的明顯表現與其在一般同業中的表現不同。優秀公司是資訊和開放式溝通聯絡的一張龐大網路，其模式和密度，使員工彼此間溝通和聯絡的特權得以發展。系統內混亂的財產之所以能得到很好的管理，正是溝通的規律性和特性的反映。優秀公司非常注重無拘束的非正式溝通。例如，迪士尼公司的每名員工都佩戴一個寫著自己名字的標籤；惠普公司也非常注重員工的名字，此外還實行「門戶開放政策」；擁有35萬員工的IBM公司絞盡腦汁地推行「門戶開放政策」，受到全體同仁的推崇。該公司的董事長透過其同仁來答覆顧客向他提出的所有抱怨；達美航空公司也把它推行得頗具成效；在李維・史特勞斯公司，自由溝通甚至被稱為「第五種自由」。

使管理不再只是局限於辦公室內，是不拘形式溝通意見的另一大創舉。聯合航空公司的愛德華・卡爾森稱自由溝通為「有形的管理」和「走動管理」，而惠普公司則認為這是「惠普方式」的重要一環。

提供精簡的環境設備有助於自由溝通的開展。康寧玻璃公司在新蓋的工程大樓內安裝升降扶梯，用以增加面對面溝通的機會；3M協助任何申請者組成俱樂部，以便增加午餐時間意外解決問題的機會；一名花旗銀行的職員發現，把意見分歧的不同部門的職員安排在同一幢樓上班後，分歧意見便很自然地被解決了。

是什麼導致了這樣的結果呢？答案是：「全方位、多途徑的溝通」。以上所有的例子都可以歸納為「全方位、多途徑且自由溝通的技巧」。

避雷針效應：善疏則通，能導必安

來源：物理學實驗。

內容精解：在高大建築物頂端安裝一個金屬棒，將金屬線與埋在地下的一塊金屬板連接起來，利用金屬棒的尖端放電，使雲層所帶的電和地上的電逐漸中和，從而保護建築物等避免雷擊。避雷針效應說明這樣一點：善疏則通，能導必安。

應用要訣：對衝突和問題要加以解決和疏導，否則會導致衝突激化。領導者要關注員工的心理和想法，要加強談心、交流。

有效溝通，從「心」開始

對於管理者來說，要想獲得良好的溝通效果，抓住對方的心理是相當重要的。

抓住對方心理是和對方交往、說服對方的重要途徑。溝通之難不在於見多識廣或表達之難，而在於看透對方的內心，並在此基礎上巧妙地表現自己。人的心理十分微妙，即使同樣的一句話也會因對方的情緒變化而得到不同的理解。讀懂對方的內心，才能控制其情緒的變化。

沉默的員工就是一扇關閉的門，如果管理者在交往中稍有不慎，那麼對方就永遠不會向你打開心扉。怎樣才能使沉默寡言的人向管理

者敞開心懷呢？首先應該進入對方的內心世界，引發其產生心理動搖。只要管理者抓住了沉默員工的心理，員工就會很容易地向管理者敞開心扉。

管理者可以使員工感覺到自己十分同情他的處境。如果員工因為遭遇挫折而不言不語，管理者不妨表示同情，可以用一種很寬慰的語氣對員工說：「如果我處在同樣的環境，遇到同樣的事情，肯定也會失敗。」這樣員工就不再擔心管理者會嚴厲地批評他，進而也願意和管理者展開交談。

中階管理者不能老是等上級的指示，在妥善處理了自己份內的工作以後，要主動地為上級分擔工作。不能看到上級仍在忙碌也無動於衷，這種事不關己、高高掛起的心理和行為是不利於自身的管理工作。

中階管理者即使遇到了與自己沒有任何關係的事，只要具備一定契機和理由，也應該像對待自己的事一樣做出積極的姿態，這樣才能感化別人。感化別人的關鍵在於情感、需求、本能等行為動機，不要跟下屬或者上級空談道理，那樣是沒有任何效果的。

拆除溝通的心理堡壘

現實的溝通活動還常為人的認知、情感、態度等心理因素所左右，有些心理狀態常對社會溝通造成障礙。

1. 認知不當導致溝通障礙

（1）第一印象。是指在人際初交往時讓人留下的印象特別深刻，以後要改變這些印象往往不太容易。這種現象顯然是不利於人際關係的。因為我們認識、瞭解一個人，不是經過一次、兩次交往所能完成

的，而第一印象又容易限制我們對人的進一步瞭解。有的人可能給人的第一印象不太好，但進一步交往之後，則會感覺大不一樣；有些人給人的第一印象特別好，而以後也許這種印象會逐漸淡漠下去。「路遙知馬力，日久見人心」的古訓是有一定道理的。在人際交往中，要注意克服第一印象的影響。

（2）近因效應。是指在與他人溝通時，對初識者形成印象，所依據的資訊往往在時間上有一定間隔，因而，資訊出現的次序對於印象形成的作用不一樣。人們更傾向於根據最新的資訊形成印象。

（3）月暈效應。是指人們對他人的知覺容易產生偏差傾向。當一個人對另一個人的某些主要品德形成印象以後，就會認為這個人的一切都很不錯。這就像月亮周圍的大光環是月亮的擴大一樣，所以稱為月暈效應。

（4）定勢效應。是指在人們頭腦中存在的關於某一類人的固定形象。當我們認識他人時，常常會有一種有準備的心理狀態，按照事物的外部特徵對他們進行歸類，從而產生定勢效應。

（5）社會刻板效應。刻板印象，是在人際交往中對某一類人進行簡單的概括歸類所形成的不正確的印象。比如說英國人保守，美國人不拘小節，猶太人會做生意等等。刻板印象使人們在無形之中戴上了塗有偏見色彩的有色眼鏡。人們總是不自覺地將人概括分類，但是如果以這種概括化的印象對待具體的人則是完全錯誤的。而我們的人際交往正好是具體的人與人之間的交往，因此必須防止刻板印象的影響。

2. 情感失控導致溝通障礙

人總是帶著某種情感狀態進行溝通交流的。在某些情感狀態下，

人們容易吸收外界的資訊。而在另一些情感狀態下，資訊就很難輸送進去。如果不能有效地駕馭情感，就會有礙正常溝通。

例如，不能擺脫心情壓抑狀態的人，大多數表現出孤僻和不願與人交往的傾向，在公共場合很少說話，對別人的話不感興趣，對某些資訊甚至有厭惡感。又如，感情衝動時往往不易聽進不同意見。再如，情緒偏頗，像驕傲情緒、急躁情緒等，也會束縛溝通。

3. 態度欠妥當導致溝通障礙

態度是人對某種對象的相對穩定的心理傾向。除認知成分、情感成分外，態度還包括行為成分。凡以恰當的認知、健康的情感支配行為的心理傾向，就是科學的態度。反之，則是非科學的不端正的態度。態度不正確，也不能有理想的溝通效果。例如，迷信權威會帶來溝通判斷失誤；愛面子也會造成判斷失誤。

用心溝通，用情交流

人與人之間由於認識水準不盡一致，有時會造成誤解導致產生矛盾。如果我們能用心溝通，多注重思想和情感的交流，這樣就會贏得時間，矛盾得到緩解。相反，如果只憑一己之見，忽視了情感和思想的交流，最終就會傷害感情，影響人際間的交往。

把你對自己事情的高度興趣跟你對其他事情的漠不關心互相作個比較。那麼，你就會明白，世界上其他人也正是抱著這種態度！這就是說，要想與人相處，首先要學會用心溝通。

一個年輕人因受不了妻子近來變得憂鬱、沮喪，常為一些小事對他吵吵嚷嚷，甚至打罵孩子，無可奈何之下只好躲到辦公室，不想回家。

有位經驗豐富的長者見他這樣，就問他最近是否與妻子爭吵過。年輕人回答說：「為裝飾房間爭吵過。我愛好藝術，遠比妻子更懂得色彩，我們特別為臥室的顏色大吵了一架。我想漆的顏色，她就是不同意，我也不肯讓步。」

長者又問：「如果她說你的辦公室佈置得不好，把它重新佈置一遍，你又如何想呢？」

「我絕不能容忍這樣的事。」年輕人回答說。

長者解釋說：「辦公室是你的權力範圍，而家庭以及家裡的東西則是你妻子的權力範圍，若按照你的想法去佈置『她的』廚房，那她就會和你剛才一樣感覺受到侵犯似的。在佈置住房上，雙方意見一致最好，不能用苛刻的標準去要求她。一定要商量，妻子也應該有否決權。」

年輕人恍然大悟，回家對妻子說：「一位長者開導了我，我知道錯了，我不該把我的意志強加於你。現在我想通了，你喜歡怎樣佈置房間就怎樣佈置吧，這是你的權力。」妻子聽後非常感動，兩人言歸於好。

用心溝通，強調的是人與人之間心靈的交流。包括用心傾聽、用心體會，一些心不在焉、左耳進右耳出的交流並不是真正的溝通。當兩人的意見或觀點出現分歧，經過用心的交流，就會使問題得以化解。只有讀懂了對方的心，瞭解對方的感受，站在對方的立場，溝通才有作用。

營造有效溝通的氛圍

根據美國丹佛大學所做的一項研究顯示，在研究的46家公司之所

以面對網路化帶來的商機行動遲緩，最主要的兩個原因，就是溝通貧乏和行政上混亂。

如何能讓員工願意與你交談？怎樣把你的公司變成一架精幹、平衡和適應性強的溝通機器？如果你和人力資源專家和人際溝通專家討論這個問題，就能總結出以下三個提高溝通水準的必要條件：

（1）使溝通成為你公司裡的優先事項，並且讓每個員工都知道你重視溝通。

（2）為員工提供與管理層交談的機會。

（3）建立信任的氛圍。沒有了信任，員工很可能不願意與他人分享自己的想法和意見。在如今精簡、重組、合併和收購成為主流的時代，員工們常常害怕說出他們的想法。

1. 使溝通成為優先選項

在你的組織裡，如何能有效鼓勵雙向溝通？很簡單，向他們表明，你重視他們的意見。

你需要向員工傳遞的最重要的資訊就是，對任何問題的解決辦法，永遠絕不會是單向的資訊溝通，而一直都是互動式的，讓所有人都參與討論。換句話說，你必須確保員工知道你願意傾聽他們的意見。

鼓勵員工向上級溝通，其關鍵之一是清楚地表達出你希望這種溝通，鼓勵這種溝通。在這種溝通出現時，你會重視它並給予回報。

重視溝通常常需要不同部門的經理採取協作和團隊的行動，例如，由人力資源部門的負責人、公司總經理和參加溝通的員工聯合組成的陣營，向員工們充分顯示了公司對員工溝通的重視。

2. 盡力擴充有效溝通管道

為了有效激勵員工參與溝通活動，你需要各種不同的正式和非正式溝通管道。正式管道可能包括提出建議的流程、企業內部的網上論壇或者回饋表格等；非正式管道可能包括部分職員的開會和其他類型的面對面交談。員工們必須瞭解正式和非正式的所有溝通管道。

然而，即使在最為開放的企業文化中，總有些員工有了好主意卻由於某種原因難以公開表達出來。在這種情況下，這些員工就可以考慮使用允許他們保持匿名的意見回饋系統，使用可靠的意見箱是另一個選擇。而且，現代技術（網路和電子化的溝通手段）為此提供了更多的表達途徑。

位差效應：沒有平等就沒有真正的交流

來源：美國加利福尼亞州立大學。

內容精解：美國加利福尼亞州立大學對企業內部溝通進行研究，他們發現，來自領導層的資訊只有20%至25%被下級知道並正確理解，而從下到上回饋的資訊則不超過10%，平行交流的效率則可達到90%以上。管理學上把這種現象歸納為溝通的位差效應，它說明：平等交流是企業有效溝通的保證。

應用要訣：平等溝通，下情能為上知，上意迅速下達。作為較高層次的管理者，應努力堅持走群眾路線，注重實際和調查研究，主動與下屬溝通。管理者應加強自身民主意識的修練，平易近人、謙虛謹慎，讓員工願意與自己溝通。

平等地與員工交流

進一步的研究發現，平行交流的效率之所以如此之高，是因為平行交流是一種以平等為基礎的交流。為試驗平等交流在企業內部實施的可行性，他們試著在整個企業內部建立一種平等溝通的機制。結果發現，與建立這種機制前相比，在企業內建立平等的溝通管道可以大大增加主管與下屬之間的協調溝通能力，使他們在價值觀、道德觀、經營理念等方面很快地達成一致。可以使上下級之間、各個部門之間

的資訊形成較為對稱的流動，業務流、資訊流、制度流也更為通暢，資訊在執行過程中發生變形的情況也會大大減少。

由此，他們得出了一個結論：平等交流是企業有效溝通的保證。

要提高溝通效率，領導者就必須充分認識溝通的平等性。平等溝通，並不是平等地位的溝通，而是發自內心的情感交流。有修養的主管會以平常心態對待他人，言語表現得體，真誠用心地對待每一個員工。

主管與下屬溝通，就是主管與下屬之間在思想、觀點、意見、感情、願望、認識問題等方面交流的過程，經過相互作用，達到共同進步的目的。良好的溝通能夠達成決策共識、建立相互信任、促進彼此感情、形成團隊合力、提高落實效率。沒有溝通或失敗的溝通，會產生誤解、相互猜忌、傷害感情，甚至形成對立或仇恨。

一個企業要實現高速運轉，要讓企業充滿生機和活力，有賴於下情能為上知、上意迅速下達，有賴於部門之間互通資訊、同甘共苦、協同作戰。要做到這一點，有效的溝通管道是必需的。

有效溝通，使組織成員感到自己是組織的一員；激勵成員的動機，使成員為組織目標奮鬥；提供回饋意見；保持和諧的勞資關係；提高士氣，建立團隊協作精神；鼓勵成員積極參與決策；通過瞭解整個組織目標，改善自己的工作績效；提高產品品質和組織戰鬥力；保證領導者傾聽群眾意見，並及時給予答覆。

其實，企業管理中的工作最多無外乎員工彼此間的交流，大約占全部工作時間的60%以上。可見，一個企業中如果缺乏有效的交流，將會造成很大的障礙。作為主管，應該掌握有效的員工交流溝通方式、解除員工之間的溝通障礙及員工的衝突管理。

吩咐工作要少命令多商量

說到命令，人們可能會想到「軍令如山」這個詞，領導者下了命令，下級不得不服從。於是有些主管認為以命令方式去指揮下屬辦事最快，效率最高，但在實際生活中卻不盡然。

日本松下公司前總裁松下幸之助說：「不論是企業或團體的管理者，要使下屬高高興興、自動自發地做事，我認為最重要的，要在用人和被用人之間建立雙向的即精神與精神、心與心的契合、溝通。」他看到了領導者與下屬溝通的重要性，因而在實際中身體力行，終於取得了成功。要達成領導者與下屬心與心的契合、溝通，關鍵的就是與下屬一起交流商量。

一些管理者頤指氣使，有事就大嗓門地命令下屬去執行。他們認為只有雷厲風行才能產生最佳效果，命令別人去做事的時候也不聽取他人的意見，反正一句話：「做了再說！」一般來說這樣的管理者比較有能力，在下達命令之前是經過一番深思熟慮的。但久而久之，下屬對管理者產生了信任就會什麼都不問，只會照管理者說的去做，這樣反倒失去了積極性和創造性。而有些下屬呢，面對管理者鋪天蓋地的命令，連問一句為什麼的機會都沒有，自己想不通當然就不願去做，而不願做的事要被迫去做是很難做好的。

要吩咐下屬去辦一件事，命令的方式是不可少的，特別是在情況緊急的情況下，一分一秒都是寶貴的，沒有時間詳細解釋。但更多的時候，最好還是以商量的方式。

如果採用商量的方式，下屬就會把心中的想法講出來，而管理者認為有道理的話就不妨說：「我明白了，你說的話很有道理。關於

這一點，看看這樣行不行？」諸如此類，一方面吸收對方的想法和建議，一面推進工作。這會讓下屬覺得既然自己的意見被採用，自然就應把這件事當做自己的事去認真做；同時由於熱心，自然也會產生良好的效果。

另外，管理者在要下屬去做一件事時，也可以為下屬指一個美好的前景，他們便會欣然去做。所以在實際工作的安排中，管理者應做到：

（1）忌憑自己的權力壓制他人。

（2）要仔細聆聽下屬的意見。

（3）若同意對方的意見，就可以說：「我也是這樣想的。」這樣會使下屬為自己的意見而感到驕傲。

（4）如果不同意，必須向部下說明理由。如果只是把上級命令發佈下去，下屬還是會我行我素。

建立誠實信任的雙向溝通

組織對於員工意見的處理方式，直接影響到今後能夠收到什麼類型的回饋資訊。員工如果都知道，即使最尖刻的評論也能得到積極、誠實的回應，不會有任何記恨，在心中就會產生信任感。但如果出現相反的情況：如果他們的回饋被忽視，或組織的對策只是做做表面文章，要嘛員工因為說出了自己的看法遭到報復，他們就不再敢於誠實地回饋資訊。

促使員工參與或者鼓勵員工回饋的唯一途徑，就是建立信任的氛圍，這樣人們才知道自己可以自由地發表意見，而不必擔心組織的報復。建立信任需要較長的時間。

在伊士曼‧柯達公司，主管員工溝通的董事Dotty Luebke為信任
這一概念增加了新的內容。Luebke常常在重要的溝通活動之前、期間
及之後，選擇部分員工提供回饋意見。她談到，在其他組織工作的同
僚常常十分驚訝，因為柯達員工常常在公司的重大決定正式宣佈之前
就已經知道了確切消息，並且還被要求提供回饋資訊。即使如此，
Luebke在這些溝通中還從未遇到過員工破壞信任、洩漏機密的情況。
她指出：「你應該信任你的員工，與你一同工作的人們同樣希望公司
能夠成功。」

開展民主式的溝通討論

管理就是藉著他人自發性的協助與努力，以達到預先設定的目
的。恐嚇、薪酬、建立共識等三種使人聽命行事的手段中，只有「建
立共識」能達到很好的效果。

所謂恐嚇是指不顧對方想法，完全照自己的意思控制他人。比方
說以「解聘」的說法恐嚇他人，製造恐怖氣氛，類似搞個人崇拜的心
理控制手法，或是違反上級命令便施以嚴厲處分的軍隊紀律等，都屬
於這種手段。

強調薪酬的管理方式可說是有作用的，像那種比較艱苦的勞動
工作或是危險的職務，往往必須靠這種強調薪酬的方式來讓人聽命行
事。

領導者的態度，就看他對這三種激勵手段的重視程度不同而有所
差異。具有某種程度自信的領導者，往往願意虛心聽取周圍率直的意
見。掌握部屬的真心是互相瞭解的第一步。即使有時非得表現出身為
長官的威嚴，等到最後一刻再表現也不算遲。

史坦納定理：說的越少，聽到的就越多

提出者：美國心理學家史坦納。

內容精解：在哪裡說得越少，在哪裡聽到的就越多。只有很好聽取別人的，才能更好說出自己的。說得過多了，說的就會成為做的障礙。

應用要訣：第一，虛心聽取別人的意見是一個人進步必要條件。第二，自己意見不成熟時不能發表，說得過多了，說的就會成為做的障礙。第三，多聽、多做、少說是一個人成熟的表現。

兼聽則明，偏聽則暗

傾聽是獲取資訊的方法，只有認真傾聽，才會獲得準確的資訊，而許多準確的資訊可為準確的決策提供依據。

英國作家魯德亞德‧吉卜林曾經這樣描述恰當的提問與回答：「我有6個忠實的僕人，他們可以告訴我所有想知道的事情。他們的名字是：什麼、為什麼、何時、何地、怎麼樣、誰。」在你傾聽別人談話的時候，如果你確保掌握了吉卜林的6個「忠實僕人」的要素，會對你有很大幫助。

國王收到了三個一模一樣的金人，但進貢之人要求國王回答問題：三個金人哪個最有價值？無論是稱重量還是看做工，都是一模一

樣。最後，一位老臣拿著三根稻草，插入第一個金人耳朵裡，稻草從另一邊耳朵出來。第二個金人的稻草從嘴巴裡掉出來。第三個金人的稻草掉進肚子裡。老臣說：第三個金人最有價值！答案正確，使者默默無語。

善於傾聽，才是最有價值，是成熟的人應具備的基本素質。英國聯合航空公司總裁L・費斯諾歸納類似的現象說，人有兩隻耳朵卻只有一張嘴巴，這意味著人應多聽少講。這就是「費斯諾定理」。

「金人」故事的實質其實是「善於傾聽，才是最有價值；講一定要講得精悍。」這也就為「費斯諾定理」下了個註解：人要善於傾聽，獲取對方的資訊越多，理解對方的意思就越明確，才能給予對方精確的答案。

作為一位領導者，首先要傾聽問題，然後再去指導，這是田納西州BUN公司總裁兼CEO給出的最有價值的建議。

只有很好聽取別人的，才能更好說出自己的，虛心聽取別人的意見是一個人進步必要條件。自己意見不成熟時不能發表，說得過多了，說的就會成為做的障礙。多聽、多做、少說，是一個人成熟的表現。

因此，多聽少說應該是我們的首要準則。我們大部分人都有點囉唆，告訴別人的比他們需要瞭解的要多。很多人說話愛誇大，喜歡不著邊際地胡說。如果你認識到自己存在這些問題，就應該學會簡潔表達，讓別人喜歡聽你說話，而不是不得不聽你說話。如果你老是說的比聽的多，你可能就會在與人溝通上受挫，也容易讓別人感到厭倦。

傾聽是和解的開始。讓對方把不滿的話講出來，即吐出了心中藏著的怒氣，又在你認真傾聽中找到心理的平衡。你還可以從對方的話

語中找到問題的根結所在，為化解衝突打下了基礎。

傾聽是相互溝通的前提。想和對方溝通，就要先讓對方把話講完。說教是達不到溝通的目的的，而認真地傾聽會在不知不覺中拉近雙方的距離，達到溝通的目的。

傾聽能力是企業領導者最重要的能力之一。它可以使同事、下屬樂意講述甚至傾訴，令對話持續不斷，有利於消除隔閡、減少誤會。

微軟執行長史蒂芬·巴爾默曾說：「我的大腦時刻不停。即使聽完一個人說的事情，但不能真正消化理解這些東西，我也要認真傾聽。這就是我大腦工作的方式，它總是在不停地接受、分析、思考、理解、反應。如果你真想激勵人們幹好工作，那就必須傾聽他們所說的，並讓他們感覺到你是在傾聽。這對我及周圍的人都有好處。」

適時關閉你的嘴巴

有一家汽車製造公司準備購買一大批用於車內裝潢的布料，參與競爭的有三家紡織品廠商。在做最後決定前，該公司要求三家紡織品廠商各派一名代表，於特定日期來該公司進行最後一輪洽談。

道爾是其中一家紡織品廠商的業務代表，當時正好患了嚴重的咽喉炎，但這一點卻使他最後「因禍得福」獲得了成功。他事後回憶當時的情景說：

「我被引進一間會議室，面對的是那家公司的多位高級主管，諸如絲織品工程師、採購經紀人、業務經理及該公司總裁等。我站起身，盡最大努力想講幾句話，卻只是徒費力氣而已。」

「眾人圍著會議桌坐下，靜靜地注視著我。我只好在紙上寫道：『諸位先生，我因咽喉炎發不出聲來，我沒辦法講話。真抱歉！』」

「『我來幫你講。』該公司總裁說道。於是，他便代我展示樣品，並說明那些樣品的種種好處。接著大家開始討論，也都極力稱讚我的紡織品的優點。由於那位總裁取代了我的位置，便代替我參加討論。而我唯一能做的，只是微笑、點頭或打幾個手勢而已。」

「這個極其特別的會議的結果是：我得到了那份價值160萬美元的合約——那是我有生以來爭取到的最大訂單。」

道爾帶著慶幸的口氣總結說：「我知道，如果不是我不能開口說話，我一定得不到那份訂單，因為我對整個事情的估計完全錯誤。經過這個事件，我發現多讓別人開口講話，實在有極大的好處。」

「謹言慎行」。沒有經過大腦思考的話，不但是廢話，而且往往會招來不必要的麻煩和災禍。說話快、思考慢的人多是愚蠢的，因為他們總是說了又後悔；思考快、說話慢的人多是智慧的，因為他們總是非常檢點自己的語言表達。說話是為了正確地表達自己的思想和意見，而不是為了自己光圖個嘴巴痛快，亂發洩情緒。有些人總是批評別人沒有大腦，總是愛隨便說話，卻很少檢查自己發言有沒有動腦子，有沒有亂說話的時候。一個人的腦袋必須學會思考，一個人的嘴巴必須知道適時關閉。

善於傾聽不同的聲音

傾聽的藝術算得上是無障礙溝通的關鍵所在，而無障礙溝通又是成功的企業管理之砥石。要想透過溝通清除工作中的摩擦和障礙，應該注意在溝通中非常重要的一個環節，那就是傾聽。

傾聽是溝通過程中一個重要的環節。幾乎在任何交流中，我們所能做到的重要的事就是傾聽。比如，作為一名管理者，在講話前，只

有傾聽，才能幫助你在回答問題時提供更多的資訊幫助。當我們養成傾聽的習慣時，就必然會瞭解我們員工的問題、挫折以及需求。

很多管理者都有這樣的體會：一位因感到自己待遇不公而憤憤不平的員工找你評理，你只需認真地聽他傾訴，當他傾訴完時心情就會平靜許多，甚至不需你作出什麼決定來解決此事。

美國著名銀行家約翰‧洛克菲勒說：「我們的政策一直都是：耐心地傾聽和開誠佈公地討論，直到最後一點證據都攤在桌上才嘗試達成結論。」據說他的座右銘就是「讓別人說吧」。惠普公司的創始人帕卡德也特別強調：「傾聽，然後去理解。」

西方有句諺語：傾聽是最高的恭維。英國學者約翰‧阿爾代說：對於真正的交流大師來說，傾聽和講話是相互關聯的，就像一塊布的經線和緯線一樣。當他傾聽的時候，他是站在他同伴的心靈入口；而當他講話時，他則邀請他的聽眾站在通往他自己思想的入口。

管理是講究藝術的，對人的管理更是如此。新一代的管理者更應認識到這一點：高談闊論，教訓下屬，以自我為中心的領導方式已不適用了。傾聽是一種有效的溝通方式。具有成熟智慧的管理者會認為傾聽別人的意見比表現自己淵博的知識更重要。他要善於幫助和啟發他人表達出自己的思想和感情，不主動發表自己的觀點，善於聆聽別人的意見，激發他們的創造性思維，這樣，不僅使員工增強對管理者的信任感，還可以使管理者從中獲取有用的資訊，更有效地組織工作。

做一個會聽話的溝通者

在一項關於友情的調查中，調查結果讓調查者感到十分意外。

調查結果顯示，擁有最多朋友的是那些善於傾聽的人，而不是能言善辯、引人注目的演說者。其實，這也沒有什麼不可思議的。生活中我們每個人都渴望表達自己。聰明的聆聽者能夠讓說話者有充分表達的機會，自然就更容易獲得別人的好感。

一方面，每一個人都喜歡敘述有關自己的事，都想美化自己，也都想讓對方相信自己的敘述；另一方面，每一個人又想探知別人的祕密，並且都想及早轉告別人。這種現象，也許可以說是人的本性。

從某種意義上講，會聽話比會說話更為重要。聆聽越多，你就會變得越聰明，就會被更多的人喜愛，就會擁有更好的談話對象。一個好聽眾總能比一個擅講者贏得更多的好感。當然，成為一名好的聽眾，並非一件容易的事。首先，要注視說話的人。對方如果值得你聆聽，便應值得你注視；其次，靠近說話者，專心致志地聽，讓人感覺到你不願漏掉任何一個字；再次，要學會提問，使說話者知道你在認真地聽。可以說，提問題是一種較高形式的奉承。另外，記住不可打斷說話者的話題。無論你多麼渴望一個新的話題，也不要打斷說話者的話題，直到他自己結束為止；最後，還要做到「忘我」。你始終要明白，你是個「傾聽者」，不要使用諸如「我」、「我的」等字眼。你這麼說了，就意味著你不得不放棄聆聽的機會，注意力已經從談話者那裡轉移到了你這裡，至少，你要開始「交談」了。

高效傾聽，離不開這8招

在人際交往當中，如何說、說什麼非常重要，而同樣重要的是如何傾聽。傾聽也是一種交往藝術，有時候無聲的傾聽比有聲的語言更能達到良好的溝通效果。

如何做好傾聽？這也是一門深奧的藝術，必須掌握以下8個要素：

1. 真誠傾聽

即要帶著「心」傾聽。傾聽一定要真誠，這才能實現藉由傾聽達到相互溝通的目的。若你一時還對對方存有誤解，心態還沒調整過來，就先不要開始交流和傾聽。一定要把心態調整好後，抱有真誠的態度全身心的來傾聽，才會達到傾聽的效果。

2. 思考傾聽

即要帶著「腦」傾聽。光帶著耳朵來聽是不行的，還要帶著頭腦邊傾聽邊思考：他講的是什麼問題？要達到什麼效果？對我有什麼幫助？我應該如何回答？在傾聽時要思考、要分析、要判斷、要回答。

3. 關注傾聽

即要帶著「愛」傾聽。傾聽中沒有愛，沒有對人的關心和理解，坐在那裡再認真地聽也是流於形式。只要帶著愛的真心關注，才會達到傾聽的效果和目的。

4. 主動傾聽

即要帶著「熱忱」傾聽。特別是對自己的下屬、對自己的員工，一定要帶著滿腔熱情主動地聯繫他們，傾聽他們的想法和意見。為改進自己的工作，與員工形成共鳴，達到齊心協力共同做好工作的目的。定期主動傾聽員工的意見與建議，應在公司中形成一項長期的制度。

5. 交流傾聽

即要帶著「理解」傾聽。人際交往中離不開語言的交流，與員工交流中離不開傾聽。不光要求能夠聽客戶的心聲，還要傾聽供應商、競爭對手的呼聲，這樣才能達到知己知彼實現供應的目的。

6. 全面傾聽

即要帶著「公正」傾聽。即要聽好的一面、正面的呼聲，更要聽反面意見；即要聽上司、同事的意見，更要聽員工的呼聲。全方位的傾聽是準確決策的基礎。

7. 虛心傾聽

即要帶著「學習」傾聽。傾聽能使你獲得了新的資訊，瞭解了新的情況，擴寬了你的視野，獲取了新的知識。這些，只有你虛心傾聽才會做到。所以，傾聽時一定要把自己這個「瓶子」裡的水倒乾淨，只有虛心才會裝進新的內容，取得新的收穫。

8. 停止傾聽

即要帶著「手」傾聽。當聽清楚傾訴對象的述說和目的後，可及時地停止傾聽，張嘴說話了。一是要重複傾訴者講的主要內容，說明你認真傾聽了、記住了；二是在自己職權範圍內的、能夠當場答覆的可當場做答；三是一時不能回答的要告知，並積極向上級彙報，儘早答覆。絕不能傾聽後無下文了，那你就會失信於人了。

Part 6

選拔：留下合適的人，驅逐不合適的人

把適當的人選配到最適合的位置上去。

——唐納德·肯德爾（美國）

將合適的人請上車，不合適的人請下車。

——詹姆斯·柯林（美國）

一個公司要發展迅速得力於聘用好的人才，尤其是需要聰明的人才。

——比爾·蓋茲（美國）

美即好效應：人不可貌相，海水不可斗量

提出者：美國心理學家丹尼爾·麥克尼爾。

內容精解：對一個外表英俊漂亮的人，人們很容易誤認為他或她的其他方面也很不錯。印象一旦以情緒為基礎，這一印象常會偏離事實。看不到優秀背面的東西，就不能很好地解讀它。

應用要訣：人不可貌相，海水不可斗量。以貌取人，或是對一個人的能力以偏概全，你可能會丟失很多寶貴的東西。領導者要摒棄以貌取人的觀念，堅持唯才是舉，全面客觀地選擇任用人才。

以貌取人不可取不可靠

某些領導者擇才愛以貌取人，對相貌好、討人喜歡的就關懷有加，對那些相貌平平的就避而遠之。這其實是一種不正常的現象。相貌的好壞是父母給的，況且一個人的能力再強也不能使自己變美，更何來漂亮能力就強之說？

仔細分析一下，出現以貌取人也是事出有因。人的心裡總會形成一種思維定式，如果看一個人不順眼，很可能對這一長相的人都看不順眼，因此一旦遇到同一長相的人來到身邊，避之還來不及怎會委以重任呢？如果遇到長得很漂亮英俊的，一看心裡就舒服，很自然地樂意往下談。有人說：「美麗是比任何介紹信更為偉大的推薦書。」此

話真是一語中的。還有一種人其相貌平平，但有一張「甜嘴」，雖貌不驚人卻會迷倒不少人。他們善於迎合領導者的心理，說起事來好像頭頭是道與領導者不謀而合。這些人是否真的有才能姑且不管，但這種擇人態度是不對的。

事實上，其貌不揚而有才能的大有人在。他們雖相貌一般，但有一顆善良的心，有經驗之才。領導者對這些人若疏而遠之，則會失去很多。齊宣王的成功正是得益於不以貌取人。當時齊國有一醜女子，名叫鍾離春，以才識知名。齊宣王聞說後下令召見她，問以治國安邦之道，鍾離春從容應答、縱論國事、分析利弊、高瞻遠矚、策論服人。於是，齊宣王就按鍾離春之策，傳令拆漸臺、罷女樂、退諂諛、招直言、立太子並拜鍾離春為王后。這樣，在鍾離春的輔助下，齊國日益富強。齊宣王選人不以貌取，還把鍾離春立為王后真是難得。

現實中，某些領導者偏好於以貌取人，但效果並不佳。原因很簡單，相貌並不等於能力，相貌好也不一定就能辦事。許多員工相貌堂堂卻是「庸人」一個，什麼都做不好，花錢請這些人不是浪費了嗎？

人不可貌相，海水不可斗量

「人不可貌相，海水不可斗量。」這是中國的一句古語。泰戈爾也說過：「你可以從外表的美來評論一朵花或一隻蝴蝶，但不能這樣來評論一個人。」以相貌取人沒有絲毫的科學根據。事實上其貌不揚的人有不少很有才學，而相貌出眾的人也有不少平庸之輩。

澹臺滅明是武城人，字子羽，他長相醜陋，欲拜孔子為師。孔子看了他那副尊容，認為難以成才不會有大的出息。因子羽是他的學生子游介紹來的，所以孔子雖看不起他，還是將他收留為弟子。澹臺滅

明在孔子那裡學了三年左右，孔子才知他是貌醜而德隆的人，所以說出「以貌取人，失之子羽」。子羽學成後曾任魯國大夫，後來南下楚國。他設壇講學，培養了不少人才，成為當時儒家在南方的一個有影響的學派。

如果管理者僅憑表面判斷，必然導致「以貌取人，失之子羽；以言取人，失之宰予」。

領導者最應注意的是那些「不可貌相」之才。他們雖然相貌一般，但才氣不少。他們或許碰壁多次，也可能由於同樣的原因而未被重用，若領導者對之能以誠相待，委以重任，那麼他們定會一心一意地跟隨你。在多次接觸之後，領導者一定會發現他們的才能。如果選任得當，奇蹟在不經意中也就創造出來了。固然，某些行業選人時不可避免地要考慮人的相貌，比如服務行業，但也不應只看外表不重能力。

管理者用人必須學會綜合考察。儘管有很多人在研究人才的科學測試方法，也出現了不少人才測評軟體，但人畢竟不是機器，任何分析試驗手段都無法完全準確地定義評價人才。因為人是千變萬化的，任何人在不同的環境和情景下其情緒和表現是不一樣的，加上人的一些本能反應，往往會出現種種假像。

對於管理者來說，只有深入調查、綜合考核，才能較為準確地評價一個人，才能發現真正的人才。

走出憑印象用人的觀念

憑印象用人的原因往往是領導者對自己十分自信，或者說感性占了上風，憑藉自己對某些下屬良好的印象而重用他，這是領導者的又

一大忌。

憑印象用人常常使得一些巧言令色的小人有可乘之機。他們對領導者唯唯諾諾，投其所好，讓領導者覺得這個人用起來很合自己的心意。沒有哪位領導者喜歡用不好用的人，領導者往往在自己的頭腦中盤算：「甲最聽話，乙不行，總是跟我作對。」在遇到較為重要的事情時，自然就會把事情交給甲做，對於甲是否真的比乙更勝任這項工作就說不清了，反正印象中甲比乙好用……作為領導者，憑印象用人常常使自己被蒙在鼓裡，重在表面而忽略事物的本質。久而久之，會使一些人爭相投你所好，在你感覺形勢一片大好之時實際上已是積重難返、眾叛親離，最後才發現壞事的恰恰是你認為用起來最順手的人。

憑印象用人最直接的表現是以貌取人，覺得某人氣度非凡能做成大事，或某人相貌出眾一表人才，這是領導者受到各種外界因素誤導而犯的錯。其實，工作能力的差異與相貌並沒有十分緊密的聯繫，只能說相貌好的人在某些方面較常人有一定的優勢，但未必事事都強過常人。

也有領導者感情用事，覺得誰看起來更順眼就用誰，這是最危險的。相傳，當年乾隆重用和珅，是因為和珅的長相特像一位已故的妃子，而這個妃子是乾隆非常寵愛的。我們今天評論清朝從乾隆後期開始衰敗，和珅是一個不可忽視的因素。

憑印象用人還有先入為主的原因，就是如果某位下屬做一件事，做得比較令人滿意時，以後再遇到其他類似的事情時常常先入為主不假思索地考慮用他，這種行為其實是領導者懶惰的表現。他不認真考慮下屬工作人員的分工配備，一旦某人做某件事情比較出色，以後便

可能什麼事情都找他做，而懶得找時間去仔細地分析、考察每個人的實際能力，尤其是不同的人在不同的具體工作上的表現。

憑印象用人一方面使一些庸才被重用，另一方面先入為主則使不少真正的能人得不到充分地任用。因此，一定要克服憑印象用人的習慣，全面、客觀地看待和評價人才，做到不任用任何一個庸才，將那些有真才實學的人才選拔到崗位上來。

用人堅持「唯才是舉」

「唯才是舉」的思想在很久以前就有了，但真正作為一個用人方針是東漢時的曹操提出來的，意即大凡有用之才都應舉用。以後歷代明君都以此為準則大膽地用人，他們對人才的重視都是十分驚人的。對人才的看法，大致有「黃金累千，不如一賢」，「賢才，國之寶也」，「得一良將才，勝百連城壁」等。人才比金錢更重要，比城池更有價值，用磚石築起的長城是可以攻破的，而以人才壘起的「長城」是永不倒的。項羽以失人才而亡，劉邦以得人才而興，歷史告訴我們只有任用賢能的人才，才能興國安邦、成就大業。

值得注意的是，唯才是舉並不是完全不考慮道德。道德對一個人才來說是很重要的，任用德才兼備之人當然更好，但更重要的是如何用好人才以發揮更大的作用；況且識才時所考慮的道德是以前的，以後還可培養造就。所以唯才是舉更能保護培養一大批人才，並造就一批德才兼備之才。常言「近朱者赤」，在好的環境下人也會變的，又言「強將手下無弱兵」，究其原因乃是環境使然。

漢代劉邦雖未提出「唯才是舉」，但在實際中他確實做到了唯才是舉。舉用酈生就是一例。在劉邦初起反秦之時，酈生貧苦潦倒，

但很有戰國策士遺風。聽說劉邦喜結豪傑，便主動前去拜見。當他去劉邦的驛館拜見，只見劉邦正傲慢地坐在床頭張著兩條腿讓年輕侍女給他洗腳，對酈生卻視而不見。酈生不動聲色，說道：「足下帶兵如此，是想幫助秦國攻打諸侯各國呢，還是與諸侯各國聯合攻秦？」聽了這窮酸迂腐的老儒一席話，劉邦便欲破口大罵。酈生介面道：「足下既想一舉推翻秦朝，為何這樣坐著接見長者呢？足下用如此傲慢的態度接見賢下，以後還有哪個人願意為你獻計獻策呢？」沛公一聽，立即停止洗足，將溼淋淋的雙腳往鞋中一套，整衣而起，熱情地接待酈生。於是酈生滔滔不絕地從六國的成敗談起直到當今滅秦的計策。劉邦聽了很是佩服，立即下令款待酈生，共商伐秦大計。劉邦採納酈生的計謀一舉拿下陳留要地。此後，劉邦確認酈生果為能人，馬上賜他為廣野君。酈生為報答劉邦知遇之恩，還把自己有勇有謀的弟弟引薦給劉邦。事後，酈生之弟酈商為平定天下立下了汗馬功勞。

近代也有一個有名的例子：1929年的一天，徐悲鴻偶然參觀了一次中國畫展覽。寬敞的大廳裡，一幅幅裝裱精緻的畫令人眼花繚亂。但徐悲鴻看了一會兒覺得沒什麼意思，不少作品毫無新意，矯柔造作，使人昏昏然。正欲離開的時候，一幅掛在無人注意的角落裡的畫引起了他的興趣。只見畫面上幾對大蝦體若透明、活龍活現、筆法嫻熟，徐悲鴻邊看邊慨歎不已：真沒想到這個角落裡還藏著一位這麼出色的國畫大師。

「哈哈，你真會開玩笑！它的作者齊白石不過是土裡土氣的鄉巴佬，何以稱大師！」一旁的友人說。

「我不是開玩笑。我不但要拜訪他，還要請他當教授！」徐悲鴻嚴肅地說。

幾天以後，身任要職的徐悲鴻果真聘請齊白石任北平大學藝術學院教授。一年後，由徐悲鴻親自編集作序的《齊白石畫集》問世了，齊白石因此名聞天下。

　　劉邦、徐悲鴻的事例告訴我們，只要是人才就應大膽地舉用，要盡可能地減少其它次要因素對用人的影響。識才用才，不能因噎廢食。唯才是舉不僅在亂世是永恆的真理，在治世也同樣正確。亂世需要建奇功、打江山的人才，在治世則需要更多的建設人才。沒有人才，我們將一事無成，領導者也難為「無米之炊」。

簡道爾法則：把適當的人放到適當的位置

提出者：原美國百事可樂公司總裁唐納德・簡道爾。

內容精解：企業要尊重人、培養人、鍛鍊人，各盡所能，人適其位，把適當的人選配到最適合的位置上去。現代社會的競爭就是人才的競爭，而人才在團隊中能否被放在最恰當的位置、發揮最大的作用，也決定著一個團隊戰鬥力的強弱，所以，如何識人、選人是領導最重要的一項功課。

應用要訣：選擇人才對企業非常重要，只有先找對人，才能做對事。能當其位是選拔任用人才的首要原則，要把合適的人放到適當的位置上。

以能當其位為任人標準

能當其位是任人的重要原則，是判斷領導者任人是否正確的首要標準。

1. 對人才要量體裁衣

既不能讓統御千軍的將帥之才去做伙頭軍，也不能讓縣衙之才去當宰相；既不能讓溫文爾雅坐談天下大事的文官去戰場上馳騁，也不能讓叱吒風雲金戈鐵馬的武將成天待在官廷內議事。應該辨清各自的特長，派其到相符的地方或授予其相應的職位。不當其位，大材小用

或者小材大用都是任人失敗之處。

2. 不能僅僅以能力的高下來衡量，還得考慮性格、品行

如果此人性格懦弱、不善言辭，則不宜讓他擔任公關和推銷方面的重任；如果他處事較隨意，且常出一些小錯，不拘小節，就不應任用他做財務方面的工作；如果品行不太端正，愛占小便宜且比較自私，對這種人尤其要小心任用，最好不要委以重任或實權，使其處於眾人的監督之下不至於危害大局，一旦發現其惡劣行為立即嚴懲不怠。所以，作為領導者，在任時一定要就人才的能力、性格和品行等方面綜合考慮，再授予其一個適當的位置。

3. 領導者還需考慮年齡因素

一些工作崗位可能有兩人可以勝任，一個年輕，一個年長。對此，領導者就應該考慮年輕人和中老年人在性格上的差異：年輕人熱情奔放，充滿活力，且敢拚敢闖，創造力強；中老年人沉穩、冷靜、忍耐力強，且經驗豐富、老到。年輕人缺乏的是經驗，中年人缺乏的是闖勁。瞭解到這些，就可以根據該項工作的特徵確定合適的人選。同時，還不能忽視年齡層次問題，機關部門、傳統產業的年齡層次可以適當偏大一些，而科技、新興企業的年齡層次宜年輕化一些，避免公司出現人才斷層，有利於公司持續快速發展。

選拔人才要有標準

領導者對人員的比較與選拔常常憑藉直覺判斷，主觀性隨意性很強。因此，為了確保選拔工作的客觀公正性，有必要制定一些標準作為選拔人才的客觀依據。選拔標準包括以下幾點：

（1）成就（包含教育背景和經歷）。

（2）一般智慧。

（3）體格、行為和能力。

（4）特長。

（5）興趣。

（6）氣質。

（7）環境。

（8）人際溝通與交際能力。

（9）對工作的渴求與動機。

在具體操作上，可根據以上幾方面分別對員工打分，按總分的高低來確定對員工的評價，並以此作為選拔的客觀依據。透過這樣的操作可以使人員的選拔更具可比性，從而避免了主觀隨意性。

從某種程度上來說，對選拔程序的評價總是推理性的。可經由對那些已經加入公司的人員進行隨後調查，將會揭示出選拔的績效水準。再從候選人中加以篩選，按績效水準重新排序，將績效水準較高者確定為最佳選拔人選。

在整個人員的選拔過程中，做好事前、事中、事後的監督回饋工作尤為重要。在某項職務的人員選拔前，要充分掌握手頭人員的全面情況；在選拔過程中，要依據上述幾個標準對員工打分綜合評價；在選拔結束後，還要及時做好事後監督工作，及時撤銷不稱職的選拔任命。

選拔出最佳的人才

對一個企業來說，選擇合適的人非常重要。美國西南航空公司在這點上與通用公司有異曲同工之妙。

作為一家航空公司，其對員工的最重要要求就是熱情、真誠且富有幽默感。西南航空公司看重的就是這一點。它招聘員工的過程沒有什麼條條框框，招聘工作看起來更像好萊塢挑選演員。第一輪是集體面試，每一個求職者都被要求站起來講述自己最尷尬的時刻。這些未來的員工由空服員、地勤人員、管理者甚至是顧客組成的面試小組進行評估。西南航空公司讓顧客參與招聘面試基於兩個認識：顧客最有能力判別誰將會成為優秀空服員；顧客最有能力培養有潛力的空服員，使其成為顧客想要的空服員。

接下來是對通過第一輪面試者進行深度個人訪談。在這個訪談中，招聘人員會試圖去發現應聘人員是否具備一些特定的心理素質，這些特定的心理素質是西南航空公司，透過研究公司以往最成功的和最不成功的員工發現的。

新聘用的員工要經過一年的試用期，在這段時間裡管理人員和新員工有足夠的時間來判斷他們是否真正適合這個公司。西南航空公司鼓勵監督人員和管理人員充分利用這一年的試用期或評估期，將那些不適合在公司工作的人員解雇掉。但是有趣的是，西南航空公司很少主動解雇一些員工，因為在這些員工被告知之前，他們已經知道自己與周圍的環境顯得格格不入而主動走人。

正是這樣的選人策略，才保證了西南航空公司員工具有高水準的服務標準，從而創下了連續20多年盈利的驕人戰績。

管理者應當明確，企業需要什麼樣的人才，自己需要什麼樣的人才，用什麼樣的方法選擇人才，而這些體現了一個管理者最重要的品格和修養。

用人先識人，找對人做對事

在日常的企業管理中，想要做到讓人們交口稱讚自己「大公無私」，亦要做到「知人善任」。也就是說，一個企業的管理者只有找對了人做對了事，才能讓人信服他的管理能力。

有的時候，你也許已經給了你的員工很優厚的待遇，或是為了培養他們花費了巨大的心血和財力，而他們卻棄之不顧，甚至將你的客戶、內部資料乃至員工都席捲而去。這不僅會給你的企業造成重大損失，還對你本人的自尊造成莫大的傷害。為了盡可能減少這類事情的發生，你應該做些什麼呢？那就是，要先找對人。

美國現代物理學之父愛因斯坦的故事可能鮮為人知。1930年代初，美國著名教育家佛萊克斯納立志改革教育。他接受兩位富翁捐贈的一筆鉅款，在風景優美的普林斯頓辦起了一座高等研究院。為此，他到處物色世界一流的學者。1932年初，當愛因斯坦來到美國加州理工學院講學時，佛萊克斯納求賢若渴，立即前往拜訪，並提出了聘請他講課的要求，但愛因斯坦沒有答應。後來，愛因斯坦去英國講學，佛萊克斯納又跟到英國再次請求，愛因斯坦還是沒有答應。佛萊克斯納並不灰心。這年夏天，愛因斯坦從英國回到柏林附近的寓所，佛萊克斯納又一直跟到那裡，再三懇求。精誠所至，金石為開。愛因斯坦有感於他誠心的邀請，終於答應前往普林斯頓擔任終身教授。正是佛萊克斯納的慧眼識英雄，才使得一個個著名學者齊聚普林斯頓，美國也從此成了世界物理學的中心。

由此看來，一開始找到優秀的人才對企業來說至關重要，這顯然比以後解雇差的人員要容易一點。

貝爾效應：慧眼識人，甘為人梯

提出者：英國學者貝爾。

內容精解：英國學者貝爾天賦極高，曾經不止一個人說，如果他畢業後進行晶體和生物化學的研究，一定會贏得多次諾貝爾獎。但他心甘情願地選擇了另一條道路——甘當人梯，提出一個個課題引導別人進行研究，登上一座座科學的頂峰。於是有人把他這種甘為人梯的行動稱為「人梯效應」，也稱作「貝爾效應」。

應用要訣：領導者具有伯樂精神、人梯精神，要以大局為先，慧眼識才、放手用才，敢於提拔人才，積極為有才幹的下屬創造脫穎而出的機會。

發揚伯樂和人梯精神

宋朝太尉王旦曾經專門在皇帝面前誇讚寇準的長處，推薦他為宰相，但寇準卻多次在皇帝面前痛陳王旦的缺點。

有一天，皇帝忍不住對王旦說：「你雖然誇讚寇準的優點，可是他經常說你的壞話。」王旦卻說：「本來應該這樣。我在宰相的位子上時間很久，在處理政事時失誤一定很多。寇準對陛下不隱瞞我的缺點，愈發顯示出他的忠誠，這就是我看重他的原因。」

有一次，王旦主持的中書省送寇準主持的樞密院一份文件違反

了規格。寇準馬上將此事向皇帝彙報，使王旦因此受到責備。然而事隔不到一個月，樞密院有文件送中書省，結果也違反了規格，辦事人員興奮地把這份文件送交王旦，以為王旦定會報復寇準，可他沒有這麼做，而是把文件退還給樞密院，希望他們修正。對此，寇準十分慚愧，見到王旦時便恭維他度量大。後來，寇準升任武勝軍節度使同中書門下平章事，寇準感謝皇帝對他的瞭解。不料皇帝卻說：「此乃王旦的推薦。」寇準更加敬服王旦。

王旦做宰相十二年，推薦的大臣有十幾個，大多很有成就。王旦身上體現出來的就是現代人所說的貝爾效應。其實，也不妨叫做「王旦效應」。

管理者應該向貝爾和王旦學習，自覺運用貝爾效應，甘為人梯。一個成功的管理者應該以國家和民族大業為重，以單位和集體利益為先，發揚伯樂精神和人梯精神，慧眼識才、努力養才、放手用才。

公正無私地推薦人才

春秋時期，祁奚，即祁黃羊，是晉國大夫，後任中軍尉。有一次晉國國君晉平公問祁黃羊說：「南陽縣缺個縣官，你看，應該派誰去當比較合適呢？」

祁黃羊毫不遲疑地回答說：「叫解狐去最合適了，他一定能夠勝任的！」

晉平公很驚奇地說：「解狐不是你的仇人嗎？你為什麼還要推薦他呢！」

祁黃羊說：「你只問我什麼人能夠勝任，誰最合適，你並沒有問我解狐是不是我的仇人呀！」

於是，晉平公就派解狐到南陽縣去上任了。解狐到任後，替那裡的人辦了不少好事，大家都稱頌他。

過了一些日子，晉平公又問祁黃羊說：「現在朝廷裡缺少一個法官，你看誰能勝任這個職位呢？」

祁黃羊說：「祁午能夠勝任的。」

晉平公又奇怪起來了，問道：「祁午不是你的兒子嗎？你怎麼推薦你的兒子，不怕別人講閒話嗎？」

祁黃羊說：「你只問我誰可以勝任，所以我推薦了他，你並沒問我祁午是不是我的兒子呀！」

於是，平公就派了祁午去做法官。祁午當上了法官，替人們辦了許多好事，很受人們的歡迎與愛戴。

孔子聽到這兩件事，十分稱讚祁黃羊，說：「祁黃羊說得太好了！他推薦人，完全是拿才能做標準，不因為他是自己的仇人心存偏見，便不推薦他；也不因為他是自己的兒子怕人議論，便不推薦。像祁黃羊這樣的人，才夠得上說『大公無私』！」

祁黃羊認為解狐是當縣官的料，而自己的兒子可以勝任朝廷裡法官一職，就任人唯賢地向晉平公舉薦，最終連孔大聖人也稱讚他推薦人完全是拿才能做標準，真正做到了「大公無私」。祁黃羊能夠做到這一點的確讓人敬佩。從中我們還能夠看出，祁黃羊舉賢不但能夠做到大公無私，而且察人準確。試想，如果祁黃羊能夠做到不存私心地推薦人才，但是，解狐卻不能很好地為民辦事，不但祁黃羊失去了大公無私的美譽，而且解狐也會在心裡恨他把自己往風口浪尖上推；而他在推薦兒子的時候，如果兒子根本不是一個法官的料，那麼，晉平公會怎麼想？所以，這個「大公無私」還要以「知人善任」做後盾。

提攜人才，雪中送炭

「先天下之憂而憂，後天下之樂而樂」的范仲淹，不僅是一位為官一任、造福一方的名臣，也是一位善於選擇人才、提攜人才的領導者。

范仲淹在淮陽做官時，有一天正在批閱公文，下屬領來一個說是要面見他的瘦弱的年輕人。范仲淹見此人雖然衣衫破舊，倒也文質彬彬，便停下工作，問他姓名和來意。年輕人不願說出自己的名字，只說自己姓孫，是位窮秀才，因生活窘迫，特來請求范仲淹幫助他一萬錢。

范仲淹沒再追問，就叫人如數拿錢給了他。次年，下屬又向范仲淹稟報，說去年曾來過的那位孫秀才又來了。范仲淹立刻命人將他領進來。見面後，孫秀才開門見山，仍然是再要一萬錢。范仲淹又如數給了他，並且關心地問：「家中有什麼天災人禍嗎？」

孫秀才十分不好意思地說：「母親年老多病，而自己是個讀書人，不會耕田，不會做工，又不會經商，所以無計可施。自從流浪到此，不少人都稱讚大人是位清官，愛民如子，所以才冒昧求見大人，請您賜憐。」

范仲淹聽完孫秀才的話，情不自禁地想起了自己的身世：他兩歲喪父，母親帶著他改嫁給一個姓朱的人。因為家境貧窮，買不起紙筆，自己四五歲時用木棍在沙土上學習寫字。稍大後得知家事，含淚辭別母親來到應天，在戚同文門下讀書。因為沒錢，每天只能吃些凝固的粥塊。范仲淹想到這裡，更加同情孫秀才。他思忖半天，突然興奮地告訴孫秀才：「我可以幫你謀一個學職，每天動筆抄寫東西，大

約能賺一百錢。這樣你既能安心學業，又能養家度日。」孫秀才大喜過望，即刻答應，隨後就到任了。不久後，范仲淹調離淮陽，到另外的地方任職去了。

這個孫秀才，名復，字明復，是山西平陽人。在范仲淹的幫助下，他逐漸減緩了生活壓力，並且有了較好的讀書條件。他刻苦學習，深入鑽研，學業突飛猛進。但由於進京趕考卻落榜，他一氣之下跑到了泰山，專心致志讀《春秋》，成了當時著名的經學家，世稱「泰山先生」。

數年後，范仲淹得知孫復學業已成，並且還很有建樹，就把他推薦給皇上。接著，孫復擔任了祕書省校書郎，後來又任國子監直講，即朝廷最高學府太學的教官。當時的人聽說這件事情，都對范仲淹的慷慨相助、培育人才讚歎不已。

范仲淹培養人才是盡其所能給人才提供可以生活、學習的條件，解除人才的後顧之憂。當人才懷才不遇時，又順手幫扶一把，使得人才才盡其用。這種對人才的培養看似無心，實則是培養者的素養累積和給人才的重大機遇。

領導者在下屬困難時幫他一把，無異於雪中送炭。但是更重要的是培養下屬獨當一面的能力，當下屬遇到困難時能夠盡自己所能為下屬排憂解難，為他發揮才能開闢一條陽光大路，下屬的才能就會得到更好的發揮。

Part 7

任用：用人得當事半功倍

用人不在於如何減少人的短處，而在於如何發揮人的長處。

——彼得·杜拉克（美國）

如果管理者永遠都只啟用比自己水準低的人，那我們的公司將一步步淪為侏儒公司；如果我們都有膽量和氣度任用比自己更強的人，那我們就能成為巨人公司。

——奧格威（美國）

威爾許原則：用人得當，事半功倍

提出者：奇異前總裁傑克‧威爾許。

內容精解：威爾許曾說：「我們所能做的是把賭注押在我們所選擇的人身上。因此，我的全部工作就是任用適當的人。」這一原則說明，管理者的任務就是用合適的人做合適的事，並鼓勵他們用自己的創意完成手上的工作。這實際上提出了「管理者用人的前提是如何察人」的問題，做到既要察人所長、用人之長，又要察人所短、因人而用。

應用要訣：用人不當，事倍功半；用人得當，事半功倍。管理者應以每個員工的專長為思考點，安排他們做合適的事，並依照員工的優缺點，做機動性調整，讓每一個人發揮最大的效能。

知人用人，不知人不得人

不瞭解一個人，就不能用好一個人。這句話對任何一個企業領導層而言都是真理！如此，才能力戒盲目用人。因此，現代企業中流行「識人才能用人」的口號。

人才猶如冰山，浮於水面者僅30%，沉於水底者達70%。怎樣才能識人？其先決條件在於管理者能公正無私，一視同仁。管理者必須具備如此胸襟，方能發掘真正人才。

歸納知人之難原因，首先是客觀障礙：

人之學行，因時而易；互有長短，隱顯不一；其變化因時因地而各有不同，甚至同一人在同一日情緒亦有變異，起伏難測，捉摸不定。

其次是主觀障礙：

好惡愛憎囿於個人心理偏見與成見，此即心理學上之月暈效應，評價者對被評價者一兩種表現具有良好印象時，對所有表現都會評價高，反之亦然。因此，憎者唯見其惡，愛者唯見其善。孟子說：「人莫知其子之惡，人莫知其苗之碩。」司馬光也講：「心苟傾焉，則物以其類應之，故喜則不見其所可怒，怒則不見其所可喜；愛則不見其所可惡，惡則不見其所可愛。」

故愛憎之間，所宜詳慎。若愛而知其惡，憎而知其善，人可去邪勿疑，任賢勿貳。有時管理者本身缺乏鑑評他人的能力，或忌真才、喜奴才，以求鞏固其既得權益，因而埋沒人才。

受資歷、資望、資格、現實問題等因素的限制，人才易被埋沒。若一旦誤奸為忠，誤惡為善，誤愚為智，則必誤人誤己，敗事有餘。反之亦兩失其平。故欲求知人善任，必先祛除上述障蔽，方能奏其功效。

個性各異，每個下屬的個性都有差異，這是因為所處的環境、不同的經歷、所具的學識等方面的影響形成的。具體講，決定個人之因素甚多，包括出身、背景、環境、習慣、交友、階層、職業、生理、動機、願望等。

身為上司要知道下屬的個性，必須客觀瞭解對方體形、容貌、身世、品德、性格、修養、智慧等情況，加以深切體察，設身處地瞭解

對方本質及其環境，做出合乎情理的評價，萬不可先入為主。

大材不小用，小材不大用

古人曰：「君子所審者三，一曰德不當其位，二曰功不當其祿，三曰能不當其官。此三者乃治亂之源也。」可見，能當其位是任人的重要原則，是判斷管理者任人是否正確的首要標準。在任人時，管理者對人才一定要量體裁衣，不當其位、大材小用或者小材大用都是任人失敗的表現。

不當其位，當然就無法發揮人才的長處，空有滿腹經綸卻無處施展；大材小用造成人才的極大浪費，必挫傷人才的積極性，使其遠走高飛另謀高就；小材大用只會把原來的局面越弄越糟，成為專業發展路上的絆腳石。「用人必考其終，授任必求其當」，古人已經為現代領導者們做出了榜樣。

狄仁傑就是一位善於任人的官吏。有一天，武則天問狄仁傑：「朕欲得一賢士，你看誰能行呢？」狄仁傑說：「不知陛下欲要什麼樣的人才？」武則天說：「朕欲用將相之才。」狄仁傑說：「文學之士溫藉，還有蘇味道、李嶠，都可以選用；如果要選用卓異奇才，荊州長史張柬之是大才，可以任用。」武則天於是擢升張柬之為洛州司馬。過了幾天，武則天又問賢。狄仁傑說：「臣已推薦張柬之，怎麼沒任用？」武則天說：「朕已提拔他做洛州司馬。」狄仁傑說：「臣向陛下推薦的是宰相之才，而非司馬之才！」武則天於是又把張柬之升遷為侍郎，後來又任他為宰相。事實證明，張柬之沒有辜負重任。可見狄仁傑多麼懂得任人應當其位的道理！

不能讓外行人做內行事

春秋時期，鄭國的大夫子產很善於處理政事。擔任相國期間，他注意舉賢選能，任用人才。對不合適的人選，及時提出否定意見，並且講清道理，使人心服口服。而對於那些有能力的人定會加以重用，給他們充分展現才華的機會。

一次，鄭大夫子皮提出，要讓尹何做他的封地長官。子產以商量的口吻對子皮說：「尹何太年輕了，不知道能否勝任。」子皮說：「尹何這個人挺老實的，我很喜歡他，他是不會背叛我的。讓他去學習學習，也就懂得怎樣管理了。反正是管理我的封地，我會照顧他的。」子產聽了，皺皺眉頭說：「這樣做不合適。大凡一個人喜歡另外一個人，總想對他有利。但是，因為你喜歡尹何而把政事交給他，就好像讓一個不會拿刀的人去割東西，他不但不會割到東西，相反還會使自己受到損傷和傷害。這樣一來，你所謂的喜愛一個人，其實是傷害了他，那誰還敢求得你的喜愛啊！你在鄭國是棟梁，如果棟梁折了，椽子就會隨之崩潰，我也會被壓在底下的。」

子皮頓時陷入了深思，子產繼續說：「比如，你有一塊華麗的綢緞，打算做成衣服，你絕不會把它拿出來讓裁縫當做練習用的布料。同樣，重要的官職，龐大的封邑，對你來說是不可缺少的庇護條件，而你卻讓人學著管理，你想想這不是比拿華麗的綢緞做練習更加可惜嗎？我只聽說學習好了才能參加管理政務，從來沒有聽說把管理政務當做學習的對象。如果您一定要這麼做，那麼吃虧的一定是你。又比如打獵，只有射箭和駕車技術都很熟練的人才能擒獲獵物，如果從沒有射過弓箭，也沒有駕過車，那麼他一定擔心翻車壓人，哪裡還有工

夫琢磨如何獵獲禽獸呢？」

子皮被說得面紅耳赤，忙說：「您說得對，我太笨了。我聽說，君子專門研究大事和長遠的事，小人只會注意細小的事、眼前的事。我就是小人啊！衣服穿在我身上，我知道愛護它；重要的官職、龐大的封邑對我來說是一個很重要的庇護條件，我卻疏忽、輕視它。我真糊塗啊！沒有您的一番話，我就不懂得這些得失的道理。過去我說過：您治理鄭國，而我只治理自己的家族，保護好自己，那就萬事大吉了。現在我知道，即使我自己家族的事也要按照您的意見辦。」

子產說：「人心各不相同，就像人的面孔各不相同一樣。我怎敢說你的面孔就像我的面孔呢？我的想法和你的不一定相同。我只不過把我心裡認為危險的事情告訴你，供你參考罷了。」

子皮認為子產很忠誠，因此把鄭國的政事全部委託給他。

子皮因為喜歡尹何就決定委任他，實際上，尹何根本不懂得如何管理政務，子皮想讓尹何邊學邊管理。事實上，封地對子皮來說是非常重要的，讓一個不熟悉管理的人來管理，定會造成很大的失誤。

對於重要的工作，不能允許外行邊學邊做，這樣不但不能保證工作的品質，還可能對工作的人造成傷害，因此必須具有一定經驗後才能勝任。如果擇人是為了用人，那麼用人一定要慎重，不能只憑個人的好惡，要根據這個人的實際能力來決定。

性情不同，任用不同

對一個人才來說，性情為人也許是天生。但作為管理者卻能夠「巧奪天工」地運用它，使之能夠既顯其長又避其短。

宋代司馬光總結說：「凡人之才性，各有所能，或優於德而強於

才，或長於此而短於彼。」用人如器，各取所長。這是現代管理者的最基本的領導才能。

假如你是一位企業管理者，對待如下不同類型的下屬，應當採取不同的用人之道，使他們克服短處，發揮特長，為組織發展增添人力資源：

知識高深的下屬，懂得高深的理論，可以用商量的口吻；

學識低淺的下屬，聽不懂高深的理論，應多舉明顯的事例；

剛愎自用的下屬，不宜循循善誘時，可以用激將法；

愛好誇大的下屬，不能用表裡如一的話使他接受，可用誘兵之計；

脾氣急躁的下屬，討厭喋喋不休的長篇說理，用語須簡要直接；

性格沉默的下屬，要多鼓勵他說話，多主動詢問；

頭腦頑固的下屬，若對他硬攻，則容易形成僵局，應看準對方最感興趣之點進行轉化。

以下是10條用人的經驗之談：

（1）性格剛強卻粗心的下屬，不能深入細緻地探求道理，因此他在論述大道理時就顯得廣博高遠，但在分辨細微的道理時就失之於粗略疏忽。此種人可委託其做大事。

（2）性格倔強的下屬，不能屈服退讓，談論法規與職責時能約束自己並做到公正，但說到變通他就顯得乖張頑固，與他人格格不入。此種人可委託其立規章。

（3）性格堅定又有韌勁的下屬，喜歡實事求是，因此他能把細微的道理揭示得明白透徹，但涉及大道理時他的論述就過於直露單薄。此種人可讓他辦點事務工作。

（4）能言善辯的下屬，辭令豐富、反應敏銳，在推究人事情況時見解精妙而深刻，但一涉及根本問題他就說不周全容易遺漏。此種人可讓他做謀略之事。

（5）隨波逐流的下屬不善於深思，當他安排關係的親疏遠近時能做到有豁達博大的情懷，但是要他歸納事情的要點時他的觀點就疏於散漫，說不清楚問題的關鍵所在。這種人可讓他做低層次的管理工作。

（6）見解淺薄的下屬，不能提出深刻的問題，當聽別人論辯時，由於思考的深度有限，他很容易滿足，但是要他去核實精微的道理，他卻反覆猶豫沒有把握。這種人不可大用。

（7）寬宏大量的下屬思維不敏捷，談論精神道德時知識廣博、談吐文雅、儀態悠閒，但要他去緊跟形勢，他就會因為行動遲緩而跟不上。這種人可用他去帶動下屬的行為舉止。

（8）溫柔和順的下屬缺乏強盛的氣勢，他體會和研究道理時會非常順利通暢，但要他去分析疑難問題時則會拖泥帶水，一點也不乾淨利索。這種人可委託他擔任高階管理者的副手。

（9）喜歡標新立異的下屬瀟灑超脫，喜歡追求新奇的東西，在制定錦囊妙計時，他卓越的能力就顯露出來了，但有時辦事不合常理又容易遺漏。這種人可從事開創性工作。

（10）性格正直的下屬，缺點在於好斥責別人而不留情面；性格剛強的人，缺點在於過分嚴厲；性格溫和的人，缺點在於過分軟弱。這三種人的性格特點都要主動加以克服，所以可將他們安排在一起，藉以取長補短。

奧格威法則：用強者更強，用弱者更弱

提出者：美國奧格威‧馬瑟公司總裁奧格威。

內容精解：如果管理者永遠都只啟用比自己水準低的人，那我們的公司將一步步淪為侏儒公司；如果我們都有膽量和氣度任用比自己更強的人，那我們就能成為巨人公司。

應用要訣：如果你所用的人都比你差，那麼他們就只能做出比你更差的事情。一流的人才才能造就一流的公司，領導要敢於任用能力比自己強的人才，這樣事業才能做大做強。

任用強人企業興效益高

現在什麼最貴？人才！在競爭如此激烈的時代，一個公司要想立足於世界經濟之林，靠的是什麼？就是人才。有了人才，什麼都會有。沒了人才，什麼都沒了。

美國的鋼鐵大王卡內基曾經說過：「即使將我所有工廠、設備、市場和資金全部奪去，但只要保留我的技術人員和組織人員，四年之後，我將仍然是『鋼鐵大王』。」這就說明了人才的重要性。卡內基之所以能成為鋼鐵大王，與他知人善任、重視人才是分不開的。他本人對於冶金技術一竅不通，但他總能找到精通冶金工業技術、擅長發明創造的人才為他服務。比如，世界知名的煉鋼工程專家之一比利‧

瓊斯，就終日位於匹茲堡的卡內基鋼鐵公司埋頭苦幹。在卡內基的墓碑上赫然地刻著：「一位知道選用比他本人能力更強的人來為他工作的人安息在這裡。」對於這樣的評價，卡內基可謂是實至名歸。

當今時代最重要的就是人才，企業、公司拚的也是人才。沒有人才，拿什麼和人家競爭。什麼事都是人做的，能力強的人往往能在最短的時間內很好地完成任務，而能力弱的人不僅要花更多的時間，而且說不定還完不成任務。

所以，一個公司要想發展壯大，就必須要雇用盡可能多的人才。一個管理者要想高效地開展工作，快速地實現企業和組織目標，就必須敢於任用那些能力突出的人才。

一流的人才造就一流的公司

人才是一種動力，是企業、公司不斷向前發展的動力。動力的馬力有多大，企業、公司就會跑得多快。

像《三國演義》中的劉備就深知其理。他桃園三結義得到關羽、張飛，以義理感動趙雲，三顧茅廬請出諸葛亮。他名下本無一寸土地，但是正因為有了這些將帥之才而終於雄霸一方。當時財大氣粗、兵多將廣的袁紹因為不識人才的重要性，最終不僅敗光了領地，連性命也輸了去。這就是識才與不識才的區別。一個知人善任的領導者，即使起初一無所有，只要他有了人才，就會很快創造出奇蹟。

好的產品、好的硬體設施、雄厚的財力，自然是一個公司不可或缺的資源，但真正支撐這個公司的支柱還是人才。因為一個公司光有財、物，並不能帶來任何新的變化，只有具有大批的優秀人才才會有發展的潛力，因此人才是一個公司最重要、最根本的資源。如果想要

使公司充滿生機活力就必須選賢任能，雇請一流人才，敢於用比自己能力強的人。

　　一流的人才才能造就一流的公司。領導者不一定什麼都懂，但一定要懂得用人，有容得下人才的胸襟，這樣他的事業才能做大做強。

　　如果管理者永遠都只啟用比自己水準低的人，那我們的公司將一步步淪為侏儒公司；如果我們都有膽量和氣度任用比自己更強的人，那我們就能成為巨人公司。

敢用強人，用好強人

　　一個好的領導者，要有專業的管理知識，要有良好的文化素養，但更要有廣闊的胸襟和用人的智慧。敢於用比自己能力強的人，才能讓自己的團隊越來越強，事業越做越大。

　　西漢的開國皇帝劉邦出身於市井混混，正如他自己所言：「運籌帷幄之中，決勝千里之外，吾不如子房。鎮國家，撫百姓，給饋餉而不絕糧道，吾不如蕭何。連百萬之軍，戰必勝，攻必取，吾不如韓信。」但就是這樣一個「不才之人」卻打敗了楚霸王項羽，統一了天下，開創了千秋霸業。他之所以能有如此成就，也如他所言：「此三人者皆人傑也，吾能用之，此吾所以取天下也。」劉邦的角色是個領導者，對他最大的要求就是要善於用人，把各種人才放在他們適合的位置上，更重要的是要懂得欣賞人才、不妒才，敢於用比自己能力強的人。從這方面來說，劉邦是個很好的領導者，他之所以能得天下，也正是由於他能駕馭能人為其所用；而他的對手項羽，雖有萬夫不當之勇、地動山搖之慨，但終因心胸狹窄，容不得比自己強的人，而無顏見江東父老。

一個人能做一個好的領導者，能成就一番大的事業，不在於你自身的能力有多強，而在於你能否吸引和接受比自己強的人為自己工作。

　　所謂奧格威法則，其核心講的就是要知人善用。知人善用有兩層意思：一是要知道這個人的專長，然後把他放在合適的位置讓他發光放亮，盡顯專長；另一層意思是知道某人的某些能力比自己強，敢於讓他擔當重任，信任他，不妒才。

　　也就是說，作為一個領導者，最要緊的不是各種技能，而是胸懷！善於選擇人、任用人來補齊自己的短處，形成一個團體。即便一個才智出眾的人，也無法勝任所有的事情，所以唯有知人善任的領導者，才可完成超過自己能力的偉大事業。在當今這個知識經濟的時代，領導者更需要有敢於和善於使用比自己強的人的膽量和能力。只有這樣，事業才會蒸蒸日上。

啟用比自己優秀的人

　　成功的領導者都有一種特長，就是善於借用人才，並能夠用比自己更強的人才，激發更大的力量。這是成功者最重要的、最寶貴的優點。

　　任何人如果想成為一個企業的領袖，或者在某項事業上獲得巨大的成功，首要的條件是要有一種鑑別人才的眼光，能夠識別出他人的優點，並在自己的事業道路上利用他們的這些優點。

　　如果你所挑選的人才與你的才能相當，那麼你就好像用了兩個人一樣。如果你所挑選的人才儘管職位在你之下，才能卻超過你，那麼你用人的水準真可算得上高人一等。

在知識經濟時代，管理者更需要有敢於和善於使用強者的膽量和能力。在企業內部激勵、重用比自己更優秀的人才，就能讓企業變得越來越有活力，越來越有競爭力。

在現實生活中，我們常看到這樣的現象：有些領導人把別人的進步當成是對自己的威脅，對能力和學識超過自己的同事百般詆毀，說人家這也不行那也不是，甚至說得一無是處。

有的部門經理十分害怕優秀的人加入自己的團隊，甚至害怕優秀的人被招聘到同一職能的其他團隊，實在攔不住時就孤立、不合作，直到把後者排擠到別的部門去，以除後患。但是，只用比自己能力低的人並保持這樣狀態的公司還能進步嗎？還有什麼機會建設自己的領導力呢？這種狹隘的做法既損害了公司的利益，也損害了自己的長遠利益。

作為一名團隊領導者，要想做到善用比自己強的人，就必須克服忌賢妒能的心理。有些領導者之所以不用比自己強的人，除了怕這些人難以駕馭，甚至會搶了自己的飯碗之外，主要還是忌賢妒能的心理在作怪。總以為自己是領導者，自己應該是水準最高的，各方面都應該比別人高上一籌。因此，遇上比自己能力強、本領大的員工時就萌生妒意，採取種種辦法壓制他們。

對於團隊管理者來說，忌賢妒能無異於是自掘墳墓。著名的文學家韓愈曾在他的傳世名篇〈師說〉中講道：「師不必賢於弟子，弟子不必不如師。聞道有先後，術業有專攻。」這其中的道理同樣適合於團隊中領導者和員工之間，你不必樣樣都要比你的員工強，你要做的就是要用好這些比你強的人。

酒井法則：讓員工永久安家落戶

提出者：日本企業管理顧問酒井正敬。

內容精解：在招人時用盡渾身解數，使出各種方法，不如使自身成為一個好公司，這樣人才自然而然會彙集而來。

應用要訣：不能吸引人才，已有的人才也會留不住。管理者要努力創造條件，吸引和留住各種人才。

安心——給員工不走的理由

如今，員工的流動日益頻繁，特別是優秀的人才，時刻面臨著更好的機會或待遇，如何能讓他們安下心為企業創造價值，成為很多經理人的心病。人才流失是許多經理人最不願意看到的事，但對此你能做什麼呢？要想讓員工不走，作為企業管理者，你能給出什麼理由呢？

1. 設立高期望值

鬥志激昂的員工喜歡迎接挑戰。如果企業能不斷提出高標準的目標，他們就不會選擇離開。一位跨國企業管理顧問克雷格說：「設立高期望值能為那些富有挑戰精神的精英提供更多機會。留住人才的關鍵是，不斷提高要求，為他們創造新的成功機會。」美國密西根州一家醫療設備公司深諳此道。該公司要求各部門利潤年增20%，沒有一點

可商量的餘地。「成功者熱愛這種環境，」該公司外科部人力資源副總裁說：「人們都希望留下，希望獲勝。」當然，採取這種做法與公司文化也有很大關係。一般來說，在積極向上文化的公司裡，這種做法容易取得成功。

2. 經常交流

員工討厭被管理人員蒙在鼓裡。沒有什麼比當天聽說公司前途無量、第二天卻在報上讀到公司可能被吞併或賣掉更能摧毀一個公司員工的士氣。解決辦法是，公開公司的帳簿。

要是企業不想那麼透明，也有很多其他交流辦法。卡內基顧問公司行政總監萊文每六週就會要求世界各地的辦事處，紀錄下員工就公司方針向他提出的問題，以及對公司一些具體決策所要求的解釋。

3. 授權，授權，再授權

員工最喜歡給員工授權的公司。惠普公司負責美國市場的經理柏格說：「對我們來說，授權意味著不必由管理人員來決定每一項決策，而是可以讓基層員工做出正確決定，管理人員在當中只擔當支持和指導的角色。」

4. 提供經濟保障

很多人對金融市場和公共基金等一竅不通，只得自己為自己安排養老費用。他們從現在起就得找人幫助。

很多企業即使不提供養老金，至少也會在員工的黃金年代給他們一些現金或股票，漢威聯合國際公司允許其員工拿出15%以下的薪金投入一個存款計畫，同時還允許員工半價購買等值於自己薪金4%的公司股票。另外，員工能在公開股市上購買自家公司股票，而且免收佣金。這項政策旨在使所有員工都擁有公司的股份。如果員工是當家做

主的，就與公司和公司的未來休戚相關了。

這能幫助員工肯定自我。如果公司理財有道，就能培養一批有高度自信心的員工，人們往往在感受到被關心的時候才會感到自信。他們希望這種關心能用金錢或無形的方式表示。作為領導者，只要員工感到你在關心他們，他們就會跟隨你，為你效力。

5. 教育員工

在資訊市場，學習新知絕不是耗費光陰，而是一種現實需求。大部分員工都意識到，要在這個經濟社會中生存和發展就非銳化其技能不可。一家促銷代理商愛森公司為其員工開設了一間「午間大學」。其中設有一系列內部研討會，由外聘專家講授，涉及的課題有直接行銷和調研。此外，如果員工想獲得更高學歷，而這些學歷又與業務相關、也能取得好成績，公司會全額資助。

該公司的行政總監傑佛瑞說：「我們將公司收入的2%投入到各項教育中去。員工對此表示歡迎，因為這是另一種收入形式。知識是放權的另一種形式。」

惠普公司允許員工留職攻讀更高學位，學費全部報銷，同時還主辦時間管理、公眾演講等多種專業進修課程。柏格說：「我們透過拓寬員工的基本技能，使他們更有服務價值。有些人具有很高的技術水準，但需要提高公眾演講能力。他們在這裡能學到這些。也許有些人來到我們公司時沒有大學文憑，但他們可以去進修，這樣就更具競爭實力了。我們願意資助他們的教育。」

靈活借鑑上述幾種方法和技巧，相信一定能夠對企業領導者的工作有所裨益。

舒心——創造理想的工作環境

　　一個適宜、安全、和諧、愉快的工作環境，是每個人都夢寐以求的，也是促使員工積極工作的條件之一。同樣，作為一名企業領導者或一名頂尖的高層管理者，為企業塑造一個良好的工作環境是重要的工作之一。

　　這裡所說的「工作環境」，是「硬體」和「軟體」兩個方面的綜合。「硬體」包括物質報酬、辦公設施等。惠普的觀點是，良好的辦公環境一方面能提高工作效率，另一方面能確保員工們的健康，使他們即使在較大壓力下也能保持健康平衡。

　　惠普公司作為全球著名企業，一直以來都在宣導「以人為本」的辦公設計理念，對辦公桌、辦公椅是否符合「人性化」和「健康」原則進行嚴格核查。惠普在每天上下午設立專門的休息時間，員工可以放輕鬆音樂來調節身心，或者利用健身房或按摩椅來「釋放自己」。

　　相對「硬體」而言，惠普更重視「軟體環境」的建設。作為一家頂級的跨國企業，惠普有著悠久、成熟的企業文化。

　　惠普公司的領導者遵奉這樣一個原則：「相信任何人都會追求完美和創造性，只要給予適合的環境，他們一定能成功。」

　　本著這個信念，惠普著力營造輕鬆和諧的工作氛圍，充分信任和尊重員工，讓他們時刻保持良好的情緒，充分發揮才能和想像力。人力資源部在這方面起了很大作用，它不但注意協調公司內部的人際關係，還專門開設了各種各樣的課程，免費為員工進行培訓。

　　領導者希望員工更安心地為企業工作，就必須為員工設計良好的環境，讓員工處在這樣的環境中身心都能夠得到放鬆，以發揮自己最

大的潛能。

一個良好的工作環境應該具備哪些條件呢？

首先，工作環境一定要健康、舒適。如照明光線、空氣流通等最基本的辦公環境設施要符合員工身心健康的最基本要求，讓員工健康舒適地工作；工作環境優雅，能讓員工從繁忙的工作中得以舒緩、放鬆和休憩，讓員工快樂地工作。

其次，對員工採取人性化、個性化的管理。對員工與其說是管理，不如說是溝通、協調。如同顧客的需求，員工的需求也是多種多樣的，比如員工要求調整薪資、要求滿足一些額外利益等。這些問題處理起來比較棘手，不能視大多數人的利益不顧，遇到這種情況寧可得罪個別人。當員工們知道你是怎樣地關心和維護大多數人的利益時，他們怎能不為之動容，怎會不為之努力工作？當然，也要安撫部分人的不平和怨恨，保證企業的聲譽。

再次，「理想的工作環境」還需要包括注重開放、真誠的溝通，績效管理、薪酬、認可機制的一致性和公正性，彼此的相互信任和尊重，以及社區責任等。

Part 8

協調：打破堡壘、聚合能量的策略

最好的CEO是構建他們的團隊來達成夢想，即便是麥可‧喬丹也需要隊友來一起打比賽。

——查理斯‧李（美國）

企業的成功靠團隊，而不是靠個人。

——羅伯特‧凱利（美國）

磨合效應：完整的契合＝完美的配合

來源：一個生活現象。

內容精解：新組裝的機器，經過一定時期的使用，把磨擦面上的加工痕跡磨光而變得更加密合。

應用要訣：要想達到完整的契合，須雙方都做出必要的割捨。領導者要善於調節部門與其他部門之間的問題，消除誤會、解決分歧，宣導合理競爭，實現組織整體目標。

協調個性，梯次配備

人就會有很多個性，領導者在用人過程中應注意下屬們的個性，安排合適的工作；不要在小事上過於苛求，使組織成為一個統一團結、不可拆散的整體。

即使如此，就一個組織來說，上下級之間、成員之間的矛盾和分歧仍是經常發生的。這並不為奇，黑格爾曾精闢指出：矛盾是無時無刻不在的。協調和排解這些矛盾，就是領導者的工作重點之一。

讓我們首先關注一下組織中易產生矛盾的幾個因素：一是利益的衝突。集體有集體利益，個人有個人利益，雖然說其根本利益是一致的，但就現實情況而言，大多數人還是極關注自己的個人利益的，薪資、獎金、福利處理不好，極易產生問題；二是觀點分歧。這種衝

突雖不由個人恩怨引起，但若不能及時排解，也極易變成人與人的對立；三是感情衝突。有些個人素質差，或出言不遜，或盛氣凌人，招人反感，最終引起敵視。

追本溯源，這些問題的產生主要是由於領導者在用人方面出現了偏差。在一個組織中，管理者與下屬不是一對一的關係，而是一對多的關係，這就要求管理者不僅要重視個人，而且要重視整體，盡量做到協調用人。比如，一個課題需要由幾個人來同時完成，那麼在選用人才時不僅要注意人專其才，而且應盡量選取志趣相投的人一起工作，這樣就減少了產生衝突的隱患。另一方面，就是不要閒人，一個人能完成的工作就絕不安排第二個人，這一點也是極其重要的。如果人有其責，那麼就沒有更多的心思放在勾心鬥角上了。

用人協調，並不是說一味地當和事佬，哪兒出現險情就去哪兒救火，而是要合理用人，設法使組織保持一種科學而合理的結構，各種人才比例適當、相得益彰，實現相互補充、取長補短。

用人協調，一般來說要從以下幾點入手：一是注意年齡結構；二是注意志趣相投；三是注意健全制度。

就年齡方面而言，一般來說老年人深謀遠慮，經驗豐富，但思想易保守固執；中年人思想開闊，成熟老練，但創新精神銳減；年輕人思想解放，敢想敢拚，但缺乏經驗和韌性。如能將這三個年齡段的人才合理搭配，梯次配備，就可以充分發揮各年齡段的自然優勢，獲得理想的整體效果。

總體比較而言，較為合理的方式是兩頭小、中間大，即以中年人為主，兼用老年人豐富的經驗和年輕人敏銳的創新精神。實踐證明這種結構具有較強的耐壓性，也能夠保持工作的穩定性。

最後，健全制度。沒有規矩，無以成方圓。領導用人，如果一味靠感情用事，即使是再高明的領導者恐怕也無法完全解決矛盾。制定一套健全的用人制度，則是實現協調用人、優化結構的保證。

化解矛盾要有策略

矛盾無時不在，無處不有。領導者解決矛盾的過程，便是建立威信的過程。領導者的思想水準、個性品格、領導才能、領導藝術，恰恰就體現在這裡。

1. 把隔閡消滅在萌芽狀態

上下級交往，貴在心理相容。彼此間心理上有距離，內心世界不平衡，積怨日深，便會釀成大問題。把隔閡消滅在萌芽狀態並不困難，方法如下：見面先開口，主動打招呼；在合適的場合，適時地開個玩笑；根據具體情況，做些解釋；對方有困難時，主動提供幫助；多在一起活動，不要竭力躲避；戰勝自己的「自尊」，消除彆扭感。

2. 允許下屬盡情發洩委屈

工作上有失誤或照顧不周，下屬便會感到不公平、委屈、壓抑。不能容忍時，他便要發洩心中的牢騷、怨氣，甚至會直接地指斥、攻擊、責難上級。面對這種局面，管理者最好這樣想：（1）他找到我，是信任、重視、寄希望於我的一種表示；（2）他已經很痛苦、很壓抑了，用權威壓制他的怒火無濟於事，只會激化問題；（3）我的任務是讓下屬心情愉快地工作，如果發洩能令其心理感到舒暢，那就讓其盡情發洩；（4）我沒有好的解決辦法，唯一能做的就是聽其訴說。即使話很難聽，也要耐著性子聽下去，這是一個極好的瞭解下屬的機會。如果你這樣想並這樣做了，你的下屬便會平靜下來。第二天，也許他

會為自己說過的話或當時偏激的態度而找你道歉。

3. 敢於主動承擔失誤責任

領導者決策失誤是難免的，因決策失誤而使工作出現不理想的結局時，便須警惕，這是一個關鍵時刻。上下級雙方都要考慮到責任，都會自然產生一種推諉的心理。領導者把過錯歸於下屬，或懷疑下屬沒有按決策辦事，或指責下屬的能力，極易失人心、失威信。面對忐忑不安的下屬，主管勇敢地站出來主動擔責，緊張的氣氛便會緩和。如果是下屬的過失，而主管卻責備自己指導不利，變批評指責為主動承擔責任，更會令下屬敬佩、信任、感激。

4. 要做到得饒人處且饒人

假如下屬做了對不起你的事，不必過於計較。在他有困難時，還不能坐視不管。領導者對下屬應做到：盡力排除以往感情上的障礙，自然、真誠地幫助、關懷；不要流露出勉強的態度，這會令下屬感到彆扭。不能在幫助的同時批評下屬。如果對方自尊心極強，他會拒絕你的施捨，非但不能化解矛盾，還會鬧得不歡而散。得饒人處且饒人，很快忘掉不愉快，多想他人的好處，才能團結、幫助更多的下屬，他們會因此而重新認識你。

5. 發現下屬的優勢和潛力

為上級者，最忌把自己看成是最高明的、最神聖不可侵犯的，而下屬則毛病眾多、一無是處。對下屬百般挑剔，看不到長處，是導致上下級關係緊張的重要原因。領導者研究下屬心理，發現他的優勢，發掘他自己也沒有意識到的潛能，肯定他的成績與價值，便可消除許多矛盾。

6. 要排除自己的嫉妒心理

人人都討厭別人嫉妒自己，都知道嫉妒可怕，都想方設法要戰勝對方的嫉妒，但唯有戰勝自己的嫉妒才最艱巨、最痛苦。下屬才能出眾，氣勢壓人，時常提出高明的計策，把領導者置於次等重要位置。這時領導者越排斥他，雙方的衝突越尖銳，最終可能導致兩敗俱傷。此時，領導者只有戰勝自己的嫉妒心理，任用他，提拔他，任其發揮才能，才會化解矛盾，並給他人留下舉賢任能的美名。

7. 在必要時候可採取反擊致勝

對於不知高低進退的人，必要時領導者必須予以嚴厲的回擊。和藹不等於軟弱，容忍不等於怯懦。優秀的領導者精通人際制勝的策略，知道一個有力量的人在關鍵時刻應用自衛維持自尊。唯有弱者才沒有敵人，凡是必要的交鋒都不能迴避。在強硬的領導者面前，許多衝突都會迎刃而解。

8. 要戰勝自己的剛愎自用

出於習慣和自尊，領導者喜歡堅持自己的意見，執行自己的意志，指揮他人按自己的意願行事，而討厭「你指東他往西」的下屬。上下級出現意見分歧時，上級用強迫的方式要求下屬絕對服從，雙方的關係便會緊張，出現衝突。領導者戰勝自己的自信與自負，可用如下心理調節術：（1）轉移視線、轉移話題、轉移場合，力求讓自己平靜下來；（2）尋找多種解決問題的方法，分析利弊，讓下屬選擇；（3）多方徵求大家的意見，加以折中；（4）假設許多理由和藉口，說服自己。

宣導相互幫助，維護合理競爭

　　各部門主管之間在強調自己工作的地位和作用時，不能貶低而要同樣肯定其他部門的地位和作用。工作的配合與支援不能僅是單向的企求，而應成為雙向的給予，並用以取代「雞犬之聲相聞、老死不相往來」的自我封閉狀態，以及「各人自掃門前雪，休管他人瓦上霜」的狹隘做法。

　　各部門之間互相支援，是圓滿完成組織工作任務的前提。一個各部門之間相互支援的組織，才是有力量的組織。各部門之間的相互支持，體現在具體的工作之中。當某一部門工作遇到困難和阻力時，主動去排憂解難，在人財物方面給予幫助，是一種支持；當某一部門工作取得了成績或出了問題，給予熱情的鼓勵或提出誠懇的批評，也是一種支持；當某一部門與其他部門發生衝突，不是置之不理而是出面調解，幫助消除誤會、解決問題，更是一種支持。各部門之間的相互支持，是避免衝突、消除問題和友好相處的重要原則。

　　由於各部門在組織系統中處於不同的地位和具有不同的功能，部門之間不但具有共同的利益和目標，而且還具有各自不同的利益和目標，因此必然存在競爭。組織內各部門的地位差、功能差，既反映了相應的權利和義務，也反映了相應的責任和貢獻。這是組織系統各部門在協作過程中存在競爭的客觀基礎。在組織內部，競爭是一種最活躍的因素和力量，具有使組織系統不斷發生變化的功能。這種功能既可以使組織系統發生進步性變化，使組織的作用充分發揮出來，也可以使組織系統發生破壞性變化，造成組織系統不穩定，產生結構內耗與功能內耗。合理競爭要求部門之間形成一種正常的競爭關係，最大

限度地發揮積極性和創造性，努力實現組織系統的整體目標。

不過，不管用何種方法解決，領導者在此過程中必須保持公正與正直，像天平一樣不偏不倚。

彼此謙讓，一團和氣

任何一個組織或團體在長時間的對內對外關係中，必然會產生誤解和衝突。

作為一名現代領導者能否充分學會運用協調與溝通的技巧，消除誤解和問題，對外取得理解和支持，對內使本部門成為一個堅強團結的戰鬥整體，已成為衡量其領導者成功與否的重要標準之一。

在一個單位或部門，人們對某項任務或某個問題在利益和觀點上不一致是常有的事。

有人估計，領導者要花上20％左右的時間來處理各種衝突，但這並不能證明領導上的無能或失敗。衝突在人際關係中是固有的、不能迴避的，必須予以適當地處理，方能形成「人和」的氣氛。這需要領導者運用調停糾紛和處理衝突的技巧，協調各方在認識上的分歧和利益上的矛盾。那麼如何來處理糾紛、衝突和分歧呢？說來並沒有現成的公式可循，不過，領導者能不能成功地處理衝突主要取決於三個因素：一是領導者判斷和理解衝突產生原因的能力；二是領導者控制對待衝突的情緒和態度的能力；三是領導者選擇適當的行為方式來處理衝突的能力。具體說解決衝突，保證人和的方式一般可以採取「彼此謙讓」的方式。

「彼此謙讓」的協調方式，就是迫使爭執雙方各自退讓一步，達成彼此可以接受的協定。

木桶定律：加長所有的「短板」

提出者：美國管理學家彼得。

內容精解：一個沿口不齊的木桶，盛水的多少不在於木桶上最長的那塊木板，而在於最短的那塊木板。要想提高水桶的整體容量，不是去加長最長的那塊木板，而是要下工夫依次補齊最短的木板；此外，一個木桶能夠裝多少水，不僅取決於每一塊木板的長度，還取決於木板間的結合是否緊密。如果木板間存在縫隙，或者縫隙很大，同樣無法裝滿水，甚至一滴水都沒有。

應用要訣：管理者要善於整合團隊資源，讓所有的人都能維持在一個「足夠高」的相等高度，以充分發揮團隊的整體作用。

不忽視「短木板」員工

在對於團隊建設的指導性作用上，木桶定律表現在不僅要做到沒有明顯的短板，還要保證每塊木板結實，整個系統堅固，各環節接合緊密無隙，這其中就涉及群體與團隊的概念。

例如：一根沒有磁性的鐵棒，每個分子都在按自身的目標旋轉，各自的磁性相互抵消，鐵棒整體不顯磁性，如同烏合之眾沒有組織力量一樣，這只能稱為是一個群體；如果將鐵棒置入一個磁場中，每個分子在磁場的作用下朝同一方向旋轉，鐵棒整體就顯示出很強的磁

性，這個時候才是一個具有核心力的團隊。對於一個企業來說，需要建設成為一個具有競爭力的團隊，而不是一群各自為政的散沙，這就要不僅做到沒有明顯的短板，還要保證每塊木板都結實牢固。

在實際工作中，管理者往往更注重對「明星員工」的利用，而忽視對一般員工的利用和開發。如果企業將過多的精力關注於「明星員工」，而忽略了占公司多數的一般員工，會打擊團隊士氣，從而使「明星員工」的才能與團隊合作兩者間失去平衡。而且實踐證明，超級明星很難服從團隊的決定。明星之所以是明星，是因為他們覺得自己和其他人的起點不同，他們需要的是不斷提高標準，挑戰自己。所以，雖然「明星員工」的光芒很容易看見，但占公司人數絕大多數的非明星員工也需要鼓勵。三個臭皮匠，勝過一個諸葛亮。對「非明星員工」激勵得好，效果可以大大勝過對「明星員工」的激勵。

所以，在加強木桶盛水能力的過程中，不能夠把「高木板」和「低木板」簡單地對立起來。每一個人都有自己的「高木板」，與其不分青紅皂白地趕他出局，不如發揮他的長處，把他放在適合他的位置上。

「短板」也可變為「長板」

木桶定律作為一個形象化的比喻，應用的範圍越來越廣泛，不僅象徵一個企業、一個團隊、一個部門，也象徵著某一個員工，木桶的最大容量則象徵著整體的實力。

一個組織，不是單靠在某一方面的超群和突出就能立於不敗之地的，而是要看整體的狀況和實力；一個團體，是否具有強大的競爭力，往往取決於其是否能完善薄弱環節。劣勢決定優勢，劣勢決定生

死，這是市場競爭的法則。

在市場異常激烈的競爭中，作為一個管理者，領導一個團隊、一個集體往前走時，必須要意識到利用這個原理啟發自己的員工，希望他們不要做團隊中最短的那塊「木板」。因為決定團隊戰鬥力強弱的不是那個能力最強、表現最好的，而恰恰是那個能力最弱、最差的落後者影響了整個團隊的實力。因此，企業要想成為一個結實耐用的木桶，首先要想方設法提高所有木板的長度，對員工進行教育和培訓，讓所有的木桶都維持最高度，並把他們的力量有效地凝聚起來，充分發揮團隊精神，團結合作、同心協力發揮團隊的作用。只有這樣，才能在競爭中取勝。

管理者不應當將眼光只投注在優秀員工身上，而應當多關注一般員工，時常對他們進行鼓勵和表揚。對一般員工多給予激勵可以提高他們的自信心，激發他們的潛能，在工作中做出更好的成績，達到「短板」變為「長板」的效果。

有一個企業員工，由於與主管的關係不太好，工作時的一些想法不能被肯定，從而憂心忡忡、興致不高。剛巧，協助單位需要從該企業借調一名技術人員去協助他們處理市場服務。

於是，該企業的總經理在經過深思熟慮後決定派這位員工去。這位員工很高興，覺得有了一個施展自己拳腳的機會。

去之前，總經理只對那位員工簡單交代了幾句：「出去工作，既代表公司，也代表我們個人。怎樣做，不用我教。如果覺得撐不住了，打個電話回來。」

三個月後，協助單位打來電話：「你派出的人員還真棒！」「我這裡還有更好的呢！」該企業的總經理在不忘推銷公司的同時，著實

鬆了一口氣。這位員工回來後，部門主管對他另眼相看，他自己也增添了自信。後來，這位員工對該企業的發展做出了不小的貢獻。

這例子表明，「短木板」只要加以激勵，將其置於適合位置，就可以使「短木板」慢慢變長，從而提高企業的總體實力。

人力資源管理不能局限於個體的能力和水準，更應把所有的人融合在團隊裡，科學配置，好鋼才能夠用在刀刃上。木板的高低與否有時候不是個人問題，是組織的問題。因此，企業管理者應該多發掘「短木板」員工的長處，加以激勵，讓他們變成「長木板」，從而更好地提升企業的整體實力。

修補「木桶」，打造團隊戰鬥力

現代企業的團隊建設與木桶理論有著異曲同工之處：一個團隊的戰鬥力，不僅取決於每一個成員與成員之間協作與配合的緊密度，同時，團隊給成員提供的平臺也至關重要！

領導者在團隊整合與建設的過程中，重點是要做好三項工作：

1. 團隊建設的重點之一：補「短板」

「短板」不單單指團隊中的人，也指團隊缺失的核心能力。劣勢決定優勢，劣勢決定生死，這是市場競爭的殘酷法則。這個「木桶」告訴我們，一個團隊的整合與建設，一是要協助個人把「最短的一塊」，儘快補起來；二是要把管理者中存在著的「一塊最短的木板」，迅速將它做長補齊。一個優秀的團隊管理者，我們必須讓團隊的能力均衡發展，如果某些環節不到位、脫節了，或太弱，就會阻礙團隊的發展，必須下力度及時地給予補上，因為在某一環節能力的缺失就可能給團隊致命的打擊。由於核心管理者的「短板」，會導致整

個團隊停止不前。

2. 團隊建設的重點之二：團隊協作與配合

加強團隊的「緊密度」。首先，在工作過程中應善於營造團隊氛圍，提倡、鼓勵和強化每個成員的團隊精神；教導成員關注團隊目標，努力去完成團隊目標，防止個人主義思想蔓延。其次，做好團隊分工，合適的人站在合適的崗位。比如，木桶的A位置應該站一個足夠胖的人，才能使木桶「密不透水」、不留縫隙，可如果我們安排了一個骨瘦如柴的人，即使他再高也不管用。第三，強化團隊的向心力和控制力。充分發揮管理者的影響力，有意識地強化管理者的核心作用，使團隊成員自覺主動地團結在管理者周圍，跟緊團隊的步伐。

3. 團隊建設的重點之三：打造優秀平臺

沒有好的桶底，木桶就裝不滿水；沒有好的平臺，團隊成員的才能就會被扼殺，團隊的戰鬥力將蕩然無存。

這就要求首先為團隊成員搭建能力發揮的舞臺——授權。既然是團隊，不同的成員就應該具備不同的能力，發揮著不同的作用，作為團隊的管理者即使能力再強也不可能大包大攬。團隊管理者一旦不懂得授權，一方面自己會力不從心，另一方面團隊成員會因為無用武之地而選擇離去。

其次，建立讓團隊成員施展才華的支援性系統。團隊是一個系統，一個團隊成員如果只有權力，但缺乏應有的支持，也不一定能打勝仗。

第三，為團隊成員提供個人發展的平臺，為組織成員提供學習成長的空間。

華盛頓合作定律：一加一並不等於二

提出者：法國著名企業家皮爾・卡登。

內容精解：一個人敷衍了事，兩個人互相推諉，三個人則永無事成之日。多少有點類似於我們「三個和尚」的故事：一個和尚挑水喝，兩個和尚抬水喝，三個和尚沒水喝。

應用要訣：組合失當，常失整體優勢；安排得宜，才成最佳配置。

明確任務，減少內耗

華盛頓合作定律的實質就是群體成員的「不合作」現象，即中國的「一個和尚挑水喝，兩個和尚抬水喝，三個和尚沒水喝」。華盛頓合作定律說明，在管理中合作是一個問題，如何合作更是一個問題，華盛頓合作定律產生的最主要原因在於「旁觀者效應」，眾多的旁觀者分散了每個人應該負有的責任，最後誰都不負責任，於是合作不成功。具體說來，當一個人從事某項工作時，由於不存在旁觀者，自然由他一個人承擔全部責任，雖然有點敷衍了事，但也還能勉強成事，所以「一個和尚挑水喝」。如果有兩個人，雖然兩個人都有責任，但是因為有另一個旁觀者在場，兩個人都會猶豫不決、相互推諉，最後只好「兩個和尚抬水喝」。如果有三個或三個以上的人，旁觀者更

多，情況就更加複雜，關係也更加微妙，彼此之間相互「踢皮球」，結果「永無成事之日」，最後「三個和尚沒水喝」。

這就說明，當許多人共同從事某項工作時，雖然群體成員都有責任，但是群體的每一個成員都成了旁觀者，彼此相互推諉，最後誰都不願意承擔責任，結果合作不成功，產生了華盛頓合作定律。

組織內耗不僅耗費了組織的資源能量，降低了組織的運轉效率，而且影響了組織的正常效能，損害了組織的整體效益。組織內耗與組織群體的規模緊密相關，一般認為，合作群體的成員越多組織內耗就越嚴重，群體的主觀能動性也就越差。因此，對於企業來說，只有明確每一個員工的任務，才能減少組織內耗現象的發生。

「三個和尚沒水喝」的奇怪現象

著名童話作家克雷洛夫曾經寫過一個寓言故事：天鵝、梭子魚和蝦一起拉車，牠們三個使出渾身力氣，做得十分賣力，但是無論如何努力，車還是原地不動。

其實就力氣而言，牠們三個拉動這輛車是綽綽有餘的，可是為什麼車總是拉不動呢？原來，天鵝拉著車拚命往天上飛，蝦拉著車一步步向後倒拖，梭子魚則朝著池塘把車向前推。他們誰也不想改變方向，車子自然就拉不動了。

這個寓言故事說明了組織內耗現象。

在做事過程中，合作是一個問題，如何合作更是一個問題。

人與人的合作不是力氣的簡單相加，而要微妙和複雜得多。因為人的合作不是靜止的，它更像方向各異的能量，互相推動時自然事倍功半，相互抵觸時則一事無成。「一個和尚挑水喝，兩個和尚抬水

喝，三個和尚沒水喝」，說的正是這個道理。

團隊合作的力量是無窮盡的，一旦被開發，這個團隊將創造出不可思議的奇蹟。

一個人一分鐘可以挖一個洞，六十個人一秒鐘卻挖不了一個洞。這說明的一個重要道理就是協同和合作產生力量，實現雙贏。人與人之間的有效合作，會減少人力的無謂消耗。

對於一個企業來說，分工明確，使員工清楚自己的工作內容和職責，這樣會一定程度上調動員工的積極性，而且會鍛鍊員工的獨立能力與分析能力。協作相對來說又要密切，透過大家的溝通交流使部門間有緊密的聯繫，同時有一定的激勵體制來使大家的協作有力。

分工與協作協調一致，就會最大程度地減少工作中的瓶頸因素。

強化合作，提升執行力

一個團隊的成功與否、執行的有效與否，很大程度上取決於構建團隊的指導思想和行事技巧，看看這些在你的執行團隊構建中是否充分領略並實施了。

1. 更多參與

保證讓每個人都覺得可以自由表達意見：為了吸納每個人的智慧，必須讓團隊裡的所有成員都感覺到，可以很舒服地大聲講出自己的見解。

2. 容人，容可容之人

沒有容人的胸懷，團隊必然土崩瓦解。

3. 因事設人

具體做法如下：

各就其位。人事兩宜是用人的重要原則。人事兩宜有兩個含義：一是按照需要量才使用；二是要瞭解人，而且要徹底地瞭解，量才適用、适才所用。

盡其所長。高明的管理人，總是根據人才的潛能、特長和品德合理地使用他們，分配給人才使用的權力必須足夠使其發揮作用。

因人而異。用人需要根據人才的條件進行安排，人才發揮作用、建功立業同樣需要有客觀條件，條件不具備時，人才就是再有才能也是英雄無用武之地。

4. 相互信任且彼此尊重

信任會產生有效率的集體行動，朝向一致的目標。

5. 珍惜多樣化的觀點

當領導者提出一個問題，要設法確定有一個多元化的團隊來評估新計畫並討論提案。領導者要瞭解其他執行人員根據不同經驗與認知所產生的觀點，同時盡可能地瞭解並信任他們。

6. 團隊成員必須被鼓勵積極行事、勇於冒險並承擔責任

領導者必須支持每個執行人員，即使他們犯了錯誤，畢竟每個人都會犯錯。

苛希納定律：用最少的人做最多的事

提出者：美國管理學者苛希納。

內容精解：在管理中，如果實際管理人員比最佳人數多兩倍，工作時間就要多兩倍，工作成本就多四倍；如果實際管理人員比最佳人數多三倍，工作時間就要多三倍，工作成本就多六倍。

應用要訣：在管理上並不是人多力量大，管理人員越多，工作效率未必就會越高。在管理工作中，既不能有職無權，也不能有責無權，更不能有權無責，必須職、責、權、利相互結合、分工明確。縮減不必要的管理人員，才能減少工作時間和工作成本，而唯有精簡才能達到這一目的。

兵不在多而在精

中國自古以來有「眾人拾柴火焰高」、「人多力量大」以及「人多好辦事」等形容人多好處大的詞句，但這些並非「放之四海而皆準」的真理。管理者應具體問題具體分析，不要盲目應用。尤其在用人問題上，人多未必好辦事，人並不在多而在精。

唐太宗李世民，用人就一貫堅持「官在得人，不在員多」的原則。他多次對群臣說：「選用精明能幹的官員，人數雖少，效率卻很高；如果任用阿諛奉承的無能之輩，數量再多，也人浮於事。」

他曾命令房玄齡調整規劃30個縣的行政區域，減少冗員。唐太宗還親自監督削減中央機構，把中央文武官員由兩千多人削減為643人。他還提倡讓精力旺盛、精明能幹的年輕官員取代體弱多病的年邁官員。

透過這種方法，朝廷上下全都由能人主持，辦事效率大大提高，使得政通人和，出現了繁榮昌盛的「貞觀之治」。

反觀太平天國在南京建立政權以後，洪秀全濫封王位。至天京失陷前，封王竟達2700多人，造成多王並立、各自擁兵自重爭權奪利的混亂局面，從而致使天京事變的發生，促使太平天國由盛而衰走向敗亡。

社會上這種情況屢見不鮮，即某個官職由一人擔任便足以應付，卻安排了好幾個人。這種現象表面上看是體制問題，實際上是管理者在用人上的嚴重失誤。不用餘人是管理者應該嚴格遵守的原則，否則就會造成機構臃腫、人員繁多、效率低下。

「兵不在多而在精」，管理者在用人問題上一定要轉變觀念，杜絕任用庸才、閒人，做到任人唯能、任人唯賢，使團隊裡的成員個個都是精兵強將。只有這樣才能使組織不斷進步，企業實現良性循環，破除苛希納定律的魔咒。

剷除「十羊九牧」的現象

管理大師杜拉克舉過一個例子。他說，在小學低年級有一道算術題：「2個人挖一條水溝要用2天時間；如果4個人合作，要用多少天完成？」小學生回答是「1天」。而杜拉克說，在實際的管理過程中，可能是「1天完成」，也可能是「4天完成」，或者是「永遠完不成」。

有一家企業準備淘汰一批落後的設備。

董事會說：「這些設備不能扔，得找個地方存放。」於是專門為這批設備建造了一間倉庫。

董事會說：「防火防盜不是小事，應找個看門人。」於是找了個看門人看管倉庫。

董事會說：「看門人沒有約束，怠忽職守怎麼辦？」於是又委派了兩個人，成立了計畫部，一個人負責下達任務，一個人負責制訂計畫。

董事會說：「我們應當隨時瞭解工作的績效。」於是又委派了兩個人，成立了監督部，一個人負責績效考核，一個人負責寫工作報告。

董事會說：「不能一視同仁，收入應當拉開差距。」於是又委派了兩個人，成立了財務部，一個人負責計算工時，一個人負責發放薪資。

董事會說：「管理沒有層次，出了問題誰負責？」於是又委派了4個人，成立了管理部。一個人負責計畫部工作，一個人負責監督部工作，一個人負責財務部工作，一個人是總經理，對董事會負責。

一年之後，董事會說：「去年倉庫的管理成本太大了，你們一週內必須想辦法解決。」

於是，一週之後，看門人被解雇了。

這個故事講的是「苛希納定律」的現象。這樣的例證與分析有很多。企業通常都有一種不因事設人而因人設事的傾向，造成企業機構臃腫、層次重疊、人浮於事、效率低下。其主要表現在：

（1）機構設置過多，分工過細。

（2）人員過多，嚴重超出實際需要。

這種狀況使企業難以擺脫多頭管理、辦事環節多、手續繁雜的困境，難以隨市場需要隨時調整經營計畫和策略，從而使企業難以培養真正的競爭力。

苛希納定律告訴我們：必須精兵簡政，尋找最佳的人員規模與組織規模。這樣，才能構建高效精幹、成本合理的經營管理團隊。

預防「官場傳染病」

苛希納定律深刻地揭示了行政權力擴張引發人浮於事、效率低下的「官場傳染病」。

企業和行政部門都存在苛希納定律的現象。苛希納定律的核心內涵有兩點：一是不稱職者的為官之道，並且因為非常有效所以普遍存在；二是這種不稱職者所在單位的破落之因，因為兩個助手既然無能，他們只能上行下效，再為自己找兩個更加無能的助手。如此類推，就形成了一個機構臃腫、人浮於事、相互爭論、效率低下的領導體系。具有這種領導體系的單位，多數都是當一天和尚敲一天鐘的無激情團隊，在固有的管理體制下這種團隊是難有作為的。

苛希納定律發生作用的條件有哪些呢？

首先，必須要有一個團體，這個團體必須有其內部運作的活動方式，其中管理佔據一定的位置。這樣的團體很多，大的來講，各種行政部門；小的來講，只有一個老闆和一個雇員的小公司。

其次，尋找助手的管理者本身不具有權力的壟斷性，對他而言，權力可能會因為做錯某事或者其他的原因而輕易喪失。

再次，這位「管理者」對他的工作來說是不稱職的，如果稱職就

不必尋找助手。

　　這三個條件缺一不可，缺少任何一項就意味著苛希納定律會失靈。可見，只有在一個權力非壟斷的二流領導管理的團體中，苛希納定律才起作用。那麼，在一個沒有管理職能的團體，不存在苛希納定律描述的可怕頑症；一個擁有絕對權力的人，他不害怕別人攫取權力，也不會去找比他還平庸的人做助手；一個能夠承擔自己工作的人，也沒有必要找一個助手。

　　權力的危機感是產生苛希納現象的根源。人作為社會性和動物性的複合體，因利而為是很正常的行為。假設他的既有利益受到威脅，那麼本能會告訴他，一定不能喪失這個既得利益，這也正是苛希納定律產生作用的內因。一個既得權力的擁有者，假如存在著權力危機，就不會輕易過渡自己的權力，也不會輕易地給自己樹立一個對手。在不害人為標準的良心監督下，會選擇兩個不如自己的人作為助手，這種行為是自然而然無可譴責的。

　　要想解決苛希納定律的癥結，必須把管理單位的用人權放在一個公正、公開、平等、科學、合理的用人制度上，不受人為因素的干擾。最需要注意的，是不將用人權放在一個可能直接影響或觸犯掌握用人權的人的手裡，問題才能得到解決。

Part 9

指導：管得越少，管得越好

管得少，就是管得好。

——傑克・威爾許（美國）

儘量去瞭解別人而不要用責罵的方式。

——戴爾・卡內基（美國）

對於一個經理人來說，最要緊的不是你在場時的情況，而是你不在場時發生了什麼。

——洛伯（美國）

超限效應：犯一次錯，只批評一次

提出者：美國文學家馬克·吐溫。

內容精解：馬克·吐溫聽牧師演講時，最初感覺牧師講得好，打算捐款；10分鐘後，牧師還沒講完，他不耐煩了，決定只捐些零錢；又過了10分鐘，牧師還沒有講完，他決定不捐了。在牧師終於結束演講開始募捐時，過於氣憤的馬克·吐溫不僅分文未捐，還從盤子裡偷了2元。這種由於刺激過多或作用時間過久而引起逆反心理的現象，就是「超限效應」。

應用要訣：管理者對下屬的批評不能超過限度，應對下屬「犯一次錯，只批評一次」。如果非要再次批評，那也不應簡單重複，要換個角度、換種說法。這樣，員工才不會覺得同樣的錯誤被「揪住不放」，厭煩心理、逆反心理也會隨之減低。

批評切忌喋喋不休

批評的品質與其數量之間並不存在正比的關係。有效的批評往往能一針見血地指出問題的實質，使下屬心悅誠服，而絮絮叨叨的指責會增加下屬的逆反心理，即使他能接受，也會因為你缺乏重點的語言而抓不住錯誤的癥結。

嚴重的是，有些領導者似乎就是喜歡「痛打落水狗」，下屬越

是認錯，他咆哮得越厲害。這樣的談話進行後會是什麼結果呢？一種可能是被批評者垂頭喪氣，另一種可能則是他忍無可忍，勃然大怒，重新「翻案」，大鬧一場而去。這時候，挨罵下屬的心情基本上都是一樣的，就是認為：「我已經認了錯，還要抓住不放，實在太過分了。」性格怯懦者會因此喪失信心，較剛強者則說不定會發起怒來。顯然，領導者這麼做是不明智的。有些領導者認為下屬並非真心認錯，實際上不論認錯態度真假，認錯本身總不是壞事，所以應該先肯定下來。然後便可循此思路繼續下去：錯在何處？為什麼會發生這樣的錯誤？造成了什麼惡劣後果？怎樣彌補損失？如何防止再犯類似錯誤？只要這些問題，尤其是最後一個問題解決了，批評指責的目的也就達到了。

須知一千個犯錯的下屬，就有一千條辯護的理由。下屬能自我反省承認錯誤，就不應太過苛求。總之，犯錯是第一階段，認錯是第二階段，改錯是第三階段。無論如何，在下屬認錯之後，領導者只能努力幫助他邁向第三階段，而不是其他。

批評切忌不分對象和場合

要做到有效的批評，就必須注意隨著批評對象和場合的不同改變批評的方式和語言。那種用統一的模式裁判活生生現實的做法，只會處處碰壁。

就對象而言，我們應該著意於他的職業、年齡、性格、水準這樣一些主要因素。不同的職業有不同的批評要求，譬如說對安全性要求很高的行業，批評就應嚴厲一些，而對於一些要求員工自由發揮程度較高的職業，批評則應注重於啟發引導。不同年齡的人批評也應有所

差別：年長者應用商討的語氣，對同齡人則可自由一些，畢竟彼此的共同點較多，而對年輕人則應多給予一些啟發性的批評，促使其提高警覺。

就性格上的差別來說，瑞士心理學家卡爾·榮格曾將人的性格分為外傾型和內傾型兩類。外傾型的人開朗活潑，善於交際；內傾型的人則孤僻恬靜，處世謹慎。對此，管理者應採取不同的批評方法：對於前者可以直率，對於後者需要委婉；對於前者談話要乾淨俐落，對於後者措詞要注意斟酌。至於介乎二者之間的中間性格類型的人，可以隨機應變，因人而異。知識和閱歷水準也是很重要的因素，對水準高的人需要講清道理，必要時只須蜻蜓點水，他便心領神會；對水準低的人必須講清利害關係，他們看重的是結果如何，而不在意其中的奧祕究竟怎樣。

同樣，場合的不同也要求批評方法的改變。聰明的領導者往往知道根據不同的場合調整批評的方式，而魯莽的領導者則往往不分場合，簡單粗暴。一般來說，儘量不要在公開場合批評下屬，實在無可避免時也應注意批評的力度。這一點尤為重要。古代有一位俠客，他的下屬有求於人。一次朋友問他：「有那麼多弟子仰慕你、跟隨你，你是否有什麼祕訣呢？」他回答說：「我的祕訣是，當我要責備某一位犯錯的弟子時，一定叫他到我的房間裡，在沒有旁人的場合才提醒他。就是如此。」領導者應該明白，你既身為領導者，無論如何你就該對部門的人和事負責任，這是推不掉的。喜歡將「家醜外揚」，反而暴露出你的領導不力，或由你制定的管理體系有缺點、不健全。更不好的是，還會給人留下自私狹隘的印象。

重在以理服人

管理者對下屬進行批評要注意方式方法，要逐步地輸出批評資訊，有層次地進行批評。

與表揚相比，管理者更要注意批評的方式方法了。

在現實生活中，由於人們在思維能力和心理素質上存在著明顯差異，因而對待批評的態度和認識錯誤的程度也會有所不同。例如，有的人一點即通，知錯便改；有的人虛榮心強，不願聽逆耳忠言，管理者對這些人進行批評就應該講究方式方法，不宜直接進行批評；有的人思想基礎好，性格開朗，樂於接受別人的批評，管理者對他們即使批評的言辭直露、激烈一些，他們也不會因此而耿耿於懷；還有的人執迷不悟，或對自己的過錯矢口否認、搪塞掩飾，甚至轉嫁他人，管理者對於這些人就最好進行有理有據的直接批評，促使他們儘早地認識和改正自己的錯誤。

管理者在進行批評時，對下屬的錯誤和缺點不能「和盤托出」，而要有目的、有重點地逐步指出，由淺入深，耐心引導，一個層次接著一個層次、一個問題接著一個問題地逐步解決。這樣做可以使下屬對批評逐步適應、逐步接受，不至於因心理負荷過重導致心理失衡而產生抵觸情緒，或者因此而背上沉重的思想包袱，從此一蹶不振。

願意受表揚，不願受批評，是人所共有的一種心理狀態。這一特點在那些反應敏捷，性格倔強、暴躁，逆反、否定心理強的人身上表現得更為突出，他們對待批評的態度往往是反應激烈，致使正常的批評難以進行下去。但是，管理者如果換一個角度，從平等的地位、以商討的口吻去進行批評，他們則比較容易接受。

管理者要針對下屬的心理特點，改變那種居高臨下教訓人的批評方法，以商討問題的態度，平心靜氣地對下屬的缺點和錯誤進行暢所欲言、以理服人式的批評教育。這樣做有利於改變被批評者可能存在的抵觸情緒，提高批評意見的可接受性，使他們感到管理者的批評意見是充滿誠意的，從而虛心地予以接受。

有效斥責的標準

要使「斥責」的行為保持指導下屬的原來目的，需留意下列幾點。

1. 斥責之前，先使自己冷靜

如果不先使自己冷靜下來，斥責就會變而為「怒罵」或是「憤怒」。

2. 理由充分明確

要讓下屬瞭解何以被斥責，只要斥責的理由明確而且合理，受斥責的人定會心服口服。

3. 勿傷自信

斥責的目的在於「育才」，因此，必須考慮到「不傷及下屬的自尊」、「不使下屬的自信因而喪失殆盡」。

4. 使其反省

設法讓下屬能夠「自動反省」。最高明的斥責方法是能叫下屬在挨罵之後，說：「這的確是我的過失，以後我一定改過來。」

5. 考慮到時間、場所、狀況

斥責下屬時必須顧及他的面子，儘量在「一對一」的情況下冷靜地斥責。

波特定理：對下屬的錯誤網開一面

提出者：英國行為學家波特。

內容精解：當遭受許多批評時，下級往往只記住開頭的一些，其餘就不聽了，因為他們忙於思索論據來反駁開頭的批評。

應用要訣：總盯著下屬的失誤，是一個領導者的最大失誤。再好的人也有犯錯的時候，不要總盯著下屬的錯誤不放。重要的是，查找錯誤的原因，並幫助員工解決。

緊盯錯誤會造成員工平庸

奇異的傑克・威爾許認為：管理者過於關注員工的錯誤，就不會有人勇於嘗試。而沒有人勇於嘗試比犯錯還可怕，它使員工故步自封，拘泥於現有的一切，不敢有絲毫的突破和逾越。評價員工的重點不在於其職業生涯中是否保持不犯錯的完美記錄，而在於是否勇於承擔風險，並善於從錯誤中學習，獲得教益。奇異能表現出很強的企業活力，這與威爾許的適度寬容員工錯誤的方式不無關係。

在這方面，值得特別提出的是世界最富創新的美國3M公司。

美國的3M公司，不僅鼓勵工程師也鼓勵每個人成為「產品冠軍」。公司鼓勵每個人關心市場需求動態，成為關心新產品構思的人，讓他們做一些家庭作業，以發現開發新產品的資訊與知識，公司

開發的新產品銷售市場在哪裡，及可能的銷售與利益狀況等。如果新產品構思得到公司的支援，就將相應地建立一個新產品開發試驗組，該組由R&D部門、生產部門、行銷部門和法律部門等的代表組成。每組由「執行冠軍」領導，負責訓練試驗組，並且保護試驗組免受官僚主義的干涉。如果一旦研製出「式樣健全的產品」，試驗組就一直工作下去，直到將產品成功地推向市場。有些開發組經過3～4次的努力，才使一個新產品構思最終獲得成功；而在有些情況下，卻十分順利。3M公司知道在千萬個新產品構思中可能只能成功1～2個。一個有價值的口號是「為了發現王子，你必須與無數個青蛙接吻」。「接吻青蛙」經常意味著失敗，但3M公司把失敗和走進死胡同作為創新工作的一部分，其哲學是「如果你不想犯錯，那麼什麼也別做」。

日本富士Xerox公司從1988年就開始實施「關於事業風險投資與挑戰者的綱領計畫」。如果公司員工的新事業構思被公司採納，則公司和提出人就共同出資創建新公司，並保證三年薪資。假如失敗了，仍可以回到公司工作。對於新創立的公司，公司不但給予資金的支持，還給予經營與財務等必要人力的支持。

對研究開發的成功，實行獎勵與特別獎勵已是普遍的事情。但對於研究的失敗，卻有著較大的差別。一些企業對於失敗的項目不但沒有認真地深度概括失敗的原因，反而採取了對專案全盤否定的做法。雖然很多公司也都明白研究開發是允許失敗的，但常常不能正確地對待失敗。3M公司允許工程師們將15%的工作時間用在實驗室中，進行自己感興趣的研究開發，努力創造輕鬆自由的研究開發環境。如果你的創造性構思失敗了，那也沒關係，你不會因此而遭到冷嘲熱諷，照常可以從事原來的工作，公司依然會支援你新構思的試驗。在日本

的一些企業，有著「敗者復活制」和「失敗大獎」的表彰制度，旨在給予失敗者具有挑戰精神的激勵，並讓失敗者從失敗中尋找成功的因素，把失敗真正作為成功之母，從而最終獲得成功。

優秀的管理者在員工犯錯的情況下是不會一味責怪的。他會寬容面對他們的錯誤，變責怪為激勵，變懲罰為鼓舞，讓員工在接受懲罰時懷著感激之情，進而達到激勵的目的。每個人都是需要鼓勵的，有鼓勵才能產生動力。批評的同時給予適當的肯定，只有把握好了，才能成為一名出色的管理者。

在管理事務中，領導者要學會寬容下屬的錯誤。

寬容換來下屬的效命

古人云：「人非聖賢，孰能無過。」領導者對於下屬的錯誤，也不宜給予全部否定或者一頓棒打，那樣只會加重問題的惡化，甚至把下屬推向矛盾暴發的邊緣，造成下屬過激的反應。其中的道理不言自明。一次兩次的失敗不能夠證明問題的終結評價，當犯了錯誤的下屬在為自己的行為懊惱之時，領導對其的斥責只能摧毀尚存的信心，受到很大的打擊。也許他是一位很有才華的能者，卻被你的一句否定之語判了死刑，哪還有來日的大顯身手呢！

相傳春秋時期，楚王請了很多臣子們來喝酒吃飯。席間美酒佳餚，歌舞妙曼，燭光搖曳。酒至興處，楚王命令兩位他最寵愛的美人許姬和麥姬輪流向各位敬酒。

忽然一陣大風刮過，吹滅了所有的蠟燭，廳堂裡漆黑一片。席上一位官員乘機揩油，摸了許姬的玉手。許姬一甩手，扯了他的帽帶，匆匆回到座位上，並在楚王耳邊悄聲說：「剛才有人乘機調戲我，我

扯斷了他的帽帶，你趕快叫人點起蠟燭來，看誰沒有帽帶，就知道是誰了。」

楚王聽了，連忙命令手下先不要點燃蠟燭。接著大聲向各位臣子說：「我今天晚上，一定要與各位一醉方休。來，大家都把帽子脫了痛飲幾杯。」眾人都沒有戴帽子，也就看不出是誰的帽帶斷了。

後來楚王攻打鄭國，有一位勇士獨自率領幾百人為三軍開路。他過關斬將，直搗鄭國的首都。此人就是當年揩許姬油的那一位。他因楚王施恩於他，發誓畢生效忠於楚王。

楚王表現出了一代霸主的大度。在當時男女授受不親的社會風氣下，楚王非但不治罪，還想辦法替他遮羞，這種胸襟光耀千古。

想想古人的作為，再想想我們自己。很多時候，我們都需要寬容，寬容不僅是給別人機會，更是為自己創造機會。同樣，領導者在面對下屬的微小過失時，則應有所容忍和掩蓋，這樣做是為了保全他人的體面和全域的利益。寬容也是一則重要的用人之道。作為一個領導者必須要能想得開、看得遠，從發展的角度考慮，從大局考慮，得饒人處且饒人，對人才要學會寬容。

唐貞觀十二年，魏徵在一次上疏中也說：「夫雖君子不能無小過，苟不害於正道，斯可略矣。」

善待下屬錯誤要講原則

作為老闆或者其他管理者，要善待下屬的錯誤，當然不是原則性的，要注意處理的方式。

1. 積極溝通，適時利導

問清下屬犯錯的原因，不要以武力相威脅，大發雷霆之怒。對於

有的下屬能夠主動承擔錯誤者，亦不宜「宜將剩勇追窮寇」。注意適時利導，批評後還要主動與其溝通一下，反省自我承擔的領導責任。

2. 善待員工的過失，積極地應對問題癥結

首先，對於下屬的失禮之處要寬容。不能動不動就耿耿於懷，意欲懲處；是要認真分析出現失禮的原因，盡可能給員工以寬容。其次，謹慎對待下屬的失信。對於信誓旦旦的表白出爾反爾，既不要搶白，也不要強硬，細細分析其中的原因，找出客觀和主觀原因，幫助其繼續努力，挽救因此帶來的損失。再次，正確對待下屬的失誤。有的員工因為不熟悉業務、能力欠佳帶來的失誤，要冷靜對待，既不要大驚小怪，也不要視而不見，儘快尋找補救措施，幫助分析原因，不要完全否定。

3. 用好犯錯的下屬

失敗者的兩個結果，一是成為更為輝煌的成功者，二是成為優秀的批評家。有的領導者對於已經有過錯誤的下屬永不啟用，甚至打入地獄，這是很不理智的態度。首先，不僅要有度量還要有海量，要敢於啟用犯過錯的員工，不僅允許犯錯，還要給犯錯者一個機會，賦予其以信心和勇氣，以此體現唯才是舉的思路。其次，要尊重和信任犯過錯的員工。比過去更主動、更熱情地接近關心他，使其感受到組織的溫暖。再次，對犯錯的員工的價值給予肯定，尤其要肯定其與眾不同的優點。最後，還要敢於護短，儘量保護員工的責任心。

對於過錯既要理性地面對，也不可全盤否定，充滿愛心關心下屬，是領導者的理念和胸懷，更體現了素養和策略。

讓下屬自己從錯誤中學習

當領導者直接指出下屬錯誤時，下屬的第一反應是不服氣，總覺得自己沒有犯錯，只不過是標準不同，這種想法直接會影響整個團隊的工作效率。

趨利避害是人的天性，好的方面是人人都嚮往的，而面對錯誤，即使是自己所犯的錯誤，也不願意去直接承認。在企業的管理過程中下屬犯錯總是難免的，如果想讓下屬認識錯誤並能積極地改正，就必須讓下屬從心底接受自己犯錯的事實，讓他自己意識到錯誤的根源，這樣才有徹底改正的可能。

那麼，怎樣做才能確保讓員工認識錯誤並從錯誤中學習呢？以下是實踐的步驟：

步驟1：要讓這位員工明白自己做錯了，不要說這只是偶然事件，以後不會再發生。越早處理，問題解決起來也就越容易。

步驟2：瞭解員工為什麼會犯這樣的錯誤。這位員工思考問題的方式可能是正確的，動機也是好的，但並不全面。他可能注意到了你忽略的一方面問題，可能在進行同樣的思考前就做出了衝動的反應，原因多種多樣。

步驟3：既然已經知道這位員工行事的原因，你就不僅能把自己的判斷和發生的情況聯繫起來，還能將其與員工所採取的方法聯繫起來。你向你的員工指出想法是好的，但沒有得到足夠的資訊。如果這位員工看到了你忽略的問題，你要就此向他表示謝意，看看該做什麼工作。如果這位員工忽視了你的規矩，行事非常衝動，問題可能就比較嚴重了。但是，如果問題已清楚，處理起來就容易了。

洛伯定理：授權有道，分身有術

提出者：美國管理學家洛伯。

內容精解：對於一個經理人來說，最要緊的不是你在場時的情況，而是你不在場時發生了什麼。

應用要訣：如果只想讓下屬聽你的，那麼當你不在身邊時他們就不知道應該聽誰的了。管理者不能包攬各種權力於一身，要最大限度地向下屬授權，以增強下屬的積極性和創造性。

管理者要做管理者的事

提高管理效能最根本的辦法是管理者要做管理者的事。乍聽起來，這好像是不言自明的事，其實不然。實踐表明，要做到這一點並不容易。有許多管理者常常「不務正業」，專做下屬該做的事。這樣一來，儘管他「從早忙到晚」，每天焦頭爛額，效率卻很低。要改變這種狀況，需要從以下幾方面努力。

首先，要最大限度地向下屬授權。一些管理者之所以成天忙忙碌碌卻又忙不到重點上，其原因就是抓權太多。這些管理者一方面抱怨事情太多，另一方面又事無巨細，什麼事都要親自管。當下屬把問題上交時，他仍親自去處理那些本應由下屬處理的問題，陷在事務圈子裡不能自拔。這種包攬各種權力於一身、唱「獨角戲」的做法，與現

代管理者的工作方式是毫無共同之處的。有企業改革家就提出「分權而治，分級管理」，他平時只管九個人，即四位副廠長、兩位顧問，加上計畫經營、品質管制兩位科長和一位辦公室主任。這些人再把權力一層一層地分下去，工作起來效率很高。過去一上班，辦公室裡就擠滿了人，晚上又找到家裡請示工作、商量問題。現在廠長辦公室清靜了，廠長可以把大部分的精力用在籌畫長遠建設和改革上，只用少量的精力處理日常事務。晚上家裡有了看書學習和休息的時間，可以不斷汲取新知識，獲得旺盛的精力。具體地講，授權有以下幾條好處：

（1）能夠減少領導者的工作負擔，使之從瑣碎繁雜的事務中解放出來，騰出較多的時間和精力去考慮重要的、戰略性的、全域性的問題，更有效地進行決策和指揮。

（2）能夠增強下屬的榮譽感和責任心，激發他們的工作熱情，調動他們的積極性，提高其工作效率。

（3）有利於在工作實踐中培養和鍛鍊幹部，增長幹部的才幹。

（4）能夠發揮下屬的專長，彌補自己的不足。管理者應當盡可能地把自己不擅長的工作，授權給在這方面有專長的人，以提高自身工作的品質。

（5）可以改善上下級之間的關係，使下級從等級服從、層層聽命的消極被動狀態改變為合作共事、互相支援的積極主動狀態。

其次，要儘量排除不必要的工作。管理者除了不要插手別人職權範圍內的工作外，為了節省時間和精力、提高工作效率，還應在通常屬於自己的工作中再做精簡，只做那些非做不可的工作，而可做可不做的工作則應儘量排除，少做無效勞動。例如：彙報工作或作報告

時，不必花費很多時間去背誦，以顯示自己的記憶力，要減少頭腦的儲存負擔，提高頭腦的處理功能；有些報告在會前發給大家，不必在會上宣讀，會上只對報告進行討論；打電話能辦的事就不寫信，便條可以解決的就不寫長信；應該由下級提出的辦法便讓下級準備，不替下級思考問題；辦事前做好準備，做好溝通，減少不必要的爭論和推諉等等。對那些非做不可的工作也要綜合起來考慮，哪些先辦，哪些後辦；哪些要重點處理，哪些只要過問一下就可以了；哪些事要專門去辦，哪些事可以合起來辦；哪些事用完整時間辦，哪些事可以用零碎時間辦；哪些事必須按規定程序辦，哪些事可以用簡便易行的辦法辦，等等。

美國西屋電器公司前董事長兼總經理伯納姆是一位享有盛譽的管理專家，他在其名著《提高生產率》中提出，管理者在處理任何工作前首先要問自己，這件事能不能取消它？能不能與別的工作合併？能不能用更簡便的東西代替？這樣一來，工作頭緒就大大減少了，時間就節省了，效率就提高了，主動權也就操在自己的手裡，不至於總讓人家牽著鼻子走。

授權能使員工做得更好

作為管理者，常常會遇到員工提出的「我能做得更好」的疑惑。假如碰到了，要採取行動確保你的員工受過培訓，具備完成授權任務的條件。在你的支持、鼓勵和指導下，他們會在工作中成長起來。希望你很快地說：「他們能做得更好。」這應該是你希望達到的目標。

阻礙管理者成功授權的另一個原因是對員工缺乏信心。對於管理者而言，這是最具毀滅性的。當你因為對員工缺乏信心而對授權有

所保留時，事實上，你使員工失去了發展能力的機會，而這些能力正是你建立對他們的信心的基礎。這就造成一種無休止的惡性循環。管理者抱怨員工無法處理好被授權的任務，隨之而來只好自己來完成工作。而員工也無法工作，缺少必要的鍛鍊。

如果你感到無法進行授權是因為你對員工缺乏信心，那麼你應該主動拿出行動來。等待他們採取行動來建立你對他們的信心想法很不現實，你必須展現領導者的魅力，勇於承擔風險，打破惡性循環。如若不然，情況只會變得越來越糟。

一些管理者經常認為自己沒有多餘的時間花在授權上面。這種想法是可笑的，因為好的授權的主要益處之一就是為管理者節約時間。但是對於大多數管理者而言，為什麼缺乏時間往往又成為授權的障礙之一呢？

要成為有效的授權者是很花費時間的。你得花時間準備授權計畫，與員工見面，佈置授權任務，還要跟蹤檢查他們的工作進展。同時，你還得投入時間培訓那些可能被授權的員工。既然授權的諸多方面都需要花費時間，那麼管理者迴避授權又有什麼好奇怪的呢？事實上，情況並非如此。

對管理者而言，如果不授權，那麼這些任務都必須由自己來完成，所花費的時間比授權所花的時間多得多，而如果管理者能正確地授權，節省時間的餘地會更大。

許多管理者因為害怕失去「CAP」（控制、權威、權力）而放棄授權。許多管理者發現這是最難以克服的障礙，因為他們必須放棄一些看上去是管理者的本質所在的東西。

當你把一項任務授權之後，對於責任的轉移，你的心裡可能會湧

起一種特別的感受。你可能會覺得失去了「CAP」，你不確定你是否會因為下屬出色地完成任務而依舊獲得好評。你應該正確地對待這種感覺，否則它們就會成授權的障礙。一些極端的情況，如果任其發展成你最擔心的事情，它們就變得具有破壞性了，並且會嚴重地削弱管理者的管理效果。所以，沒有理由讓這樣的想法存在。

合理授權，分身有術

北歐航空公司董事長卡爾森大刀闊斧地改革北歐航空系統的陳規陋習，就是依靠合理授權、給部下充分的信任和活動自由而實現的。開始時，他的目標是把北歐航空公司變成歐洲最準時的航空公司，但他想不出該怎麼下手。卡爾森到處尋找，看到底由哪些人來負責處理此事，最後他終於找到了合適的人選。於是卡爾森去拜訪他：「我們怎樣才能成為歐洲最準時的航空公司？你能不能替我找到答案？過幾個星期來見我，看看我們能不能達到這個目標。」幾個星期後，這個人約見卡爾森。卡爾森問他：「怎麼樣？可不可以做到？」

他回答：「可以。不過大概要花6個月，還可能花掉160萬美元。」

卡爾森插嘴說：「太好了，說下去。」因為他本來估計要花5倍多的代價。

那人繼續說：「等一下，我帶了人來，準備向你彙報，我們可以告訴你我們到底想怎麼做。」大約４個半月後，那人請卡爾森看他幾個月來的成績，當然目標已實現，但這還不是他請卡爾森來的唯一原因，更重要的是他還省下了50萬美元。

卡爾森事後說：「如果我先是對他說：『好，現在交給你一件任

務，我要你使我們公司成為歐洲最準時的航空公司。現在我給你200萬美元，你要這麼這麼做。結果怎樣，你們一定也可以預想到。他一定會在6個月以後回來對我說：『我們已經照你所說的做了，而且也有了一定進展，不過離目標還有一段距離，也許還需花90天左右才能做好，而且仍要100萬美元經費，可是這一次這種拖拖拉拉的事卻不曾發生。他要這個數目，我就照他要的給，他順順利利地就把工作做完了，也辦好了。」

由上面的這個事例可以看出，合理授權是多麼重要。

不願授權和不會授權的管理者，將給自己積聚愈來越多的決策事務，使自己在日常瑣碎的工作細節中越陷越深，甚至成為碌碌無為的「事務主義」者。由於個人的時間和精力有限，管理者最後不得不「分給別人一點」。到此地步，有些事已一拖再拖，還有一些事可能根本無暇顧及。另外，下級的積極性也受到壓抑，工作失去了興趣和主動性。所以，作為管理者，貴在學會科學地授權。透過合理授權，使管理者重在管理，而非從事具體事務；重在戰略，而非戰術；重在統帥，而非用兵。透過「分身之術」，有利於管理者議大事、抓大事，居高臨下，把握全域。

合理授權有以下兩點重要作用：

1. 滿足下屬的自我歸屬感

合理分權，有利於調動下屬在管理者工作中的積極性、主動性和創造性，激發下屬的工作情緒，增長才幹，培養人才，使管理者的思想意圖為群體成員所接受。所有成功的管理者都要創造一種氛圍，這種氛圍能使下屬在理性上和情感上都融入工作。

這些成功的管理者是透過信任下屬、給下屬提供充分加入有意義

工作的機會，以此來刺激下屬的工作意識。管理者對下屬的看法要積極，要有「多給他們一點」的態度，激發下屬產生信心；挖掘潛力，讓眾多大腦都開動起來，充分發揮下屬的技能和才幹。領導者若不授權於下屬，那他不但無法充分利用下屬的專長，而且無法發現下屬的真才實學。因此，授權可以發現人才、利用人才、鍛鍊人才，出現一個朝氣蓬勃、生龍活虎的局面。

2. 調動下屬的積極性

管理者合理授權，有助於鍛鍊和提高下級的才幹，提高管理者體系的總體水準，從而提高效率。管理者的合理授權使下屬獲得了實踐機會和提高的條件。隨著下屬在實踐中學得更多的真知，可根據工作的需要授予他們更多的權力和責任。應該說，要下屬擔當一定的職責，就要授予相應的權力。敢不敢授權，是衡量用人藝術高低的重要標誌。一方面，如果管理者對部下不放權，或放權之後又常常橫加干預、指手畫腳，必然造成管理混亂；另一方面，下屬因未獲得必要信任，也會失去積極性，而合理的授權則有利於增強下屬的積極性和創造性。

扮演好教練的角色

國外兒童教育學家做過一個有趣的試驗：把幾個兒童依次單獨放在一個藏著監視器的小房間裡，告訴他，身後有一個玩具，但是，要求他無論玩具發出什麼動靜都不要回頭看。試驗的結果是，所有的孩子最後都忍不住回頭偷看了一下。試驗的關鍵在下一步，每一個孩子從房間出來後都被問到是不是回頭看了，有些孩子承認了，有些孩子就堅持說自己沒看。教育學家說，孩子回頭是正常的，因為他們的自

制力抵抗不了玩具的誘惑，但是，孩子應該有能力控制自己不撒謊。

　　一個領導者在管理一個組織的時候，要給予下屬一定的自主空間，鍛鍊下屬獨立處理事物的能力。如果一直是高壓政策，對誰都不放心，大權獨攬，下屬不過是他命令和思路的執行者，不需要頭腦、不需要主見，只是執行而已。這樣的領導者儘管也可以把一個組織管理的井井有條，可他手下的員工卻被日復一日地管理成了只會聽話、行動的「好同事」。一旦他不在場時，下屬就成了一群無頭蒼蠅，紀律開始散漫，工作效率開始降低，有事誰也不願負責任——因為平時誰也沒負過責，又怕一旦出了差錯沒法交代。

　　所以，對於一個領導者來說，不要大權獨攬，事事親力親為，該授權時則授權，否則自己累得心力交瘁不說，員工也會對工作缺乏關心和熱忱，時間長了，會使下屬產生依賴心理或不被信任的感覺，並在你不在的時候無所適從、互相推諉、錯失諸多良機。

　　孔子的學生子賤有一次奉命擔任某地方的官吏。他到任以後，時常彈琴自娛，不管政事，可是他所管轄的地方卻治理得井井有條、民興業旺。這使那位卸任的官吏百思不得其解，因為他每天即使起早摸黑從早忙到晚，也沒有把地方治好。於是他請教子賤：「為什麼你能治理得這麼好？」子賤回答說：「你只靠自己的力量去進行，所以十分辛苦；而我卻是藉助別人的力量來完成任務。」

　　領導者首要的任務是扮演好教練的角色，也就是負責企業內人才的延續。要負責培育、激勵員工、激發員工潛能，同時，也通過合理地授權給員工可以發揮的機會和表現的舞臺，讓他們能從中得到磨練與成長，培養為具有判斷、創新能力的人才，自身也才能有更多的時間去做更重要的決定及思考企業的遠景方向。

Part 10

培養：授人以魚，不如授人以漁

授人以魚，不如授人以漁。

——老子（中國）

造人先於造物。

——松下幸之助（日本）

水無積無遼闊，人不養不成才。

——吉格·吉格勒（美國）

吉格勒定理：水無積無遼闊，人不養不成才

提出者：美國培訓專家吉格·吉格勒。

內容精解：除了生命本身，沒有任何才能不需要後天的鍛鍊。

應用要訣：水無積無遼闊，人不養不成才。透過培訓，可以使新員工迅速適應現實的工作，縮短適應期；可以增強員工的專業技能，促其快速成長。

培訓——授人以「漁」

很多老闆一聽培訓就搖頭：我都捨不得花錢給自己培訓，這麼奢侈的事還是讓那些有錢的大企業去做吧。其實中小企業初期的培訓，一分錢都不用花，因為企業主自己就是培訓師。並且，上班的每一分鐘，和員工的每一次交談，都可以視作一次培訓。只要你善於掌握，用不了多久，你會發現自己輕鬆了，也可以有更多的時間考慮更重要的問題了，比如公司的下一步發展計畫。

很重要的一件事是培訓完成後，你要讓受訓的人複述一遍並指正其中的錯誤點，直到受訓者能夠清晰、完整地複述你告訴它的內容為止。

首先需要進行的是常識培訓。你必須告訴員工，在這個企業工作需要的常識。一些是關於企業內的，比如和員工工作相關的上下游工

序的負責人，應該如何交接，怎樣真正完成一項工作等等。另一些是企業外的，比如有一個顧客要郵購公司的某產品，是應該款到發貨還是貨到付款，諸如此類。你可以把這類常識列一個清單，想清楚如何應對此類情況的，然後分別告訴承擔這些工作的人就可以了。只要你堅持這樣做並隨時修正在工作中發現的問題，過不了多久，企業就會擁有一套比較完整的工作職責和工作流程了，你會發現自己輕鬆了一點點。

許多大企業擁有比較完善的新人入職教育，也不過是這樣多次的操作累積罷了，沒什麼複雜的。並且，你的風格會在多次這樣的簡單培訓中潛移默化地影響每一個員工，久而久之，企業文化也就形成了。

常識培訓非常重要，因為這種培訓將幫助你的員工迅速進入到你要求的工作狀態。當一個員工新進入一個企業時，面對完全陌生的環境，他可能連一般水準都難以發揮。

其次是建立共同願景。「願景」這個詞的意思是目標的圖形化和具體化。如你想要幸福的生活，用願景來解析可能就是有車、有房、有上百萬的存款、孩子上明星學校、成為職場精英等等。當然，還可以更具體些，如車子的品牌，房子坐落在哪裡，存款在多少數字，孩子上哪所學校……越具體就越能引發你的成功欲望，越能驅使你奮鬥，這是成功學的重要一課。

技能培訓是持續不斷的工作。作為企業的老闆，你可以把這件事情交給資深的員工去做，並為此支付額外的津貼。千萬記住，任何人額外的付出都應該得到額外的回報，免費的東西並不可靠。但你肯定要制定明確的標準，比如達到的程度。

第六項修練——全面品質學習

強大而成功的企業是建築在不斷提高品質的學習上的。

企業成功的道路千萬條。擁有一個能執著追求、不懈學習的組織，就是一條有效的道路。企業不僅只是要學習，更要建立全面品質學習，才能為持續、穩步的成功打下堅實的基礎。

「學習型組織之父」彼得‧聖吉將他的「第五項修練」聚焦在學習型組織上。但他的理論在付之於實踐時仍然有不足之處：他停留在第五項修練，或者說只強調系統學習。事實上，當你與操作員談話時，他們根本無法理解系統的概念，同時此概念也與他們日積月累的經驗相去甚遠。在第五項修練的基礎上應該發展「第六項修練」——全面品質學習。

全面品質學習的主要要素是什麼？

全面品質學習需要頭腦思維方式的改變。企業組織總是先確立一個長期的目標，一般是由行政總裁首倡並確定下來，然後由高級管理層擬定使命說明來進一步將這個長期目標具體化，經理人隨後將這個目標傳達給員工。這一切聽起來順理成章。事實上，效果並不好，當這個目標沿著命令鏈層層向下傳達時，它往往會漸漸「退化」甚至「扭曲」。人們會忘記先前說過的一切，並很快依然我行我素。

理想的方法是要先行動起來。行動成功之後，人們的行為自然就會隨之改變。然後高級管理層就可以坐下來，寫好體現遠景目標的使命說明書。

日本的「5—S法」是引發行動的好工具。5—S是由五個日本詞語組合而成，翻譯過來就是結構化、系統化、淨化、標準化和自律化。

舉例來說，如果你想將一個工廠或者部門提升到世界一流水準，你可以透過「5—S法」達到這一目標。「5—S法」是行動導向的，並且確實需要組織中每個人努力。

大部分企業都非常歡迎組織學習行動導向理論。但也有人認為，行動導向理論在實踐方面會變得越來越遲緩。人總是過分拘泥於日常工作，尤其是在經濟不景氣時則更為嚴重，完全將學習撇在一邊。人們總誤以為學習不是一件緊迫的事。不過仍然有一些組織在不斷學習，而且是迅速學習。微軟公司就是一個學習型組織的非常好的例子，微軟無時無刻不在學習和宣傳新的觀念。

如今，我們看到企業變革的節奏已經加快。這就意味著，企業要把握機遇或是擺脫其他快速學習型企業的競爭威脅，就必須以更快的速度學習。如果意識不到企業學習的必要性和緊迫性，企業必將眼睜睜地看著自己落伍；而那些善於學習者，必將成為競爭的勝出者。

作為一名領導者，在促進組織學習過程中應扮演重要角色。

你最重要的任務就是以身作則。在關鍵時刻或是面臨關鍵任務時，你必須樹立榜樣，表現出絕不動搖的堅定意志來。

樹立一個好學的良好榜樣。如果企業需要不斷全面學習，你就要為員工做出表率。你一定要讓每個員工都看到，他們的上級每天都在不斷學習新的東西。如此一來，員工們遲早會仿效的。現在，你的任務已不再是發號施令，而是展現出學習的能力。無論環境如何，絕不能畏懼，應該繼續學習。

要使學習確實有效果，個人培訓與團隊學習就要互為補充，在同事中共用經驗有助於企業內部的成長。當然，這種情況只有組織具有一定的架構時才會發生。學習過程的規劃是自上而下的，然後才是自

下而上地讓每個員工都參與進來。

外包等趨勢是否會影響企業組織學習？這種趨勢是否會與組織內部、外部的學習產生不協調，並最終對企業不利？

這一切都取決於供應商與客戶之間的合作關係。用現代的觀點來看，外包需要是一種非常親密的合作關係，和婚姻有點類似。在這種情形下，這種學習必須擴展至供應商，否則一切都會白費。外包以及其他趨勢都不應該阻礙學習，外包應使得學習成為理所當然的事情。外包供應商也許可以從他們的客戶身上獲得經驗，他們可以利用這些經驗，使其組織受益。

職位不同，培訓亦有別

在一個公司內部，由於各類人員的工作性質和要求各有其獨特性，因而對這些不同類別的人員的培訓安排就有其獨特性。

基層管理人員在公司中處於一個比較特殊的位置：他們既要代表公司的利益，同時也要代表下屬職工的利益，而這兩方面經常容易發生矛盾。如果基層管理人員沒有必要的工作技術，工作就會難以開展。大多數基層管理人員過去都是從事業務性、事務性工作，沒有管理經驗，因此當他們成為基層管理人員後，就必須透過培訓儘快掌握必要的管理技能，明確自己的新職責，改變自己的工作觀念，熟悉新的工作環境和習慣新的工作方法。

而一般員工則是公司的主體，他們直接執行生產任務，完成具體性工作。對一般員工的培訓是依據工作說明書和工作規範的要求，明確權責界限，掌握必要的工作技能，以求能夠按時有效地完成本職工作。

在管理人員訓練新員工的過程中，可能會犯些什麼錯誤呢？

第一個錯誤就是相信這件工作簡單無比，以為僅僅示範一下，別人就能很快掌握了。如果這樣想，那就大錯特錯了。要知道，那些看似輕而易舉的事情對第一次嘗試的人來說，也許是相當困難的。有時即使教授一個曾經做過這項工作的人，掌握起來也不如想像的那麼快。

第二個易犯的錯誤就是一次給員工灌輸的東西太多，使他們消化不了。大多數人一次只能消化三個不同的工作步驟或指示，因此，在接下去講述之前要確認員工是否已經掌握了前三個步驟。不要顯得緊張、焦急或不耐煩，這樣有助於緩解員工的緊張情緒。

別忘了，學習是件十分容易讓人疲倦的事。所以，即使培訓者自己還沒感覺到疲倦，也應該考慮員工的狀態。培訓者應該在訓練的過程中，保證員工有足夠的休息時間。

切記：要想取得好的培訓效果，必須要對不同層次、不同類型的人才區別對待。

造人先於造物，用人不忘育人

「造人先於造物」是日本經營之神松下幸之助的人才觀的直接反映。松下幸之助認為，企業是由人組成的，必須強調發揮人的作用。松下指出：「公司要發揮全體職工的勤奮精神，必須使員工的生活和工作兩方面都是安定的。因此，『高效率、高薪資』是我們公司的理想，雖然不能立即達到，但要盡一切努力促其實現。」

松下公司善於爭取眾人之心，巧妙地使員工們對公司產生親切感，造成了一種命運與共的氛圍，因而員工們都積極參加提供合理化

建議的活動。松下公司的阿蘇津說：「縱使我們不公開提倡，各類提案仍會源源而來。我們的職工隨時隨地——在家裡、在火車上，甚至在洗手間裡——都在思索提案。」

由職工選出的委員會去推動提案工作，就使得該項工作在職工中號召力更大，提案率也就更高。比如，松下公司的技術研究開發工廠曾有職工1000多名，提案總數卻達7.5萬個，平均每人50個提案。松下集團有職工6萬名，提案超過66萬個，其中被採納的就有6萬多個，約占總提案數的10%。

松下幸之助總結的育才方針有四條：**灌輸經營基本方針；提高專門業務能力；培養經營管理能力；擴大視野形成人格。**那麼，企業應該培育什麼樣的人才呢？松下先生認為主要是十類人：不忘初衷而虛心好學之人；不墨守成規而經常有新觀念之人；熱愛公司並與公司融為一體之人；不自私而能為團體著想之人；能做出正確價值判斷之人；有自主經營能力之人；隨時隨地都保持熱誠之人；能得體地支持上司之人；能自覺恪盡職守之人；有擔任公司經營負責者氣魄之人。

松下公司重視人才、科研和智力開發。當有人問「松下公司最大的實力是什麼」時，松下幸之助回答：「是經營力，即經營者的能力。」他指出：「掌握了經營關鍵的人是企業的無價之寶。」所以，松下先生強調，在出產品前出人才，在製造產品前先培養人才。

在這樣的人才觀指導下，松下幸之助提出了育才七把鑰匙：一是，強烈感到培育人才的重要性；二是，要有尊重人才的基本精神；三是，明確教誨經營理念和使命感；四是，徹底教育員工企業必須獲利；五是，致力於改善勞動條件及員工福利；六是，讓員工擁有夢想；七是，以正確的人生觀為基礎。

彼得原理：莫讓員工潰敗在晉級的天梯上

提出者：管理學家勞倫斯・彼得。

內容精解：每一個員工由於在原有職位上工作成績表現好（勝任），就將被提升到更高一級職位；其後，如果繼續勝任則將進一步被提升，直至到達他所不能勝任的職位。即：每一個職位最終都將被一個不能勝任其工作的員工所佔據。

應用要訣：管理者要把下屬安排到一個能讓他們發揮出優秀水準的位置，而不是一味提拔、獎勵讓他們最終迷失甚至潰敗在無盡的晉升階梯中。

晉級不是爬不完的天梯

現實的管理中，我們總能發現這樣的現象：一旦員工在低一級職位上做得很好，組織就會將其提升到較高一級的職位上來，一直到將員工提升到一個他所不能勝任的職位上之後，組織才會停止對他的晉升。結果本來可以在低一級職位施展才華的人，卻不得不處在一個自己所不能勝任但是級別較高的職位上，並且要在這個職位上一直耗到退休。這種狀況就是典型的彼得原理的體現，對於員工和組織雙方來說都沒有好處。

晉升，作為一種鼓勵、獎勵的手段非常普遍。然而，在層級組織

結構的金字塔中，由於人對權力欲望和組織對這種欲望的推動，往往會造成一種可悲的結果：一方面，一些無意或「無能」的人由於在工作中做出了成績，被提到了高位；另一方面，一些有意或「有能」之人為了得到更高一級的職位會盡其才能，排賢抑能，極盡拉關係、找靠山之能事，以遂其願。結果無論哪一種人，當他們終於得到使人們仰首的職位時，所面對的卻可能是他們不能勝任的工作，就像爬上了一個架錯牆的梯子頂端，其中滋味只有當事人知道。

下面是彼得博士的研究資料中的一個典型案例：

傑克在汽車維修公司是一名熱忱又聰明的學徒，不久他被聘為正式的機械師。

在這個職位上他表現傑出，不但能診斷汽車的疑難雜病，還能不厭其煩地加以修復，於是他又被提升為該維修廠的領班。

然而，在擔任領班之後，他原先對機械的熱愛和追求完美的性格反而成為他的缺點。因為不管維修廠的業務多麼忙碌，他還是會承攬任何他覺得有趣的工作。

他總是說：「我們總得把事情做好嘛！」他一旦工作起來，做不到完全滿意絕不輕易罷手。他事事干預，極少坐在他的辦公室。他常常親自動手修理拆卸下來的引擎，而讓原本從事那件工作的人呆站在一旁，並且不會給其他工人指派新的任務。結果維修廠裡總是堆著做不完的工作，總是一團糟，交貨時間也經常延誤。傑克完全不瞭解，一般顧客並不在乎車子是否修得盡善盡美——他們只希望能如期取回車子。傑克也不瞭解，大部分工人對薪資比對引擎的興趣要濃厚。

因此，傑克對他的顧客和部屬都不能應付得宜。從前他是一位能幹的機械師，現在卻成為不勝任工作的領班了。

像傑克這樣被提拔，許多主觀都認為是天經地義的，是對員工工作表現的一種肯定。因為大多數公司一直把薪資、獎金、頭銜、提拔主管跟員工的表現和職業階層掛鉤，所處的階層越高，薪資就越高，額外津貼就越豐厚，頭銜也越多。雖然這種出發點是好的，結果卻是把每個員工都引領到十分尷尬的境地。

對於一個員工來說，他的表現是否優秀往往是相對於他的職位而言。過高的晉升，只會讓他從優秀走向不優秀，甚至是艱難。

明智的領導者，一定要懂得把下屬安排到一個合適的位置，安排到一個能讓他們發揮出優秀水準的位置，而不是一味提拔、獎勵讓他們最終迷失甚至頹廢在無盡的晉升階梯中。

避開彼得原理的陷阱

彼得原理告訴我們，在任何層級組織裡，每一個人都將晉升到他不能勝任的階層。換句話說，一個人，無論你有多少聰明才智，也無論你如何努力進取，總會有一個你勝任不了的位置在等著你，並且你一定會達到那個位置。

例如，一個優秀的主治醫生被提升為行政主任後無所作為；一位優秀的研究員被提升為研究院院長；一位熟練的高級技工被提升為經理人後束手無策……

這些彼得原理陷阱，主要是由企業不恰當的激勵機制和人員的晉升機制所產生的。那麼，我們應該如何去避開呢？這就要求企業必須改革人員的晉升機制和激勵機制。

1. 建立相互獨立的行政崗位和技術職務崗位升遷機制

對於企業的行政人員和專業技術人員，可以按照所屬崗位性質的

不同，建立相應的相互獨立的行政崗位和技術崗位的職務晉升機制，且相應的技術職務崗位對應相應的行政職務崗位，享有相應的薪酬和福利等。但是，行政職務崗位不能與相應的技術職務崗位互換。

實行雙軌制，讓企業的行政管理人員和技術人員分別走不同的職務晉升路線。這樣，既可以滿足對業績突出人員的精神激勵的要求，讓不同類型的員工各得其所，又能夠提高企業的管理水準和科研實力。

2. 加強對各類崗位的工作崗位研究

建立相互獨立的行政和技術職務崗位晉升機制，只能防止行政人員和技術人員由於錯位晉升而陷入彼得原理陷阱，要防止同類崗位內部出現彼得原理陷阱，還必須對不同級別的各個崗位進行工作崗位研究，明確各個崗位所必需的責任，細化各個崗位對具體的諸如管理能力、業務水準、學歷等不同能力的要求，並按不同能力所占的權重予以排隊。

3. 建立崗位培訓機制

在這個現代化的社會，技術、管理發展日新月異，新的技術、管理知識每天都在不斷出現，即使昨天你是個合格的技術人員、合格的管理者，如果不加強學習的話，今天你就有可能落伍。

如今，企業的崗位培訓已經越發變得重要。國內外的知名企業都非常重視企業的崗位培訓，且大都建有自己專門的崗位培訓機構。

4. 實行寬頻薪酬體系

所謂寬頻薪酬，就是在拉大同等級員工薪酬的同時，縮小不同等級員工之間的薪酬差異，實行薪酬扁平化以及按勞取酬、按效益取酬制度，改變以前企業的那種按職稱、按工作崗位拿薪資的現狀。如

果某一個基層工作人員做得好，他可以拿到甚至是在職稱或者是職務上高他幾個等級的員工薪酬，相反，如果某一個高層員工做得不好的話，他甚至有可能拿到全企業的最低薪資。

設立薪酬體系的好處是顯而易見的，它可以激勵各個層次的員工能夠全身心地投入到自己的本職工作中去，實現「在其位，謀其政」，否則，可能自己月底的收入就會很可憐。

透過這一方式，可以在各個層次的工作崗位中留住有事業心的合格人才。

神奇的彼得治療法

如果你仔細審視世界，會發現很多東西都是成對出現的，如好與壞、左與右、對與錯等等。事實上，雖然彼得原理無處不在，但慶幸的是，彼得也給我們獻出了他的彼得治療法：

1. 彼得寬慰法

就層級組織學的觀點而言，寬慰法是應用中立的法則以抑制到達不勝任階層所導致的不良後果。彼得寬慰法的做法是以意念代替行動，即要從內心上認同一盎司的意念值一磅的行動。

現在，讓我們看看彼得寬慰法如何應用於更廣的範圍：不勝任的員工以高談工作的神聖來取代努力爭取晉升；不勝任的教育人員放棄正常教學，而一心讚揚教育的價值；不勝任的畫家會促進所謂的藝術鑑賞；不勝任的科技人員會撰寫科幻小說；而性無能的男人則把精力花在創作情詩上。

所有這些彼得寬慰法的實行者也許沒有多大貢獻，但至少他們沒有給事業發展造成任何傷害。同時，他們也不會干擾各行各業勝任者

的正常活動。總之，彼得寬慰法可以防止職業性的癱瘓。

2. 彼得舒緩法

儘管人類還沒全部到達整體生存不勝任的程度，但如前所述，確實有許多人已到達不能勝任的階層，並迅速和這個與時俱進的世界拉開了距離。

一些舒緩的方法使他們能活得更快樂、更舒服一些。例如，員工可以用其他的工作取代本身職務上應做的工作，並將它做得十分圓滿。這種替代技巧，使得員工置身於他所謂的「快樂大家庭」裡。

3. 彼得預防法

根據層級組織學的觀點，所謂預防是在晉升極限併發症出現前或層級組織退化尚未開始前，應先採取預防措施。

我們不妨考慮應用「創造性的不勝任」來解決人類生存不勝任的大問題。在生命旅途中，我們用不著放棄晉升，但是我們可以審慎創造一些不相干的不勝任，從而防止我們獲得某種不適宜的晉升。

4. 彼得藥方

彼得藥方的真正療效就是人們積蓄許多的時間、創造力以及工作熱忱，將其運用於有建設性的工作上。

例如，我們可以在大都市發展更安全、舒適、高效率的大眾運輸系統。這樣，我們便能促進人體健康、美化環境，並使美麗的風景區有更好的景觀。我們也可以改善汽車的品質和安全性，使高速公路、一般公路、街道等的景觀更美，於是人們在旅行時便能像以前一樣安全、快樂。

為數量而追求數量無法使人類獲得最大的滿足，人們只有透過改善生活品質才能得到真正滿足。

Part 11

激勵：讚賞是比金錢更好的獎賞

管理者的基本素質之一，就是對獎勵與懲罰員工的方法爛熟於胸。卓越的管理者一定會懂得如何來緩解或是減少獎懲的消極影響，這恐怕是現代管理學中最難也是最簡單的管理方式之一。

——卡爾‧道森（美國）

獎勵什麼，就會得到什麼。

——米契爾‧拉伯福（美國）

世界上有兩樣東西比金錢和性更為人們所需，那就是認可與讚美。

——玫琳凱‧艾施（美國）

馬蠅效應：有正確的刺激，才有正確的反應

提出者： 美國第16任總統林肯。

內容精解： 沒有馬蠅的叮咬刺激，馬就慢吞吞地走走停停；而有了馬蠅的叮咬刺激，馬就跑得飛快。再懶惰的馬，只要身上有馬蠅叮咬，牠也會精神抖擻，飛快奔跑。

應用要訣： 有正確的刺激，才會有正確的反應。刺激是潛力的催化劑，一個人只有被叮著咬著才不敢鬆懈，才會努力拚搏不斷進步。企業員工也是如此。

像林肯一樣重用「馬蠅」

1860年，林肯當選為美國總統。一天，銀行家巴恩到林肯的總統官邸拜訪，正巧看見參議員薩蒙・蔡思從林肯的辦公室走出來。於是，巴恩對林肯說：「如果您要組閣的話，千萬不要將此人選入您的內閣。」「為什麼？」林肯奇怪地問，巴恩說：「因為他是個自大成性的傢伙，他甚至認為他比您偉大得多。」林肯笑了：「哦，除了他以外，您還知道有誰認為他比我偉大得多？」「不知道。不過，您為什麼要這樣問呢？」林肯說：「因為我想把他們全部選入我的內閣。」

事實證明，蔡思果然是個狂妄自大而且妒忌心極重的傢伙。他狂

熱地追求最高領導權，想入主白宮，不料落敗於林肯。想當國務卿，林肯卻任命了西華德，無奈，只好當了林肯政府的財政部長。為此，蔡思一直激憤不已。不過，這人確實是個大能人，在財政預算與宏觀調控方面很有一套。林肯一直十分器重他，並經由各種手段儘量減少與他的衝突。

後來，目睹過蔡思種種作為並搜集了很多資料的《紐約時報》主編亨利·雷蒙頓拜訪林肯的時候，特地告訴他蔡思正在狂熱地謀求總統職位。林肯以他一貫以來特有的幽默對雷蒙頓說：「亨利，你不是在農村長大的嗎？那你一定知道什麼是馬蠅了。有一次，我和我兄弟在肯塔基老家的農場裡耕地，我拉馬，他扶犁，偏偏那匹馬很懶。但是，有一段時間牠卻在地裡跑得飛快，我們差點都跟不上牠。到了後來我才發現，有一隻很大的馬蠅叮在牠的身上，於是我把馬蠅打落在地。我兄弟問我為什麼要打掉牠，我告訴他，不忍心讓馬被咬。我的兄弟說：『哎呀，就是因為有那傢伙，這匹馬才跑得那麼快。』」然後，林肯意味深長地對雷蒙頓說：「現在正好有一隻名叫『總統欲』的馬蠅叮著蔡思先生，那麼，只要牠能使蔡思那個部門不停地跑，我就不想打落牠。」

林肯的胸襟和用人能力，使他成為美國歷史上最偉大的總統之一。

作為一個管理者，最大的成就就在於構建並統帥一支由各種不同的專業知識及特殊技能的成員組成的、具有強大戰鬥力與高度協作精神的團隊，不斷挑戰更高的工作目標，不斷創造更好的績效。為此，可能需要超越旁人的勤奮，需要更多的知識，需要更強的資源支援。更重要的是，還需要像林肯一樣，善於運用自己的智慧，利用「馬蠅

效應」，把一些很難管理、然而又是十分重要和關鍵的員工團結在一起，充分發揮他們的作用，不斷為公司創造更大績效。

對「棘手人物」要講究手腕

對於公司管理者來說，要想處理好衝突，首先必須瞭解公司中的棘手人物。這類人是引起衝突的根源，只有對他們進行充分的瞭解，才能夠更好地解決衝突。我們可以將這些較為典型的「棘手」人物分為以下三類：

一是有背景的員工。這些員工的背景對管理者來說，是一個現實的威脅。「背景」就是他的資源，可能是政府要員，可能是公司的老闆，也可能是你工作中某個具有重要意義的合作夥伴。這些背景資源不但賦予了這類員工特殊的身份，而且也為你平添了許多麻煩。這些員工在工作中常常展現他們的背景，為的是獲得一些工作中的便利。即便是犯了錯，某些「背景」可能使他們免受處罰。

二是有優勢的員工。這些人往往是那些具有更高學歷、更強能力、更獨到技藝、更豐富經驗的人。正因為他們具有一些其他員工無法比擬的優勢，所以能夠在工作中表現不俗，其優越感也因此得到進一步的彰顯。這種優越感發展到一定的程度時，直接體現為高傲、自負以及野心勃勃。他們往往不屑於和同事們做交流和溝通，獨立意識很強、協作精神不足，甚至故意無條件地使喚別人以顯示自己的特殊性。

三是想跳槽的員工。他們顯然是一些「身在曹營心在漢」的不安分分子，這些人往往是非常現實的傢伙，他們多會選擇「人往高處走」。如果僅此而已也就罷了，但偏偏有些人覺得，反正是要走的，

不怕公司拿我怎麼樣，就乾脆擺出一副「老大」的姿態，不把公司的制度和管理規範放在眼裡。他們工作消極，態度惡劣，甚至為了以前工作中的積怨，故意針對某些主管和同事挑起衝突，到最後人雖然離職了，但留下的消極影響卻很長時間無法消除。

管理者要區分不同的情況來對待以上三類員工，千萬不能採取貿然措施將三類員工全部辭退，以保持組織的純潔度。因為這樣的結果肯定是你會得到一個非常聽話然而卻平庸無比的團隊，根本無從創造更高的管理績效。

對那些有背景的員工來說，在工作能力上，這些人不一定比其他同事強，但是，他們的心理狀況一般好於他人，做人做事方面更自信，加上背景方面的優勢，更能發揮出水準。對待這種人，最好的辦法是若即若離，保持一定的距離。如果在工作中有上佳表現，可以適當地進行褒獎，但一定要注意尺度，否則，這些人很容易恃寵而驕變得越來越驕橫。

對於那些有優勢的員工來說，他們並不畏懼更高的目標、更大的工作範疇、更有難度的任務，他們往往希望經由這些挑戰，來顯示自己超人一等的能力，以及在公司裡無可替代的地位，以便為自己贏得更多的尊重。因此，管理者如果善於辭令、善於捕捉人的心理，就可以試著找他們談談心。如果管理者並不善於辭令，那麼就要注意行動。行動永遠比語言更有說服力，在巧妙運用你的權力資本時，為這些高傲的傢伙樹立一個典範，讓他們看看一個有權威的人是怎樣處理問題、實現團隊目標的。

對於那些想跳槽的員工，機會、權力與金錢是他們工作的主要動因。管理者在對這些員工進行管理的過程中要注意以下一些原則：一

是不要為了留住某些人輕易做出很難實現的承諾，如果有承諾，一定要兌現；如果無法兌現，一定要給他們正面的說法。千萬不要在員工面前言而無信，那樣只會為將來的動盪埋下隱患。二是及時發現員工的情緒波動，特別是那些業務骨幹，一定要將安撫民心的工作做在前頭。

對低績效員工不能講情面

績效低的員工，是指那些屢次犯錯、趕走客戶、在企業組織中造成不滿和士氣低落等問題的員工。快速成長的公司對績效低劣的員工尤其不能容忍，他們會削弱團隊的實力，給潛在客戶和商業夥伴留下不良印象，加劇對公司綜合生產率的負面影響。作為管理者，必須採取措施及時糾正這種狀況。

一位經理花了很大力氣，才從某大公司挖來一名關鍵的資訊系統專家。公司滿腔熱情地給他安排了工作，卻很快發現他不能勝任。這位經理試圖指導和幫助他，他的工作卻沒有起色。

其他同事來到這位經理面前，建議他採取行動，他卻遲疑不決。此時，他知道自己雇錯了人，但是由於負疚而遲遲沒有動作。他告訴這位新員工，他將給他一些時間尋找新的工作。但是這位新員工的表現卻越來越差，直到一位重要客戶拂袖而去，其他員工也士氣低落，這位經理才把他解雇。

在解雇員工時瞻前顧後，原因何在？許多企業管理者都像這位焦慮的經理一樣，不忍心正視沒有達到標準的工作績效，更不用說毫無績效的情況了。

管理者如果盡了最大的努力對員工進行指導，但他依舊置若罔

聞；或者降低了工作期望值和標準，員工還是沒能達到要求，這時就應該重新審視對這位員工的錄用決定。很多管理者在一個月或更短的時間內就意識到自己在錄用員工上的錯誤，但通常在三個月之後才決定糾正這個錯誤。

管理者猶豫不決的原因多種多樣。例如：他們覺得承認錯誤是一件尷尬的事情；他們對錯誤的錄用感到內疚，對解雇曾滿懷期望的人於心不忍；他們對在錄用員工的時候，沒有明確表達工作績效的期望而感到遺憾；他們知道自己沒有做好員工的績效回饋和指導工作；他們不願意再次經歷昂貴耗時的程序找到合適的人員來替換。

對於管理者而言，這可能是一個痛苦的經歷，但還是應該採取行動。

管理者在計畫解雇一名員工之前，應問自己是否公平地對待過這個員工：「我是否讓他認識到自己績效低劣的事實，並給予他改進的機會？」也就是說，是否採取過以下這些行動。

是否為這個員工確立明確的績效期望值？這對員工績效的管理水準有關。運用績效管理技巧留住最佳員工的效果，取決於與他們建立夥伴關係的程度。

是否就這名員工的績效沒有達到目標向他做出具體的回饋？一項研究顯示，在60%的公司中，因績效產生問題的首要原因，是上司對下屬的績效回饋做得不夠或是沒有做好。在針對79家公司的1000多名員工所作的一項調查中，經理人的回饋和指導技能一致被評為平庸。這些結果顯示，很多管理者表現不良，而他們的員工通常也能意識到這一點。

是否詳細系統地記錄該員工的績效資料、事件、績效回饋及改

進評估的談話結果，以及是否在上述評估談話中，使該員工認識到存在的問題並對如何解決問題達成一致？這取決於績效討論過程中的情況，讓員工評估他們自己的績效。如果員工承認問題，那麼，問題的解決會順利得多。如果員工否認問題，那就說明該員工對建設性的指導置若罔聞。

是否把給予這位員工一定的試用期或者改進績效的最後期限，作為解雇前的最後手段？

是否尋找解雇之外的其他方法？自己犯了錄用某位員工的錯誤，並不意味該員工不能有效地完成其他工作。該雇員不適合這項工作，可能是他績效低劣的真正原因。因此，可以考慮重新評估該員工的才能、動力和興趣。也許工作可以重新設計，也許在工作領域內有其他更能發揮該員工才能的工作。

如果你已經不止一次直言不諱地把工作績效低劣的情況回饋給員工，指導他如何改進，為他確立具體的績效目標，記錄他未能改進績效的情況，而且考慮過不解雇的解決方法，然而都無濟於事，那麼，最終選擇是解雇他。

管理者無論出於何種原因解雇員工，都是一件令人憂慮和煩惱、卻又不得已而為之的事情。令人煩惱的因素多種多樣，如這位員工失去了生活來源，而且，這麼做還會影響組織中的其他成員，包括最想留住的員工。

重要的是，時刻牢記目標：消除糟糕的表現和行為。在有效地懲戒員工或者採取糾正措施之前，經理必須表明真誠地關心他的成功。考核程序對事不對人，是基於「目標推動行為，結果維繫行為」的原則。

畢馬龍效應：讚美使平庸變骨幹

提出者：美國心理學家羅森塔爾和雅格布森。

內容精解：畢馬龍是塞普勒斯的國王，同時也是一個極其優秀的雕刻家，他曾用象牙雕刻了一座美女像。他每天看著這座理想中美女化身的雕像，竟然愛上了自己的作品，愛得很深，很投入。癡情的國王祈求神賦予雕像生命，神被感動了，讓美女雕像活了，於是國王便娶她為妻。這個故事說明，人們基於對某種情境的知覺而形成的期望或預言，會使該情境產生適應這一期望或預言的效應。後來美國心理學家羅森塔爾和雅格布森在小學教學上透過實驗進一步驗證了這一道理。

畢馬龍效應告訴我們：「說你行，你就行，不行也行；說你不行，你就不行，行也不行。」

應用要訣：讚美、信任和期待具有一種能量，它能改變人的行為。一個人如果本身能力不是很行，但是經過激勵後才能得以最大限度的發揮，也就變成了行。

讚賞是比金錢更好的獎賞

身為管理者，要經常在公眾場合表揚有佳績者，或贈送一些禮物給表現特佳者以資鼓勵，激勵他們繼續奮鬥。一點小投資可換來數倍

的業績，何樂而不為！

從前，有個王爺，他手下有個著名的廚師。廚師的拿手好菜是烤鴨，深受王府裡的人喜愛，尤其是王爺，更是倍加賞識他。不過王爺從來沒有給予過廚師任何鼓勵，使得廚師整天悶悶不樂。

有一天，王爺有客從遠方來，在家設宴招待貴賓。點了數道菜，其中一道是王爺最喜愛吃的烤鴨。廚師奉命行事。然而，當王爺夾了一條鴨腿給客人時，卻找不到另一條鴨腿，便問身後的廚師：「另一條腿到哪裡去了？」

廚師說：「稟王爺，我們府裡養的鴨子都只有一條腿。」王爺感到詫異，但礙於客人在場不便問個究竟。

飯後，王爺跟著廚師到鴨籠去查個究竟。時值夜晚，鴨子正在睡覺，每隻鴨子都只露出一條腿。

廚師指著鴨子說：「王爺你看，我們府裡的鴨子不全都是只有一條腿嗎？」

王爺聽後，便拍了拍巴掌，鴨子驚醒都站了起來。

王爺說：「鴨子不全是兩條腿嗎？」

廚師說：「對！對！只不過，只有鼓掌拍手，才會有兩條腿呀！」

要使人始終處於施展才幹的最佳狀態，唯一有效的方法就是表揚和獎勵，沒有什麼比受到上司批評更能扼殺人的積極性了。

美國玫琳凱公司總裁玫琳凱曾說過，世界上有兩樣東西比金錢和性更為人們所需，那就是認可與讚美。金錢在調動下屬的積極性方面不是萬能的，而讚美卻恰好可以彌補它的不足。因為每一個人都有較強的自尊心和榮譽感，你對他們真誠地表揚與贊同，就是對他們價值

的最好承認和重視。能真誠讚美下屬的管理者，能使下屬的心理需求得到滿足，並能激發他們潛在的才能。打動人的最好方式，就是真誠地欣賞和善意地讚許。

好員工是讚美出來的

管理者能讓員工達到巔峰狀態的重點是「激勵」。管理者懂不懂專業技術這不是重點，懂得如何凝聚適合的人才、如何改善缺點、如何發揮優點、如何激勵別人達到巔峰狀態，這才是領導的重點。利用讚美激勵員工的士氣，往往會起到事半功倍的效果。

在玫琳凱化妝品公司中，讚美是最重要的，公司整個的行銷計畫都以它為基礎。在各種場合中，公司總是不吝惜地給予讚美。比如：

例會上的讚美：玫琳凱公司每個地區的分公司每週的例會上都會有這週銷售最佳人員的成功經驗的講述和分享，這是一種別樣的讚美。主持人在介紹最佳銷售員時，每一個美容顧問都會毫不吝嗇自己的掌聲。

緞帶的讚美：在玫琳凱公司，每位美容師在第一次賣出100美元產品時，就會獲得一條緞帶。賣出200美元時再得一條，以此類推。這種僅需要0.4美元的禮物獎賞遠比用100美元的禮物盒有效。

別針的讚美：玫琳凱公司每一位美容師都會以佩戴形式各異的別針為榮。這些別針在美國達拉斯設計製造，然後用飛機運到世界各地，用以獎勵在銷售產品時有優異銷售業績的美容師。每個別針都有不同的含義，比如，其代表最高獎賞的鑲鑽石大黃蜂別針：大黃蜂身體很笨重，要飛起來相當不容易，它象徵玫琳凱的女性在身負家庭的各種負擔的情況下，還能獲得如此優異的成績，是非常不容易的。在

每一個不同的階段,當你有了一些進步和改善的時候,玫琳凱都會獎給你各種不同意義的別針。別針是女性非常喜歡的裝飾品,尤其是象徵榮譽的別針。

粉紅色轎車的讚美:玫琳凱的區級指導員是藍色的套裝,再高一個層級是粉紅色的套裝,當你做到可以穿黑色套裝的時候,玫琳凱公司就會同時獎勵你一部粉紅色的轎車。世界上粉紅色轎車的主人全部是玫琳凱的全國性指導員,開車走在外邊,玫琳凱人都知道這代表玫琳凱的一位資深而優秀的美容師,這樣不僅在公眾場合讚美了玫琳凱的優秀美容師,同時也為玫琳凱公司做了宣傳,粉紅色轎車成為玫琳凱公司「行動廣告」。

讚美的力量是不容忽視的,有時甚至比金錢更重要。把讚美運用到企業管理中,往往會有意想不到的激勵效果。作為領導者,首先應該明白自己員工的心理,其次學會讚美下屬。

領導者會讚美,平庸變骨幹

每一個人在內心深處都渴望別人的讚美與誇獎。每一個人在數千人的注視下,走到領獎臺上領取獎章、鮮花或是證書都會有一種很奇妙的感覺。每一個人發現自己的名字出現在本公司刊物裡的獎勵名單裡,都會感覺良好。「原來我也可以很有名的」,這種被大眾所承認的感覺遠比獎金更加激動人心。

讚美在建立一個人的自信上有著神奇的功效。大學生比起高中生來,明顯地更有自信,更開朗,做事能力更強。有人由此做過調查,結果發現很重要的一條原因就是大學生在學校裡受到的正面的、積極的鼓勵要遠比在高中時多得多;相對而言,大學老師更知道讚美的重

要性，更多的是把學生當作一個成人看待。

管理者的讚美對於員工有著莫大的激勵力量。讚美員工會激發他的自信，員工會更加努力，更有勇氣去嘗試。如此累積，員工將來能取得很大的成功也不稀奇。

讚美員工並不僅僅只是口號或者是印在紙上的一句話，它表現在公司活動的方方面面，滲透在高層主管的一言一行。

比如，每個公司都會遇到工作場所裡桌椅的擺放、電腦螢幕是對著門還是應該背著門等。讓員工來挑，肯定是希望背著門，有時聊個天或是發一封私人信件都感覺心裡不安全；讓主管來挑，自然是希望電腦螢幕對著門，防止員工在工作時間處理自己的事情。那麼究竟怎麼擺放呢？是老闆說了算，還是跟員工商量著辦？這一點小事就會反映出老闆的管理風格。老闆可能會覺得，這些小事應當由我做主。但員工們不會這樣想，一點點小事就有可能讓他們感到自己不受尊重，自己用的桌子、自己的辦公場所，當然應該自己做主。他們會把這件事上升到對老闆評價的高度，會上升到管理者是否尊重員工的高度。

作為管理人員應當懂得，每一個員工都需要讚美來保持自信。如果你願意，你總是可以找出無數的機會來誇獎你的部下，發自內心地稱讚他們。你的每一次讚美對員工都是莫大的鼓勵，都會促進員工改變自我，最終讓員工從平凡走向優秀。

鯰魚效應：活力源於競爭和挑戰

來源：西方生活故事。

內容精解：挪威人愛吃沙丁魚，沙丁魚只有在活魚時才鮮嫩可口，但由於沙丁魚不愛動，捕上來不久就會死去。一個偶然的機會，一個漁民誤將一條鯰魚掉進了裝沙丁魚的魚艙，當他回到岸邊打開船艙時驚奇地發現，以前都會死的沙丁魚居然都活蹦亂跳。漁夫馬上發現，這是先前掉進去的鯰魚的功勞。沙丁魚要想躲過「被吃」的噩運，就必須在魚槽內拚命不停地游動，最終大部分沙丁魚都能活著返港。

這就是管理學界有名的鯰魚效應，用來比喻在企業中透過引進外來優秀人才增加內部人才競爭程度，從而促進企業內部血液循環良性發展。

應用要訣：只有競爭才能生存，管理者要給員工施加競爭壓力，從外部引進人才讓內部員工體會到適者生存、優勝劣汰的原理，達到啟動員工隊伍、提高工作業績的目標。

企業成長離不開「鯰魚」

活力來源於競爭，來自於壓力和挑戰。

在我們周圍這種現象隨處可見，比如：你坐公共汽車，司機開車

很慢，你正著急時後面又來了一輛車，這時你所在車的這個司機就會加快速度甩掉後面的車；學生做作業，一個學生一邊玩一邊做，很不專心，當老師說別的同學都快做完了，那個學生就有了緊迫感，就會專心致志地做作業了；賽跑，如果沒有後面選手的追趕，處於領先位置的選手就不可能有那麼大的動力拚命奔跑，也不能有一次又一次的世界紀錄被打破等等，這些都是「鯰魚效應」的反映。

一個人沒有競爭對手，就會固執己見、墨守成規，不學習和接受新知識、新事物，他就永遠不會進步；一個企業沒有競爭對手，就會因循守舊、固步自封，不走創新之路，不僅不能發展，還會被市場所淘汰，就不會有更好的發展。

鯰魚效應對於「漁夫」來說，在於激勵手段的應用。漁夫採用鯰魚來作為激勵手段，促使沙丁魚不斷游動以保證沙丁魚活著，以此來獲得最大利益。在企業管理中，管理者要實現管理的目標同樣需要引入鯰魚型人才，以此來改變企業相對一潭死水的狀況。

管理者不僅要掌握管理的常識，而且還要求管理者在自身素質和修養方面有一番作為，這樣才能夠管理好鯰魚型人才，激發他們的工作熱情，才能夠保證組織目標得以實現。因此，企業管理在強調科學化的同時應更加人性化，以保證管理目標的實現。

引入「鯰魚」，讓員工動起來

老鷹是所有鳥類中最強壯的種族，根據動物學家所做的研究，這可能與老鷹的餵食習慣有關。

老鷹一次生下數隻小鷹，由於牠們的巢穴很高，所以獵捕回來的食物一次只能餵食一隻小鷹。老鷹的餵食方式並不是依平等的原則，

而是哪一隻小鷹搶得凶就給誰吃，在此情況下，瘦弱的小鷹吃不到食物都死了，最凶狠的存活下來，如此代代相傳，老鷹一族愈來愈強壯。

這是一個適者生存的故事，它告訴我們「公平」不能成為組織中的公認原則。組織若無適當的淘汰制度，常會因小仁小義而耽誤了進化，在競爭的環境中將會遭到自然淘汰。

競爭可以使一家半死不活的企業起死回生，競爭是企業生命的活力，沒有競爭企業就無法立足於現代社會。當然，能否將競爭機制引入你的企業之中，就看你是否是一位合格的上司。領導的藝術就在於發揮智慧、開動腦筋，努力使員工發揮出最大的效率。

許多企業基本上由以下三種人組成：一是不可缺少的精英，約占20％；二是以公司為家辛勤工作的人才，約占60％；三是拖企業後腿的蠢材或廢材，約占20％。如何使第三種人減少，使第一、第二種人增加呢？

一位大老闆在談到他成功的祕訣時說：「要使你的員工超額完成工作，你就必須激起他們的競爭欲望和超越他人的欲望，這是條永恆的真理。」

火石輪胎及橡膠公司的創始人哈威‧懷爾史東說：「我發現，光用薪水是留不住好員工的。我認為，是工作本身的競爭……」

如果想讓你的員工活躍起來並改變那種拖拖拉拉的辦事效率，就應該精兵簡政，大刀闊斧地削減你的員工，在競爭中淘汰那些低效率的員工。這種削減會使在職的員工感到就業的壓力，增強他們的危機意識，讓他們明白：天底下沒有金飯碗、鐵飯碗，你們隨時都有被炒掉的危險。你要設法使每一個員工都兢兢業業地去工作。

生於憂患，死於安樂。員工如果沒有面臨競爭的壓力，沒有生存壓力，他們就容易產生惰性，不思進取，這樣的員工沒有前途，這樣的公司也會沒有前途。因此，管理者必須從上任那天起，讓所有員工知道，只有競爭才能生存，同時給他們施加競爭壓力，讓他們深刻體會到「適者生存、優勝劣汰」的原理。

引「狼」入室，給員工施壓

美國某地區為保護森林中的羊群把所有的狼都殺光了，結果出乎意料的是羊群卻逐年減少。原來，沒有了狼之後，這些羊群很少奔跑，對疾病的抵禦能力極差，同時大量羊群的繁殖使它們沒有足夠的食物。考慮到這種情況，當地民眾又從外地引入了狼群，最後這些羊群又恢復了生機。

這一小小的事例說明，沒有危機感就沒有活力，這樣最終會導致自我毀滅。對一個團體也是一樣，如果沒有壓力那麼個人就會缺乏動力。關鍵就是生存的壓力使人去奮發前進。

隨著競爭的激烈，一個人要想在社會上立足就必須提高自己的能力而不被「狼」吃掉。領導者可以利用下屬的這些心理，從外部招納有能力的人進來，讓他們去搶舊部屬的飯碗。面對競爭的壓力，舊部屬們也就不得下放低姿勢，努力去提高自己的技能以做好自己的工作。運用這一辦法，便可達到自動激勵人的目的。

日本三澤公司的總經理三澤千代對這一激勵人的藝術深有體會。

三澤認為，一個公司如果人員長期固定，就少了新鮮感和活力，容易產生惰性，找些外來的人加入公司製造緊張氣氛，企業自然就會生機勃勃。於是，三澤公司每年都要從外部「中途聘用」一些精明能

幹、思維敏捷、年齡在25～35歲的職員，甚至還聘請常務董事一級的大人物，讓公司上下的職員都感受到壓力。這一措施使企業內部始終保持著奮發向上的活力，同時，員工的能力都普通提高了。

「引狼入室」的主要目的是讓下屬都有一種生存的壓力，從而努力地提高自己的能力把工作做好。不過，在引進外部人才時也必須注意：首先，這些人才必須少而精，精才能達到實際的效果，不然對內部人員構不成壓力；其次，因為下屬長期為你工作，心中有一種功臣的感覺，如果引進人員過多則會使下屬認為公司管理層喜新厭舊、讓外人來奪自家人的飯碗，就會導致現有員工憤然出走，也就達不到激勵人的效果。

秋尾法則：尊重即是獎勵，信任才易勝任

提出者：日本管理學家秋尾森田。

內容精解：如果我們把很重要的職責擱在年輕人的肩頭，即使沒有什麼頭銜，他也會覺得自己前途無量而努力工作。也就是說，重用即是獎勵，信任才易勝任。

應用要訣：管理要實現最佳的狀態、塑造最高的效率，前提就是管理者對下屬或員工做到充分尊重和信任。尊重可以讓下屬有主人翁的感覺，信任可以激發下屬的潛能，激發下屬的工作熱情。

信任是企業管理的基石

信任是一種複雜的社會與心理現象。信任是合作的開始，也是企業管理的基石。一個不能相互信任的團隊，是一支沒有凝聚力的團隊，是一支沒有戰鬥力的團隊。信任員工，對於一個團隊有著重要的作用：

第一，信任能使員工處於互相包容、互相幫助的人際氛圍中，易於形成團隊精神以及積極熱情的情感。

第二，信任能使每位員工都感覺到自己對他人的價值和他人對自己的意義，滿足個人的精神需求。

第三，信任能有效地提高合作水準及和諧程度，促進工作順利開

展。

　　信任員工，讓員工承擔更重要、更高級的工作，對於企業的發展意義很大。一個有遠大抱負的企業，他們的未來在年輕一代的管理者身上，他們把握時代脈搏的神經在年輕人身上。如果你希望企業在未來的競爭中佔據制高點，那麼給予年輕人充分的信任，著手培養年輕人一定沒有錯。

管理從尊重和信任人開始

　　在強調管理的時候，人們常常喜歡引用一句話：沒有規矩，不成方圓。我們卻忽視了這樣一個事實，如果人的積極性未能充分調動起來，規矩越多，管理成本則越高。所以說，企業管理最起碼的一條規矩就是對人的尊重和信任。

　　「要尊重個人」，這條原則早在1914年老托馬斯・華森創辦IBM公司時就已提出，小托馬斯・華森在1956年接任公司總裁後，將該條原則進一步發揚光大，上至總裁下至傳達室，無人不知，無人不曉。IBM公司的「尊重個人」既體現在「公司最重要的資產是員工，每個人都可以使公司變成不同的樣子，每位員工都是公司的一分子」的樸素理念上，更體現在合理的薪酬體系、能力工作崗位相匹配、充裕的培訓和發展機會、公司的發展有賴於員工的成長等方面。

　　管理，尤其是對人的管理，過多地強調「約束」和「壓制」，事實上往往適得其反。聰明的企業和企業家已經意識到這一點，開始在「尊重」和「信任」上下功夫，瞭解員工的需要，然後滿足他。

　　一個好的企業和好的經理人始終牢記這一條：他的職責是幫助員工成功。如果經理用權力欺壓員工，就不是一個稱職的經理，至少不

是一個具有現代意識的經理，怎麼看他也像一個舊社會的工頭。經理最重要的事情是要用他的權力、他的專長、他的影響力來幫助員工成功。經理不能讓自己手下的員工不斷失敗，不斷炒員工的魷魚。

讓管理使人覺得親和，讓管理者與員工心理距離拉近，讓管理者與員工彼此間在無拘無束的交流中互相激發靈感、熱情與信任，這樣的理念在優秀的企業家心中越來越達成共識。有位專欄作家參觀英特爾公司時，看到當時英特爾的首席執行官葛洛夫的辦公區與底下員工的辦公區一樣大小後，很尖刻地指責葛洛夫這種做法比較虛偽。葛洛夫卻回答說，他這樣做的理由是不想讓權力放大，給員工造成心理壓力，以便能更方便與員工進行交流。

要讓管理真正親和於員工，不僅表面上要與員工拉近距離，還要真正關心員工。不單是關心員工的工作績效，更重要的是關心員工的前途和未來，包括員工的薪水和股票，也包括員工學習機會、得到認可的機會和得到發展的機會。

尊重和信任員工是人性化管理的必然要求。只有員工的私人身份受到了尊重，他們才會真正感到被重視，被激勵，做事情才會真正發自內心，才願意和管理者打成一片，站到管理者的立場主動與管理者溝通想法探討工作，完成管理者交辦的任務，甘心情願為工作團隊的榮譽付出。

人性化的管理就要有人性化的觀念，就要有人性化的表現。最為簡單和最為根本的就是尊重和信任員工，把員工當作一個社會人來看待和管理，讓管理從尊重和信任人開始。

一份信任，十倍回報

古人云：「士為知己者死。」信任在人們的精神生活中是必不可少的。這代表一種對人的價值的積極肯定和評價，信任意味著一種激勵，這種激勵可以激發人們積極而熱情的情緒。

魏徵原是太子李建成的親信和首席謀士，幫助太子李建成與李世民爭奪帝位，李世民說他見了魏徵就像見了仇敵一樣。後來李世民發動玄武門事變，擊斃太子李建成後被立為太子。他怒斥魏徵，魏徵回答道：「皇太子建成如果聽了我的話，一定不會有今天這樣的禍事。」唐太宗聽了肅然起敬，深深為魏徵的忠心護主、剛直不阿的精神所打動。於是他給魏徵格外的禮遇，多次召見魏徵進入寢宮詢問治國大計，並任命他為諫議大夫，對他敬重萬分。他對魏徵說：「你的罪比射中齊桓公一箭的管仲還要大，我對你的信任卻超過了齊桓公對管仲的信任。」魏徵為唐太宗的大度和信任深深感動，決心以其畢生的心力為唐太宗效勞。

從這個事例中我們看出：如果你給予周圍的人一份信任，他會予你十倍的回報。管仲在做齊國宰相以前曾經負責押送過犯人，但他與別的押解官所不同的是，管仲並沒有按預定行程押送犯人，而是讓他們按自己的意願來安排行程，只要在預定的時間內到達就可以了。犯人們感到這是管仲對他們的信任與尊重，因此，沒有一個人中途逃跑，全部如期趕到了預定地點。由此可見，信任對人的影響有多大。故人云：「用人不疑」，也是這個道理。任用別人，就應該相信別人的能力。

信任是激勵的最好武器。

Part 12

監督：管理就是嚴肅的愛

卓越的領導者一定會懂得如何來緩解或是減少獎懲的消極影響，這恐怕是現代管理學中最難也是最簡單的管理方式之一。

——卡爾·道森（美國）

你不能衡量它，就不能管理它。

——彼得·杜拉克（美國）

如果強調什麼，你就檢查什麼；你不檢查，就等於不重視。

——路易士·郭士納（美國）

赫勒法則：監督是尊重，也是激勵

提出者：英國管理學家赫勒。

內容精解：當人們知道自己的工作成績有人檢查的時候會加倍努力。在管理中，有效的監督是上級肯定下級的一種表現，也是上級對下級工作的一種尊重。

應用要訣：只有在相互信任的情況下，監督才會成為動力。有效的監督不是對員工能力的不信任，而是對員工勞動付出的一種尊重。

監督是使人前進的動力

人們常說，沒有壓力就沒有動力。在現實生活中，也的確如此。沒有人管著你，你就什麼也不想做。這都是人類的惰性在作怪。人生來都是喜歡享受的，沒有生存的壓力、沒有別人的監督，就不會有人去拚命工作。

每一個當過學生的人幾乎都有這樣的感受，如果老師第二天不檢查作業的話，你這一天就會不想寫作業。我們也知道學習不是為了老師，但是如果老師不監督我們，我們就會想玩。這是孩子的天性，也是人類的通性。

當然，這其中也不乏一些自控力特別好或者天生就很勤勞的人。但是在企業中，為別人工作，錢拿得一樣多，能少做點事就是賺了。

很多人都抱有以上的想法，認為為別人工作沒必要那麼盡力。也正是有這種想法的存在，才會使監工這種職業很早就出現在人類的歷史上。有人監督，工作不得不賣力；有人監督，心中就有顧忌，自然工作就會認真對待。

沒有人檢查自己的工作，你不自覺地就會懈怠；如果有人要檢查自己的工作，你也會自然地緊張起來。人就是這樣奇怪，沒人管還不行。

世界兩大速食巨頭麥當勞和肯德基都很懂得這個道理。麥當勞有名的「走動式管理」，既讓管理人員下到基層體驗了第一線的工作，又使員工的工作受到了監督，可謂是一石二鳥之舉。管理人員到各店裡現場指導員工解決問題，不僅能使管理者更加深入地瞭解這些員工，對員工的工作有監督的作用，而且當管理者向員工請教、諮詢問題時，還會使員工們有一種被重視和尊敬的感覺，這樣更加能促使員工積極熱情地工作。

肯德基的監督方法更絕。肯德基的國際公司設在美國，但它聘請、培訓了一批專門的監督人員，讓他們佯裝成顧客，不定時地祕密對全球肯德基各個分店進行檢查評分。

這讓肯德基各個分店的經理和雇員，無時無刻不感覺到一種壓力，對工作是一點也不敢怠慢。透過這種方式，不僅使肯德基對它的各個分店的情況隨時有所瞭解，而且這種有效的監督也大大地促使肯德基的員工們提高了工作效率。

很多時候，公司的管理者總是抱怨公司決策落實起來難的問題，其實這往往是由於公司沒有一個有效的監督體系。如果管理者把任務佈置下去，並能及時對這些任務進行檢查，而且對任務的完成程度進

行評估，實行相應的獎懲制度，那麼決策落實難的問題基本上就不會出現了。

可是就怕有些管理者把決策一宣佈就不管了，沒有檢查，沒有獎懲，員工們也沒有壓力和動力，那麼決策就只能是一句空話、一紙空文。所以，當公司的決策難以落實時，不要責怪員工的執行力差，而是從自身找原因，想一想是不是自己的監督工作沒有做到位。

上對下和下對上的互動

全美第一大DIY店The Home Depot公司的管理者，非常懂得有效監督的好處。該公司也採用「走動式管理」的方法，主管不定期到各店進行巡察，不僅對員工的工作進行監督和檢查，而且還藉機對相應的主管進行教育，以提高其管理能力。

同時，該公司的創始人之一肯‧藍高，不僅提倡上級對下級的監督，而且還提倡下級對上級監督。

在一次巡察中，他就藉機向員工和一部分主管宣傳了這種思想。他希望這些員工和主管們可以學習向上管理，在完成上級交代的任務後，記得問上級一個問題：「我已經按您交代的做了，現在請告訴我，此舉對我為顧客提供最佳服務有何幫助？」這樣，才能使上級將工作重心放到員工的真正使命上。員工的真正使命就是：把店裡的商品賣給進門的顧客，為顧客提供滿意的服務。

這種上對下、下對上的有效監督，形成了員工、主管、老闆三方良性互動，從而提高了整個團隊的工作效率和效益。

有效的監督，不是對員工能力的不信任，而是對員工勞動付出的一種尊重；有效的監督，不是公司對員工的苛刻和壓迫，而是對員工

工作的一種肯定和激勵；有效的監督，不是時刻盯著員工，又累又苦地活著，而是要企業自身建立起一套完善的監督體制和獎懲制度。總之，有效的監督是企業發展必不可少的管理手段。

破窗效應：在第一時間修復漏洞

提出者：美國政治學家威爾遜和犯罪學家凱林。

內容精解：如果有人打壞了一個建築物的窗戶玻璃，而這扇窗戶又未得到及時維修，他人就可能受到暗示性的縱容去打爛更多的窗戶玻璃。久而久之，這些破窗戶就給人造成一種無序的感覺。那麼在這種公眾麻木不仁的氛圍中，犯罪就會滋生、蔓延。

應用要訣：任何一種不良現象的存在都在傳遞著一種資訊，這種資訊會導致不良現象的無限擴展。對破壞的行為不聞不問或糾正不力，就會縱容更多的人「去打爛更多的窗戶玻璃」。管理者要維護制度，營造環境，及時補漏。

修好第一扇被打碎的窗戶

破窗理論揭示了環境具有強烈的暗示性和誘導性。任何一種不良現象的存在都會傳遞一種資訊，導致這種不良現象無限地擴展。這種情況在生活中經常可以見到。

比如，在窗明几淨、環境優雅的場所，沒有人會大聲喧嘩或吐痰；相反，如果環境髒亂不堪，就時常可以看見吐痰、打鬧、互罵甚至隨地丟垃圾等不文明行為。又比如，在公車站，如果大家都井然有序地排隊上車，那麼誰也不會不顧別人的眼光而貿然插隊；相反，車

輛尚未停穩，如果有幾個人你推我擠地爭先恐後，後來的人如果想排隊上車恐怕也沒有耐心了。

這個定律告訴我們，對管理秩序的任何偶然的、個別的、輕微的損害如果不聞不問、反應遲鈍或糾正不力，其後果可能就是縱容更多的人去破壞它。於是用不了多長時間，各類有損公共秩序的行為就會如雨後春筍般地滋生出來。

為了防止這種情況，最好的辦法就是及時修好「第一扇被打碎玻璃的窗戶」。

比如，在公共場合，如果每個人都舉止優雅、談吐文明、遵守公德，就能營造出文明而富有教養的氛圍。從我做起，從身邊做起，是很重要的。千里之堤潰於蟻穴，對於看起來很小的過錯絕不能掉以輕心，因為它可能影響深遠，呈蔓延之勢。

這個定律還啟示我們，越是無秩序的東西越易受到侵犯。因為第一扇窗戶打碎了，秩序被破壞，後面的侵害就會接踵而至。一個團體，如果處於混亂之中，就很容易被外來的力量侵擾甚至被吞併。

比如某雜誌社產權之爭延續數年，人心不齊，問題錯綜複雜，於是不僅有人想侵吞這塊「肥肉」，廣告商、發行商也乘機拒付廣告、發行費。與此成鮮明對比的是另一家雜誌社，那裡管理嚴密，制度規範，不僅外人無法插手，就是廣告商、發行商如果費用不到位也絕對上不了廣告，拿不到發行權。

中國有句俗語「家不和，外人欺」。一個家庭、一個部門、一個企業，如果內部矛盾重重、紀律鬆散、規章制度不健全，就容易被人坑騙、欺負。而針對這種狀況，最好的辦法就是增強團體的內部凝聚力，使內部井然有序，才能無懈可擊。

教導第一個犯錯的人

在日常生活和工作中，經常可以發現這樣一些現象：一個人帶頭摘取商店門口擺放的鮮花，其他人就群起而仿效，將數個花籃中的鮮花一搶而空；桌上的財物，敞開的大門，可能使本無貪念的人心生貪念；有的員工在工作中違反程序，還稱「××都是這樣做的！」或者「上次就是這樣做的！」；對於違反公司程序或廉政規定的行為，有關組織沒有進行嚴肅處理，沒有引起員工的重視，從而使類似行為再次發生甚至多次重複發生；對於工作不講求成本效益的行為，有關部門不以為然，使下屬員工的浪費行為得不到糾正，反而日趨嚴重……

「破窗理論」在社會治安和企業管理中給我們的啟示是：必須及時教導第一個犯錯的人。我們中國有句成語叫「防微杜漸」，說的正是這個道理。

紐約市交通警察局長布拉頓受到「破窗理論」的啟發，他在給《法律與政策》雜誌寫的一篇文章中談到：「地鐵無序和地鐵犯罪在1980年代後期開始蔓延。那些長期逃票的、違反交通規則的、無家可歸罵街的、月臺上非法推銷的、牆壁上塗鴉的……所有這些加在一起，使得整個地鐵裡彌漫著一種無序的空氣。我相信，這種無序就是不斷上升的搶劫犯罪率的一個關鍵動因。因為那些偶然性的犯罪，包括一些躁動的青少年，把地鐵完全看成可以為所欲為、無法無天的場所。」

布拉頓採取的措施是號召所有的交警認真推進有關「生活品質」的法律，他以「破窗理論」為師，雖然地鐵站的重大刑案不斷增加，他卻全力打擊逃票。結果發現，每七名逃票嫌疑犯中，就有一名是通

緝犯；每二十名逃票嫌疑犯中，就有一名攜帶武器。最終，從抓逃票開始，地鐵站的犯罪率竟然開始下降，治安大幅好轉。

1994年1月，布拉頓被任命為紐約市的警察局局長，就是因為他對「破窗理論」的出色闡釋。之後，布拉頓開始把這一理論推廣到紐約的每一條街道、每一個角落。他指出，這些小奸小惡正是暴力犯罪的引爆點。針對這些看來微小卻有象徵意義的犯罪行動大力整頓，結果帶來很大的效果。

「警局的最高長官居然要關心街頭那些『毛毛雨』犯罪，這在紐約市是史無前例的，甚至在整個美國絕大多數警察局也是史無前例的。」馬里蘭大學政策研究專家沙爾曼感慨地說。

在「破窗理論」的指導下，紐約市的治安大幅好轉，甚至成為全美大都會中治安最好的城市之一。人們把這個龐大的都市幾十年來從沒有過的嶄新氣象都歸功於布拉頓。

遵守規則，人人有責

「破窗理論」在社會治安綜合治理以及反腐敗中的應用意義是顯而易見的，在企業管理中也有重要的借鑑意義。

在日本，有一種稱作「紅牌作戰」的品質管制活動：

（1）清理：清楚地區分要與不要的東西，找出需要改善的事、地、物。

（2）整頓：將不要的東西貼上「紅牌」。將需要改善的事、地、物以「紅牌」標示。

（3）清掃：將有油汙、不清潔的設備貼上「紅牌」。藏汙納垢的辦公室死角貼上「紅牌」。生產現場不該出現的東西貼上紅牌。

（4）清潔：減少「紅牌」的數量。

（5）修養：有人繼續增加「紅牌」；有人努力減少「紅牌」。

「紅牌作戰」的目的是，藉助這一活動讓工作場所得以整齊清潔，打造舒爽的工作環境，並進而養成企業內成員做事有講究的心，久而久之成了習慣，大家遵守規則認真工作。

許多人認為，這樣做太簡單。芝麻小事沒什麼意義，而且興師動眾，沒有必要。但是，一個企業產品品質是否有保障的一個重要標誌，就是生產現場是否整潔，這應該是「破窗理論」比較直觀的一個體現。

懲罰破窗者，獎勵補窗者

公司對員工中發生的「小奸小惡」行為要引起充分的重視，小題大做，加重處罰力度，嚴肅公司法紀，這樣才能防止有人仿效、積重難返。特別是對違犯公司核心理念的行為要嚴肅查處，絕不姑息養奸。

美國有一家以極少辭退員工著稱的公司。一天，資深技工傑瑞為了趕在中午休息之前完成工作進度，在切割臺上工作了一會兒之後，就把切割刀前的防護擋板卸下放在一旁，沒有防護擋板收取起加工零件來更方便、更快捷一點。大約過了一個多小時，傑瑞的舉動被無意間巡視的主管逮了個正著。主管雷霆大怒，除了目視著傑瑞立即將防護板裝上之外，又站在那裡控制不住地大聲訓斥了半天，並聲稱要作廢傑瑞一整天的工作量。事到此時，傑瑞以為結束了，沒想到第二天一上班，有人通知傑瑞去見老闆。在那間傑瑞受過好多次鼓勵和表彰的不規則形狀的總裁室，傑瑞聽到了要將他辭退的處罰通知。總

裁說：「身為老員工，你應該比任何人都明白安全對於公司意味著什麼。你今天少完成了工作量，少實現了利潤，公司可以換個人、換個時間把它們補起來，可你一旦發生事故失去健康乃至生命，那是公司永遠都補償不起的……」離開公司那天，傑瑞流淚了。工作了幾年時間，傑瑞有過風光，也有過不盡如人意的地方，但公司從沒有人對他說不行。可這一次不同，傑瑞知道，他這次碰到的是公司不可碰觸的東西。

這個事件告訴我們，對於影響深遠的「小過錯」「小題大做」地去處理，以防止「千里之堤，潰於蟻穴」，正是及時修好「第一個打碎的窗戶玻璃」的明智之舉。

另外，公司要鼓勵、獎勵「補窗」行為。不以「破窗」為理由而同流合汙，反以「補窗」為善舉而亡羊補牢，這體現了員工高尚的道德情操和自覺的成本意識。公司要提倡這種善舉，透過表揚、獎勵措施使之發揚光大。

橫山法則：真正的管理是沒有管理

提出者：日本社會學家橫山寧。

內容精解：最有效並持續不斷的控制不是強制，而是觸發個人內在的自發控制。其寓意就是，好的管理是觸發被管理者的自發管理。

應用要訣：有自覺性才有積極性，無自決權便無主動權。在管理的過程中，過多地強調「約束」和「壓制」，效果會適得其反。瞭解員工的需要，給他們提供發展自己的機會，會激發起他們的自發控制。真正的管理，就是沒有管理。

真正的管理，就是沒有管理

在管理的過程中，管理者常常過多地強調了「約束」和「壓制」，事實上這樣的管理往往適得其反。如果人的積極性未能充分調動起來，規矩越多，管理成本越高。聰明的企業家懂得在「尊重」和「激勵」上下功夫，瞭解員工的需要，然後滿足他。只有這樣，才能激起員工對企業和自己工作的認同，激發起他們的自發控制，從而變消極為積極。真正的管理，就是沒有管理。

微軟公司的企業文化強調充分發揮人的主動性，讓員工有很強的責任感，同時給他們做事情的權力與自由。簡單地說，微軟的工作方式是「給你一個抽象的任務，要你具體地完成」。就如要測試一件產

品，卻沒有硬性規定測試的程序和步驟，完全要根據自己對產品的理解，考慮產品的設計和使用者的使用習慣等，發現許多新的問題。這樣，員工就能發揮最大的主動性，設計出最滿意的產品。

微軟是個公平的公司，這裡幾乎沒有特權，蓋茲只是這兩年才有了自己的一個停車位。以前他來晚了沒車位，就得自己到處去找停車位。正是這種公平和富有挑戰性的工作環境，促成了微軟員工巨大的工作熱情。在微軟，員工基本上都是自己管理自己。

促進員工自我管理的方法就是處處從員工利益出發，為他們解決實際問題，給他們提供發展自己的機會，給他們以尊重，營造愉快的工作氛圍。做到了這些，員工自然就和公司融為一體了，也就達到了員工的自我控制。

自治比他治更加有效

有人說管理，就是管事管人，其實真正的管理是讓人管事、讓人管人。最有效的管理，或者說管理的最高境界是引導或激發員工自律、自治。

有句話說得好，最好的管理就是沒有管理。這話聽起來很玄，其實道理很簡單。所謂的沒有管理，就是指不要強制，而是讓下屬自覺地自我管理。看起來，管理者沒有進行外在的管理，而內在的感情約束卻使員工自覺地遵守紀律、認真工作。強制他人做某件事，和讓這個人自願做這件事的效果肯定不一樣。無論是從完成的品質，還是對方的心情都是大有區別的，所以強制肯定不如讓他們自制。如果你一直堅持事必躬親，對誰都不信任，那麼你不僅活得很累，你的管理也沒有效率可言。你不可能時刻盯著每一個員工，監督著他們好好工

作，只有放手讓他們自己做，相信他們、尊重他們，那麼他們也不會辜負這份信任和尊重。

春秋時期，孫叔敖作為楚國的令尹在苟陂縣一帶修建了一條又寬又長的南北水渠。這條水渠足以灌溉沿渠的萬頃農田，可是當地的農民卻不知這水渠的真正價值，只顧自己的眼前利益。一到天旱的時候，渠中少水，沿堤的農民就在渠水退去的堤岸邊種植莊稼，有的甚至還把農作物種到了渠中央。到雨水多的時候，渠水上進，這些農民為了保護莊稼和渠田又偷偷在堤壩上挖開口子放水。就這樣，一條辛辛苦苦費了眾多人力、物力挖成的水渠，結果被沿渠的農民給弄得遍體鱗傷、面目全非。不僅如此，因為不斷地種、挖，這條水渠還經常因決口而發生水災，好端端的一項水利工程就這樣變成了當地的一大水害。面對這樣的情形，歷任苟陂縣的行政官員都束手無策。每當渠水暴漲成災，就只好調動軍隊去修築堤壩、堵塞漏洞，進行搶險救災。

到宋代，李若谷出任苟陂縣知縣時，這種情況依然沒有改觀。這個知縣卻很有手段，他只是寫了張告示貼在了縣衙外，就再也沒有人敢去偷挖水渠放水了。這是怎麼回事呢？原來那告示上清楚地寫著：「今後凡是水渠決口，不再調動軍隊修堤，只抽調沿渠百姓，讓他們自己把決口的堤壩修好。」誰也不想去修堤，於是他們自覺地就不去破壞渠堤了，而且還互相監督，防止其他人去挖堤。

這就是激發人自律的效果和好處。

在管理的過程中，我們常常忽視了這一點。一味講約束、壓制，不僅達不到預想的目的，而且往往適得其反。

如果可以讓員工們自發管理，就會大大地刺激他們的工作積極

性，感覺他們不是在為別人工作，而是從內心深處想要好好工作。自治要比他治好得多，也有用得多。

聰明的企業家、老闆都是把任務交代下去，放手讓下面人去做，完全地尊重與信任自己的下屬，滿足員工的需要，激起員工對企業和自己工作的認同，激發起他們去自發控制。

建立一套為大多數員工認可的企業目標、價值觀念以及企業精神等理念的文化系統，將企業目標與企業員工的追求聯繫起來，這樣才能實現企業員工從「要我做」到「我要做」的思想轉變。當一個企業的員工真正意識到自己的理想和公司的目標一致時，他們的行為就自然地回歸到了公司的制度要求當中。

管理者要有放權的魄力

權力是個很神奇的東西，你越想死命抓住它，卻越是得不到它。當你不在乎它了，把權力都分給別人時，卻不經意間得到了比以前更多的權力。這是捨得的道理，也是管理的智慧。

作為管理者，你不可能時刻控制監管著你的員工和下屬，再嚴密的制度也有管不到的地方，靠監管永遠達不到理想的管理效果。只能激發員工的積極性，讓他們主動地自律，進行自我控制，這不僅讓管理者省了很多心和事，而且會產生很好的經濟效益。

那麼，怎樣才能讓員工自律自制呢？最重要的就是要尊重和信任員工，把權力適當地下放給員工，給員工一定的自決權。有了自決權才會有主動權，有了信任才有動力，這樣員工才會自發地工作，自覺地進行自我管理。

微軟公司在這方面就做得非常好。作為軟體發展行業的老大哥，

微軟卻是個非常公平的公司。連蓋茲也沒有什麼特權，一切以能力說話。可以說，微軟的員工基本上都是自己管理自己。公司只是給你一個抽象的任務，而需要你去具體地完成，至於如何完成那是你自己的事，公司主管絕不指手畫腳。所以，很多做軟體的人都說，微軟是軟體發展的天堂。對於這種極具創造力的行業，就應該這樣放手讓員工去做，給他們發揮的空間和決定的權力，這樣才能最大地調動他們的工作積極性，使他們設計出令人滿意的產品，給公司帶來更大的經濟效益。

每個人的能力和精力都是有限的，用人不疑、疑人不用。既然請了來為自己工作，就要充分地信任員工，相信他們有能力完成他們的工作，沒有自己的監督他們會完成得更好。

人一般都有種逆反心理，就像小孩子一樣，你越管他，他越是不聽話。因為他也有自己的想法，不是任人擺佈的棋子；他也有自己的尊嚴，不是被人關押的犯人；他也有自己的目標，不是一無所知的傻瓜。所以，放手讓他們自己活，反而會發現他們把一切都安排得很好。

在管理上也是一樣。給員工充分的自決權，才能讓員工展現出最強的能力，發揮到最大的作用。所以，把權力下放是管理的高招，不僅落得清閒，還能收穫更高的效益。

Part 13

參謀：向別人借智慧也是種智慧

不善於傾聽不同的聲音，是管理者最大的疏忽。

——瑪麗·凱（美國）

無磨擦便無磨合，有爭論才有高論。

——詹姆士·波克（美國）

未聽之時不應有成見，既聽之後不可無主見。

——伊渥·韋奇（美國）

托利得定理：思可相反，得須相成

提出者：法國社會心理學家托利得。

內容精解：測驗一個人的智力是否屬於上乘，只看腦子裡能否同時容納兩種相反的思想而無礙於其處世行事。兩種正反思想共存，說明你能夠聽進不同意見，能把反對意見加以分析，從而對決策起到積極的影響。

應用要訣：思可相反，得須相成。管理者要多方聽取下面的意見，徵求各方建議，以此來提高自己的決策和管理水準。

兼聽則明，偏信則暗

唐朝時，唐太宗問宰相魏徵：「我作為一國之君，怎樣才能明辨是非，不受蒙蔽呢？」魏徵回答說：「作為國君，只聽一面之詞就會糊裡糊塗，常常會作出錯誤的判斷。只有廣泛聽取意見，採納正確的主張，您才能不受欺騙，下邊的情況您也就瞭解得一清二楚了。」成語「兼聽則明，偏信則暗」就是從魏徵勸太宗的話演變而來。

兼聽則明，偏信則暗。只有聽取多方面的意見，才能明辨是非；如果只聽信單方面的話，就會分不清是非。

人在社會中，不可避免地要與他人發生關係。生活於人群之中，自己的一言一行都被身邊的人瞧在眼中、記在心裡。天下沒有不透風

的牆，所以生活於群眾中，群眾對人和事物的瞭解是最徹底的。那麼一個領導者到群眾中去走走，多聽一聽他們的聲音，這是最簡便易行的辦法。

這裡要注意的是對待人言要「兼聽則明」，不要只聽到幾個人的意見就以為是「民意」。這其實只是少數人的觀點，往往少數人的觀點打著「民意」的旗號到處招搖撞騙，實質是強姦民意。民意是大多數人的觀點，是從群眾中的極多數的觀點中總結出來的一個觀點，他們是相似或是相同的意思。故領導者應儘量多地聽取群眾的意見並且在此基礎上認真地分析，找到真正的東西。

明朝初年，朱元璋以重典治國。由於法制不健全，不少官吏被錯捕入獄，但經其所治人民為之申辯和請求，朱元璋也因此而赦免，有的因知其賢能惠政而得以擢升。一次，永州知縣余亭城等人因事被捕，其所治人民上京申辯，列舉他們的善政，朱元璋立即予以糾正，賜襲衣寶鈔放回。他們復任後，努力工作，政績更著。

從這件事我們可知，官吏的好壞，其治下的群眾是最清楚的，領導者如能經常傾聽群眾的意見，那麼就能鑑別下屬的好壞了。官場如此，公司企業亦如此。領導者有必要去群眾中走走，看看他們對自己的工作、對自己的下屬有什麼意見。

現在盛行的民意測試是考察個人和管理情況的一個好辦法，領導者不妨藉助這種方式多方聽取下面的意見，徵求各方建議，以此來提高自己的決策和管理水準。

接納各方不同意見

有這樣一個故事：某管理者帶領下屬一行10人，乘坐一艘小船，

到某海島遊玩。歸途中，管理者提出暫不回航，到另一小島上去遊玩。其中有一人提出：「那島周圍暗礁多，流急浪大，很危險，還是不去的好。」管理者聽後很不滿意，厲聲說道：「不要說不吉利的話，掃大家的興！風平浪靜有什麼危險？同意去的站到左邊，不同意的站到右邊。」很多人察言觀色，一個個都向左邊走去。當右邊只剩下一個人時，小船由於重心偏移，翻了過來。

這則故事說明了什麼呢？說明都站在一邊並不是好事。領導獨斷專行，講真話者受到排擠、孤立，誰還願意講真話呢？管理者要聽到真話，就必須以開放的心態容納別人的想法，有民主的作風，讓群眾想說、敢說，真正做到言者無罪、聞者足戒、暢所欲言、各抒己見。

另外，管理者應該認識到，敢提意見的人並非對自己有成見。多數敢提意見的人，是有事業心、進取心、責任感強、思想敏銳、關心工作的人。老子說：「真言不美，美言不信。」真話未必中聽，中聽話未必真實。一些意見可能偏激、不全面、不正確，甚至個別人可能意氣用事，發洩不滿，管理者要有氣度、有雅量，辯證地看待，不能因與自己意見不合而抱成見。要有實事求是的精神和寬廣的胸懷和度量，聽到一些過激的語言時不要氣惱，要寬容、忍讓，耐心地讓對方把話說完，然後再心平氣和、實事求是地說明情況，分清是非，這樣才不至於堵塞言路，才表明自己提倡、讚賞、鼓勵、支持說真話的態度。

當然，在聽取不同意見或反對意見時也要分清真偽，辨別鑿鑿之言、肺腑之言和毫無根據的謊言；要分清好壞，辨別金玉良言、別有用心的讒言；要分清虛實，辨別真心誠意的實在話、毫無意義的空話和言過其實的大話。只要管理者放下架子，多一點人情味，以誠相

待、平易近人，和下屬交朋友，就能以自己的真情換來下屬的真心。

從善如流，勇於納諫

歷史上三國時期的袁紹就是因為不能容忍反對意見，最終以百萬之師敗給曹操七萬大軍。袁紹兵多謀眾糧足，宜守；曹操兵強將勇糧少，宜速戰速決。袁紹起兵應戰，田豐極力反對，被關入囚牢。袁紹果敗，大傷元氣，因大悔「吾不聽田豐之言，兵敗將亡；今回去，有何臉面見他呢！」逢況乘機進讒言，袁紹惱羞成怒決意殺田豐。

田豐在獄中，獄吏賀喜說：「袁將軍大敗而回，您一定又會被重用啊！」田豐悵然說：「我死定了。袁將軍外寬內忌，不念忠誠。若勝而喜，猶能赦我；今戰敗則羞，我沒希望活了。」果然使者奉命來殺田豐，最終田豐伏劍而死。

曹操面對不同意見時，採取的卻是與袁紹截然相反的兩種態度。曹操在初定河北後，又與眾人商議西擊烏桓，曹洪等人極力反對。曹操聽從郭嘉之言，費盡艱難破了烏桓。回到易州，重賞先曾諫者。誠心對眾將說：「我前者凌危遠征，僥倖成功。雖得勝，上天保佑，不可以為法。諸君之諫，乃萬安之策，是以相賞。以後不要怕提意見！」

田豐的反對意見是對的，袁紹卻把他殺了。像這樣的糊塗蟲，誰還會再提反對意見呢？怎麼會逃脫慘遭失敗、受人恥笑的結局呢？袁紹四世三公，根基深厚，曹操也深為嘆惜：「河北義士，何其如此多哉！唯袁氏不能用爾，若袁氏善用之，我何敢小覷此地？」

曹操從善如流，不閉目塞聽，即使反對意見錯了仍然大加獎賞，鼓勵大家多講。因為反對者總有反對的理由，其中必有可取之處。如

果僥倖成功，就輕視取笑甚至懲罰提反對意見者，那只會讓眾人變得唯唯諾諾而已。

管理者擁有權力、地位，容易被阿諛奉承、陽奉陰違所蒙蔽而聽不到真話。現實生活中，為了贏得上級的歡心和偏愛，下屬大多依附甚至討好管理者，說假話矇騙上級的現象屢見不鮮。因此，一個優秀的管理者必須要有聽真話的誠意、胸襟和行動。

視員工的意見為財富

柯達公司曾發生過這樣一件事：一名普通工人寫了一封建議書給董事長喬治・伊士曼，內容簡單得令人吃驚，只是呼籲生產部門「將玻璃擦乾淨」。事雖不足為道，伊士曼卻認為這是員工積極性的表現，立即公開表彰，發給獎金，並由此建立了柯達建議制度。

迄今，該公司職工已提出建議200多萬項，被公司採納了約有60餘萬項。該公司職工因提出建議而得到的獎金每年總計都在150萬美元以上，而柯達公司從中受益的又何止千萬美元呢。

企業最大的財富是人的聰明才智。企業領導人應該鼓勵每一個員工積極地提出改進工作的建議，必須使他們知道，他們的建議將會得到認真的研究，並且也真正這樣做。如果能像柯達公司那樣，在企業中建立起良好的建議制度，凡所提建議能給企業帶來效益的，給予重獎。這樣必然會促進企業全體職工同心協力，使職工對自己的工作發生興趣，對自己的工作考慮得更多並總是設法去改進自己的工作，這是領導者激發人們聰明才智的有效手段。

柯達公司對職工提出的每條建議都進行認真審查，一般經過以下過程：職工提出建議後，由各小組委員根據建議的獨創性、思索程

度、適應性和效果等內容進行評定和選拔，分為特別、優秀、優良、A、B、C和建議等7個級別；凡屬最後兩級建議的提出者，由管理委員會予以表揚。

廣開言路，達成共識

IBM的創始人華生被譽為「企業管理天才」。他相信：只要尊重員工並幫助他們自己尊重自己，公司就會賺大錢。

華生善於發掘員工的潛力，善於調動員工的創造精神與獻身精神，想方設法去刺激員工為公司出謀劃策。為了保護員工的工作熱情，增強員工對公司的親近感與信任感，他廣開言路，廣泛傾聽各種意見。

IBM規定：公司內任何人在感到自己受壓制、打擊或冤屈時都可以上告。他親自接見告狀人，對有理者給予支持。他鼓勵員工們在工作中不怕失誤和風險，為了公司敢於承擔似乎不可能完成的任務。他本人一天工作16個小時，幾乎每晚都在這個或那個雇員俱樂部中出席各種集會和慶祝儀式。他作為員工相識已久的摯友，和員工們談得津津有味。

對於一個優秀的領導者來說，有了目標之後，就要與群眾分享並逐步達成共識。柯達公司進入影印機市場後，把重心放在複雜技術與高級設備上，成本居高不下，幾乎沒有利潤，而且庫存問題非常嚴重。1984年，查克臨危受命，擔任影印產品事業部總經理。查克希望加強與員工的溝通，為此，他每週和直屬部下開會；每月舉行「影印產品論壇」，和每個部門的代表員工直接溝通；每週與重要幹部及最大的供應商開會，談論重大的變遷及供應商關心的事情；每個月員工

都會收到4～8頁的「影印產品通訊」，並向員工提供直接與高層管理人溝通的機會。

　　短短6個月以後，公司終於與1500個員工達成共識。公司狀況開始出現轉機，庫存量減少50％，部門生產率平均提高31倍。事實證明，只有走近員工，才能瞭解員工，只有和員工達成共識，才能和員工同心協力地成就一番事業。

波克定理：無磨擦便無磨合，有爭論才有高論

提出者：美國莊臣公司總經理詹姆士・波克。

內容精解：如果沒有不同意見，就不要忙於作決定。只有在爭辯中，才可能誕生最好的主意和最好的決定。

應用要訣：無磨擦便無磨合，有爭論才有高論。管理者在進行決策時一定要集思廣益，鼓勵大家提出反對意見和不同看法，正所謂「真理越辯越明」。

爭論出真知，爭論少失誤

無摩擦無磨合，有爭論才有高論，如果不願參與組織中的爭論，永遠也無法在工作中實現重要的事情。

有效的爭論對於組織來說具有許多積極意義。當人們敢於提出不同意見並為之爭論時，組織本身就變得更加健康。意見分歧會讓人們對不同的選擇進行更加深入的研究，並得出更好的決定和方向。彼得・布勞克在《授權經理人：工作中的建設性政治技巧》一書中指出：如果你不願參與機構中的政治與爭論，你永遠也無法在工作中實現對你來說重要的事情。要是這樣就太悲哀了。

但是，爭論總是令人不安，一場拙劣的爭論更會使許多人受到傷害，因此，學會如何提出觀點並參與有意義的爭論是成功工作和生活

的關鍵。這裡有幾點建議：

（1）創造健康爭論的工作環境。培養一種鼓勵不同意見的組織文化或環境。使不同意見成為意料之中的事，讓人們傾向於關注與之不同的經驗而非相似的觀點和目標。

（2）獎勵、承認並感謝那些願意表明和捍衛自己觀點的人。組織內建立相應的認可制度、獎金制度、薪資和福利體系以及績效管理過程，獎勵那些願意表明或捍衛自己觀點的人。

（3）讓人們以資料和事實來支援自己的觀點和建議。

（4）培訓員工，使員工掌握進行健康、良性、積極爭論和解決問題的技能。

（5）注意爭論解決，把握爭論方向。

（6）聘用有能力並願意解決問題的人。

不要畏懼下屬的頂撞

水至清無魚，人至察無徒。這就是告訴我們，待人處事太苛薄了，結果人緣難處。作為朋友，你就不能用自己的標準去要求和衡量所有的人，不能責備別人的「另類」。面對下屬的頂撞，管理者應該如何做呢？

首先必須強調一點，異己的存在可以促使你在決策時格外謹慎，力求科學嚴謹，以免被異己找出破綻、發現紕漏。同時可以避免你無意識地發生錯誤，造成不可挽回的嚴重後果。可以說，下屬的頂撞就是競爭對手的存在，就是監督者的存在，他可以促使雙方更加勤勉。

美國前海軍司令麥肯錫去看望陸軍司令馬歇爾時說：「我的海軍一直被公認為世界上最勇敢的部隊，希望你的陸軍也一樣。」馬歇爾

不肯示弱，說：「我的陸軍也是最勇敢的。」麥肯錫問他有沒有辦法證實一下。「有！」馬歇爾滿懷信心地說。他隨便叫住一個士兵，命令道：「你給我過去，用身體去撞那輛開動的坦克。」「你瘋了？」士兵大叫「我才不那麼傻呢！」

此時，在這種關乎自己的面子和威望的非常時刻，自己的下屬公然頂撞自己，上位者一般都會勃然大怒。然而，馬歇爾沒有這樣做，他笑了笑，然後滿意地對麥肯錫說：「看見了吧，只有最勇敢的士兵才會這樣和將軍說話。」馬歇爾把士兵公然頂撞自己的行為視為勇敢的舉動，這正是大將軍的氣魄與胸懷！這就是成大事者的獨特認識。試想一下，假如馬歇爾將軍視那個士兵為異己，並且一味地去扼殺，他必定會置士兵於死地。最終，他不僅失去了一個士兵，而且損害了自己的威望，挫傷了所有士兵的勇氣。

不要排斥與下屬的合作

與人合作最棘手的問題之一，就是人與人之間的磨合常常令人身心疲憊。有人甚至深有體會地說，人與人之間的合作在管理中花去的成本始終是最高的。一般來說，作為員工不外乎有以下四種類型：

一是分析型。這種員工是完美主義者，做事力求正確，但完美傾向也會導致墨守成規、優柔寡斷。分析型的人喜歡獨立行事，不願意與人合作。儘管他們性情孤傲，患難之中卻最見其忠誠。

二是溫和型。他們常常喜歡與人共事，淡漠權勢，精於鼓勵別人拓展思路，善於看到別人的貢獻。由於對別人的意見能坦誠以待，他們能從被其他團隊成員否決的意見中發現價值。溫和型的人常常為團隊默默耕耘，往往成為團隊中無名的幕後英雄。一般說來，溫和型的

人能在一個發展穩定的、架構清晰的公司中表現出色。一旦他們的角色界定、方向明確，他們就會堅定不移地履行自己的職責。

三是推動型。他們注重結果，最務實，並常常引以為自豪。他們喜歡確定高遠卻很實際的目標，然後付諸實施。他們極其獨立，喜歡自己制定目標，不願別人插手。他們善於決斷，看重眼前實際，具有隨機應變的本事。但有時太好動，因倉促行事而走彎路。無論表達意見還是提出要求，推動型的人都很直率。

四是表現型。這種員工好出風頭，喜歡惹人注目，是天生的焦點人物。他們活力十足，總喜歡忙個不停。他們偶爾也會顯露某種疲態，這往往是因為失去了別人刺激的結果。表現型的員工容易衝動，常常在工作場所給自己或別人惹出一些麻煩。他們喜歡隨機做事，沒有制定計劃的習慣，不善於進行時間管理。他們善抓大局，喜歡把細節留給別人去做。

對於管理者來說，要針對不同類型的員工採取不同的管理方法。

爭辯不等於爭強好勝

爭辯可以激發思想的火花，可以產生有益的意見。但是爭辯要掌握好火候，要有理性地爭辯，避免言辭過火的爭辯。過於激烈的爭辯，不僅不會使以雙方達成共識，反而會損傷雙方的和氣，將事情引向不良的一面。

當你將要陷入頂撞式的辯論漩渦裡的時候，最好的辦法就是繞開漩渦，避免爭論。你不可能指望僅僅以口頭之爭，來改變對方已有的思想和成見。把細枝末節的小事當作天大的原則問題來加以辯論，是因為我們堅持成見的緣故。只要你爭勝好鬥，喋喋不休，堅持爭論到

最後一句話，就可以體驗到辯論的「勝利」，可是，這種勝利不過是廉價、空洞的虛榮心的產物，它的結果是引發一個人的怨恨。

日常工作中容易發生爭辯，如果對爭辯不加控制，就會搞得不歡而散甚至使雙方結下芥蒂。人是有記憶的，發生了衝突或爭吵之後，無論怎樣妥善地處理，總會在心理、感情上蒙上一層陰影，為日後的相處帶來障礙。最好的辦法，還是儘量避免它。

我們常用這麼一句話來排解爭吵者之間的過激情緒：有話好好說。這是很有道理的。爭吵者往往犯三個錯誤：

第一，沒有明確而清楚地說明自己的想法，話語含糊，不坦白。

第二，措辭激烈、專斷，沒有商量餘地。

第三，不願意以尊重態度聆聽對方的意見。

有一個調查說明，在承認自己容易與人爭吵的人中，絕大多數說自己個性太強，也就是不善於克制自己。

同事之間有了不同的看法，最好以商量的口氣提出自己的意見和建議，語言的得體是十分重要的。即使是對錯誤的意見或事情提出看法，也切忌嘲笑。幽默的語言能使人在笑聲中思考，而嘲笑他人則包含著惡意，這是很傷人的。真誠、坦白地說明自己的想法和要求，讓人覺得你是希望合作而不是在挑人的毛病，同時，要學會聽，耐心、留神地聽對方的意見，從中發現合理的成分並及時給予讚揚。這不僅能使對方產生積極的心理反應，也給自己帶來思考的機會。如果雙方個性修養、思想水準及文化修養都比較高的話，做到這些並非難事。

浪費口舌做無謂的辯解，是最無意義的，對一些不值得爭論的意見，不妨用諒解的胸懷看待它。或者對當時不能理解的爭議暫且放下，過一段時間再來重新看它，也許會另有見解。

韋奇定理：不怕眾說紛紜，只怕莫衷一是

提出者：美國洛杉磯加州大學經濟學家伊渥・韋奇。

內容精解：即使你已有了主見，但如果有十個朋友看法和你相反，你就很難不動搖。不怕開始眾說紛紜，就怕最後莫衷一是。各說各的理，各講各的經，最後誰也弄不清的結局就是慘敗的開始。未聽之時不應有成見，既聽之後不可無主見。

應用要訣：一個人有主見是非常重要的事情。第一要確定你的主見是建立在對客觀情況準確把握的基礎上，第二要確信你的主見不是固執的。做自己喜歡做的事情，堅持不懈，終成正果。

沒有主見，就失去自我

成功需要肯定自己，堅持自己的立場。不知你是否因為別人表露出一種不以為然的態度就改變自己的立場？你是否因為別人不同意你的意見而感到消沉、憂慮？你是否在餐廳吃飯時飯菜的口味並不令你滿意，你卻不敢提出意見或者退回去，因為你怕店家會不高興？你是否處心積慮尋求別人的讚許，渴望得到別人的賞識，未能如願時就會情緒低落？

曾有位年輕朋友這樣訴說他的苦惱：

每當聽到同事下班一塊兒去吃飯、喝酒、唱歌時，他便陷入進

退兩難的境地中。按個人意願，他一點也不想去，只希望回家好好休息，看書、聽聽音樂，靜靜地享受獨處省思的樂趣。但是他知道，若是把這些想法講出來作為婉拒的理由，會被同事取笑而成為笑柄。於是他壓下了自己的意願，順從同事的模式，在喧鬧、放蕩、嬉笑中度過了一個又一個吃喝玩樂的夜晚。

他越來越不快樂，越來越痛恨自己，想改變這種令他厭惡的上班式無味之友誼，想大聲向同事們說「不」，可又總提不起勇氣。他甚至覺得自己就像頭被人牽來牽去的玩偶。

還有一位個性內向的朋友選擇創業。朋友們都說他不是一塊經商的料：不抽菸、不喝酒、不會拉關係，不會與人討價還價等，好像商人應具備的資質他全沒有。但讓大家跌破眼鏡的是：他的公司在經過一段艱難的沉寂之後，竟然生意興隆，財源廣進。他說：我只做好了最基本的幾點，以誠待人，守諾守信，保證品質。客戶們剛開始還有些不習慣，現在都很喜歡和我合作，省心省力還踏實。

是的，尋求別人的認同和支持固然很重要，但是沒有自己的主張，沒有自己的主見，就沒有了自己。自己的事自己做主。因此，不管什麼時候，都不要放棄自己，放棄了自己不僅會失去成就自己的機會，還使自己的生命隨之失去意義。

不人云亦云

做事要有自己的主見，要用自己的大腦來判斷事物的是非，千萬不要人云亦云。

一群喜鵲在樹上築了巢，在裡面養育了喜鵲寶寶。牠們天天尋找食物、撫育寶寶，過著辛勤的生活。在離牠們不遠的地方，住著好多

八哥。這些八哥平時總愛學喜鵲們說話，沒事就愛亂起哄。

喜鵲的巢建在樹頂上的樹枝間，靠樹枝托著。風一吹，樹搖晃起來，巢便跟著一起搖來擺去。每當起風的時候，喜鵲總是一邊護著自己的小寶寶，一邊擔心地想：風啊，別再刮了吧，不然把巢吹到了地上，摔著了寶寶可怎麼辦啊？我們也就無家可歸了呀。八哥們則不在樹上做窩，它們生活在山洞裡，一點都不怕風。

有一次，一隻老虎從灌木叢中竄出來覓食。牠瞪大一雙眼睛，高聲吼叫起來。老虎真不愧是獸中之王，牠這一吼，直吼得地動山搖、風起雲湧、草木震顫。

喜鵲的巢被老虎這一吼，又隨著樹劇烈地搖動起來。喜鵲們害怕極了，卻又想不出辦法，就只好聚集在一起，站在樹上大聲嚷叫：「不得了，不得了，老虎來了，這可怎麼辦哪！不好了，不好了！……」附近的八哥聽到喜鵲們叫得熱鬧，不禁又想學了，牠們從山洞裡鑽出來，不管不顧地扯開嗓子亂叫：「不好了，不好了，老虎來了！……」

這時候，一隻寒鴉經過，聽到一片吵鬧之聲就過來看個究竟。牠好奇地問喜鵲說：「老虎是在地上行走的動物，你們卻在天上飛，牠能把你們怎麼樣呢，你們為什麼要這麼大聲嚷叫？」喜鵲回答：「老虎大聲吼叫引起了風，我們怕風會把我們的巢吹掉了。」寒鴉又回頭去問八哥，八哥：「我們、我們……」了幾聲，無以作答。寒鴉笑了，說道：「喜鵲因為在樹上築巢，所以害怕風吹，畏懼老虎。可是你們住在山洞裡，跟老虎完全一點利害關係也沒有，為什麼也要跟著亂叫呢？」

八哥一點主見也沒有，只知道隨波逐流，也不管對不對，以至於

鬧出了笑話。我們做人也是一樣，一定要獨立思考，自己拿主意，不盲目附和別人。不然，就會像故事中的八哥一樣既可悲又可笑了。

不要因為旁人的眼光改變了自己的觀念。每個人站的角度不同，說話的方式自然有所差異，有智慧的人不會和不同角度的人爭吵。當你想到去哪裡，就抬起腳勇往直前，想做某事就努力去實踐，並不斷地檢視自己，時時勉勵自己向前走，這就是成功的祕訣。沒有主見的人總喜歡附和其他人的意見，雖然腳在前進，卻被人牽著鼻子走。只有心中有主見的人，才能分辨是非。因此，不要被人牽著鼻子走，別人說什麼並不重要，關鍵要有自己的主張和思維。

我的人生我做主

有句話叫「三人成虎」，第一個人對你說城裡來了老虎，你肯定不信；第二個人說時你會覺得很難信；第三個人也這麼說，恐怕你就有點信了。至少你要搞清楚為什麼這麼多人都這麼說，難道是「無風不起浪」嗎？

一個人生活在這個世界上，隨時隨地都會面臨選擇。做人如果要想做到不人云亦云、隨波逐流，永遠跟在別人屁股後面走，就必須有自己的做人主見。

懷疑自己並不是壞事，多參考他人的意見可以集思廣益，有利於修正自己，但自己認準的一定要堅持。當然，堅持是要有技術的。過硬的技術、深入的調查、嚴謹的推理，是你堅持真理不為所動的基石。愛因斯坦在提出相對論後，曾有一百名教授聯名寫書質疑他的理論，愛因斯坦對此置之不理，繼續他的研究。他說：「如果我錯了，那麼只要有一個教授指責就夠了。」

元代大學者許衡一日外出，因為天氣炎熱，口渴難耐。正好路邊有一棵梨樹，行人們紛紛去摘梨解渴，只有許衡不為所動。這時候有人就問他：「為什麼你不摘梨呢？」許衡就說：「不是自己的梨，怎麼可以隨便亂摘呢？」那人就笑他迂腐：「世道這麼亂，管它是誰的呢。」許衡又說了：「梨雖無主，我心有主。」

　　許衡的做法看似迂腐，實則是一種非常難得的做人準則。人生有許多時候是面臨許多誘惑的，面對誘惑不動心，身不被物役、心不被金迷，看起來容易做起來難，並不是隨隨便便就可以達到的境界。這是一種難得的定力，沒有堅實的精神支柱，沒有良好的處世心態，沒有高超的做人修養，是很難堅持的。

　　主見是一個人對自身力量的認識和充分估計，它是自我意識的重要組成部分。因此我們在做人、做事方面就要有自己獨特的見解，不盲目地隨從別人。做人一旦沒有了主見就容易被物欲所左右，被別人牽著鼻子走。自己心中要有主見，這是做人的一條重要底線。在現實生活中要做一位有主見之人，因為鞋和腳合不合適只有自己才知道。

改變「隨風倒」：聽自己的

　　世界著名交響樂指揮家小澤征爾在一次歐洲指揮大賽的決賽中，按照評委會給他的樂譜在指揮演奏時，發現有不和諧的地方。他認為是樂隊演奏錯了，就停下來重新演奏，但仍不如意。這時，在場的作曲家和評委會的權威人士都鄭重地說明樂譜沒有問題，而是小澤征爾的錯覺。面對著一批音樂大師和權威人士，他思考再三，突然大吼一聲：「不，一定是樂譜錯了！」話音剛落，評判臺上立刻報以熱烈的掌聲。

原來，這是評委們精心設計的圈套，以此來檢驗指揮家們在發現樂譜錯誤並遭到權威人士「否定」的情況下，能否堅持自己的正確判斷。前兩位參賽者雖然也發現了問題，但終因趨同權威而遭淘汰。小澤征爾則不然，因此，他在這次世界音樂指揮家大賽中摘取了桂冠。

　　這個故事告訴我們，自信是成功者必備的素質，這不僅僅是掌握相當的知識，還需要再堅持一下的毅力和勇氣。在強者面前堅持己見，需要很大的勇氣，不要隨隨便便地就否定了自己。只要是自己確信的，就不怕是在誰的腳下，都要有勇氣和底氣大聲說出來！

　　一輩子跟著別人的屁股後頭走，不如自己另闢蹊徑。既然每個人的條件不同、能力不同，那麼就更應該掌握自己的方向，開創自己的道路。

麥克萊蘭定律：決策管理，人人有責

提出者：美國波士頓大學心理學教授麥克萊蘭。

內容精解：成就的需要是權利的需要、歸屬的需要等等需要中的一個重要的需要。讓員工有參加決策的權力，賦予員工這種參與權，會產生意想不到的激勵效果。

應用要訣：必要的時候，為自己的員工貼上一個權力的標籤，可以極大地提升他們的工作熱情與主人翁意識，而且它所產生的效果許多時候是其他激勵方式所不及的。

讓員工參與到管理中來

所謂參與管理，就是指在不同程度上讓員工和下屬參加組織的決策過程及各級管理工作，讓下級和員工與企業的高層管理者處於平等的地位研究和討論群組織中的重大問題。他們可以感到上有主管的信任，從而體驗出自己的利益與組織發展目標密切相關而產生強烈的責任感；同時，參與管理為員工提供了一個取得別人重視的機會，從而給人一種成就感，員工因為能夠參與商討與自己有關的問題而受到激勵。參與管理既對個人產生激勵，又為組織目標的實現提供了保證。

參與管理的方式是試圖透過增加組織成員對決策過程的投入，進而影響組織的績效和員工的工作滿意度。

在員工參與管理的過程中有四個關鍵性的因素：

（1）權力，即提供給人們足夠的用以做決策的權力。這樣的權力是多種多樣的，如工作方法、任務分派、客戶服務、員工選拔等。授予員工的權力大小可以有很大的變化，從簡單地讓他們為管理者作出的決策輸入一定的資訊，到員工們集體聯合起來作決策，乃至員工自己作決策。

（2）訊息。資訊對做出有效的決策是至關重要的，組織應該保證必要的資訊能順利地流向參與管理的員工處。

這些資訊包括運作過程和結果中的資料、業務計畫、競爭狀況、工作方法、組織發展的觀念等。

（3）知識和技能。員工參與管理，他們必須具有做出好的決策所要求的知識和技能。

組織應提供訓練和發展計畫，培養和提高員工的知識和技能。

（4）報酬。報酬能有力地吸引員工參與管理。一方面提供給員工內在的報酬，如自我價值與自我實現的情感，另一方面提供給員工外在的報酬，如薪資、晉升等。

在參與管理的過程中，這四個方面的因素必須同時發生作用。如果僅僅授予員工作決策的權力和自主權，他們卻得不到必要的資訊和知識技能，那麼也無法做出好的決策。

如果給予員工權力，同時保證他們獲取足夠的資訊，對他們的知識和技能也進行訓練和提高，但並不將績效結果的改善與報酬聯繫在一起，員工就會失去參與管理的動機與熱情。

員工參與管理能有效地提高生產力，其作用如下：

首先，員工參與管理可以增強組織內的溝通與協調。這樣就透過

將不同的工作或部門整合起來從而提高生產力。

其次，員工參與管理可以提高員工的工作動機，特別是當他們的一些重要的個人需要得到滿足的時候。

再次，員工在參與管理的實踐中提高了能力，使得他們在工作中取得更好的成績。組織上增強員工參與管理的過程，通常包含了對他們的集體解決問題和溝通的能力的訓練。

讓員工有決策的權力

威爾許到奇異後，認為公司管理人員太多，懂管理的人太少，而工人們對自己的工作比老闆清楚得多，經理們最好不要橫加干涉。為此，奇異實行了「全員決策」制度，使那些平時沒有機會互相交流的員工、中層管理人員都能出席決策討論會。

自實行「全員決策制」後，公司的工作在經濟不景氣的情況下仍取得了較大進展。

（1）參與決策的員工會感覺到自己在集體中是受到重視的。他們一旦參與決策，感覺管理者把自己看做集體獲取成功的重要角色，當然就會投入更多精力，增強責任心，為部門或公司創造業績。

（2）參與決策的員工之所以能做好日常決策，能從公司或部門那兒直接獲取準確資訊也是重要因素。不願意與他人分享資訊或不贊同員工參與決策的管理者，通常要嘛是抱怨員工，要嘛就是自身難以做出好的決策。員工要做出有創造力的、好的決策，必須能得到準確的、及時的資訊。

如果管理者能夠及時提供資訊，並且對員工表示出相信他們有能力做得很好，他們往往會做出有效決策。

（3）參與決策的員工會把做出決策當做自己的切身責任。有了這種責任，即便決策實施在後期變得很糟，他們也會竭盡所能來改善它，使其有所轉機。每個有責任心的人都會如此。

員工參與決策，會使企業成功的機會大為增加，即使決策中的某一部分對部門或公司有失遠見或沒有價值，小組的所有成員也會盡心盡力，不讓結果與期望有所偏離。

（4）參與決策的員工將更注意培養自己解決遠景發展方向的能力，而不是譴責當前本企業管理上的某些不合理。以往，員工沒有參與企業決策，經常有這樣的評論：「這又不是我的決定。」「這是誰的聰明主意？」「一百年也無法實行。」這些言論說明了兩點：第一，員工對此決策不滿；第二，決策失誤，決策者對它能否成功本來就沒有把握，使員工有了埋怨對象。

（5）員工參與決策時的精神與動力，在組織內顯得頗為重要。人們若是參與了決策，就會知道自己對公司或部門的成功起著重要作用。而一旦認識到自己的重要性，對工作就會有忘我精神、極大的熱忱和不懈的動力。

（6）參與決策的員工做出的決策，若能對工作有很強的推動力，管理者就有了閒暇致力於部門的發展問題。

諸如怎樣使公司或部門進一步發展壯大，取得更卓越的成績，這類關於公司遠景發展方向的問題，管理者也可放心讓員工處理。這樣，管理者將會有時間去研究顧客的需求與不滿正發生什麼樣的變化。有了這些新資訊，企業管理者也可組織一下討論：隨著顧客需求的變換，市場將會出現什麼轉變？另外，管理者也將有充裕的時間考慮有關改善工作程序和工作方法等方面的問題。

讓員工有當家做主的資格

主人翁精神對於一個企業的競爭力來講是非常重要的。如果每一個人都有主人翁精神，都把公司內部的事當做自己的事來做，公司無形當中會形成很大的競爭力。因為大家會把所有可能的成本降低，還可以把一個人的潛能大幅度地提高。主人翁精神不僅僅是個人「素養」的問題，還是一切企業組織持續發展的動力。所以，管理者應該激發員工的主人翁精神，使他們敢於當家做主。

主人翁精神是員工在工作中一種切實的體會，這種切實的體會使他們迸發出巨大的工作幹勁和奉獻熱情。

作為企業的管理者應該明白，企業不只是屬於某個人，它是由企業的所有成員共同組成的。既然我們每個人，從管理者到最底層的員工在組織中所充當的角色都是為社會提供產品或服務，並從中獲取收益，那麼企業中的每個人都是運用生產資料創造物質財富的主人。

此時的頭銜就不是人們理解的權力的界定，而是職業與職責的描述及員工自尊心體現的地方。

現在，在許多日本的企業內，已經廢除了許多管理者的頭銜。例如，IBM與ABC軟體企業合辦的一家公司，從1992年6月起廢除了營業系統、管理各部門的部長、副部長、管理者這些管理職務頭銜，形成了全企業約250人的對等組織。其目的是廢除金字塔形組織的上下序列，培養員工以自己的責任為中心來完成工作的「職業」意識。

在現代社會裡，精明的管理者會主動用願景和事業培養員工的主人翁精神。他們知道，主人翁精神並不是只說把自己當成企業的主人這麼簡單，而是要以一種與企業血肉相連、心靈相通、命運相繫的感

覺做好每一件事情、面對每一個客戶，在每一個成功或者失敗的經驗裡面滲透出企業以及個人共同的精神氣質。

如何在企業內部培育這種精神呢？

這就需要管理者從下面四點入手來採取行動。

（1）總的政策由管理者來制定，詳細的程序由員工來決定，給能人一定的許可權和自由，特別是在目標的制定階段；

（2）鼓勵員工換位思考，培養一種人人都是「管理者」的感覺，鼓勵大家發表意見；

（3）經營各種看似瑣碎的小事讓員工切實感覺到自己是「自豪的主人」；

（4）培養企業的「家庭觀念」，把企業變成「溫暖的大家庭」，員工則自然而然地成為家庭的成員、企業的主人翁。

企業員工的主人翁精神是企業長遠發展的動力。當管理者通過願景和事業激發起手下那些員工的主人翁精神時，他們才會以身作則（在處理日常工作的事務中才敢於當家做主），進而激發廣大員工的主人翁精神，大家眾志成城，共同推動企業的長遠發展。

讓「棋子」自己走

現代管理提倡「以人為本」的管理思想，但「以人為本」看重的是企業裡每個員工的創造性，強調企業和員工之間的互動性。在「以人為本」的管理文化中，管理者和執行者之間是互為彼此的「互動式」管理關係，而不是一種對立的關係。管理者不會把員工當做沒有思想的執行武器，不會只賦予他們被動地執行指令的角色，而會給員工更多參與機會，讓其主動去判斷、思考、策劃，並尊重每個人和承

認他們每個人的成就，以此來最大限度地調動員工的積極性。

　　讓員工參與企業管理，首選就是讓員工參與企業決策。一旦員工參與決策，參與企業規則的制定，員工就會感受到自己是一個重要的人，所要遵守的是自己參與制定的規則，這樣員工在工作中就會自動維護企業的規則，肯定不會去破壞自己制定的規則。

　　而且，在執行決策過程中，因為已經對決策有了深刻的瞭解，就能夠最大限度地節省資源，避免浪費，高效地執行。

　　對於管理者來說，不但得到了最具實用性的資訊，而且不必花費什麼精力就能夠和員工之間建立起更融洽的關係。所以，讓員工參與到企業管理中去，是達成企業和諧的根本所在。

　　通常，我們把員工參與的管理方式形象地稱之為「讓棋子自己走」，認為這種方式比傳統的管理方式更能收集員工的意見和建議，更能發掘人才，也更能得到對企業決策有價值的資訊。因為員工是管理者決策的最終執行者，對於管理者決策方案的制訂也最有發言權。

　　讓員工在制定一項新的決策時參與討論，表達自己的想法，並不會使管理者喪失掉權威，反而會使他們得到更多的尊敬和愛戴。因為當管理者把員工當做是一個有頭腦的、重要的合作夥伴來對待時，員工們就會感受到被尊重，也就會在心底深處將管理者看做是能夠瞭解他們心聲的人。管理者在認真聽取員工意見的過程中，還能夠得到一些更具實用性的、由員工在實際工作中總結出來的經驗，這樣做出的決策會更好。

　　員工參與了決策的制定，就會對決策有深入的瞭解，不會產生理解錯誤。在執行決策方案時也會表現出更大的熱情和信心，使方案執行得更徹底、更順利。

讓員工參與管理與決策，可以使員工有更多的機會關心和參與企業的管理及決策，使員工個人目標同企業目標相聯繫，增強員工的責任感和工作積極性，加強員工之間的團結，增強整個企業的凝聚力。

員工參與管理四方案

讓員工參與管理，最主要的幾種形式有分享決策權、代表參與、品質團隊和員工股份所有制方案。

1. 分享決策權

是指下級在很大程度上分享其直接監管者的決策權。管理者與下級分享決策權的原因是，當工作變得越來越複雜時他們常常無法瞭解員工所做的一切，所以選擇了最瞭解的人來參與決策，其結果可能是更完善的決策。各個部門的員工在工作過程中相互依賴的增強，也促進員工需要與其他部門的人共同商議。這就需要透過團隊、委員會和集體會議來解決共同影響他們的問題。共同參與決策還可以增加對決策的承諾，如果員工參與了決策的過程，那麼在決策的實施過程中他們就更不容易反對這項決策。

2. 代表參與

是指工人不是直接參與決策，而是一部分工人的代表進行參與，西方大多數國家都通過立法的形式要求公司實行代表參與。代表參與的目的是在組織內重新分配權力，把勞工放在與資方、股東的利益更為平等的地位上。代表參與常用的兩種形式是工作委員會和董事會代表工作委員把員工和管理層聯繫起來，任命或選舉出一些員工，當管理部門作出重大決策時必須與之商討。董事會代表是指進入董事會並代表員工利益的員工代表。

3. 品質團隊

是指一線員工和監督者組成的共同承擔責任的一個工作群體。他們定期會面，通常一週一次，討論技術問題，探討問題的原因，提出解決問題的建議以及實施解決措施。他們承擔著解決品質問題的責任，對工作進行回饋並對回饋作出評價，但管理層一般保留建議方案實施與否的最終決定權。員工並不一定具有分析和解決品質問題的能力，因此，品質團隊還包含了為參與的員工進行品質測定與分析的策略和技巧、群體溝通的技巧等方面的培訓。

4. 員工股份所有制

方案是指員工擁有所在公司的一定數額的股份，使員工一方面將自己的利益與公司的利益聯繫在一起，一方面員工在心理上體驗做主人翁的感受。員工股份所有制方案能夠提高員工工作的滿意度，提高工作激勵水準。員工除了具有公司的股份，還需要定期告知公司的經營狀況並擁有對公司的經營施加影響的機會。當具備了這些條件後，員工會對工作更加滿意。

員工參與管理的方式，在一定程度上提高了員工的工作滿意度，提高了生產力。因此，參與管理在西方國家得到了廣泛的應用，並且其具體形式也不斷推陳出新。

但是，參與管理並非適用任何一種情況。在要求迅速作出決策的情況下，管理者還是應該有適當的權力集中，而且，參與管理要求員工具有實際的解決管理問題的技能，這對於員工來說並不是都能做到的。

Part 14

決策：運籌帷幄的遠見卓識

迅速做出一個正確決定往往關乎企業生死。

——傑克・威爾許（美國）

決策是管理的心臟，管理是由一系列決策組成的，管理就是決策。

——赫伯特・西蒙（美國）

正確的決策來自眾人的智慧。

——戴伊（美國）

儒佛爾定律：有效預測是決策的前提

提出者：法國未來學家儒佛爾。

內容精解：進行有效的預測是做出英明決策的前提。沒有之前的預測，就不會有決策時的輕鬆和自由。強調了預測活動的重要性。

應用要訣：管理的關鍵在於決策，而決策的前提是預測。在環境日益複雜多變的情況下，如何科學地預測，進而合理地做出決策，已成為當今管理人員必須具備的能力。只有綜觀全域、預見未來，才能運籌帷幄，立於不敗之地。

胸懷全域，遠見出卓識

古往今來，善戰者、善治國者莫不以大局為重、為要、為上、為本。為兵者，集中優勢兵力進行對全域有決定性意義的戰役，從而贏得戰略上的主動；為政者，善於從整體出發，從長遠計量，抓住具有決定性意義的一著，全力以圖之，遂使整個局面大為改觀。

管子說：「一曰長目，二曰飛耳，三曰樹明。明知千里之外，隱微之中。」意思是第一要看得遠，第二要聽得遠，第三是做到明察千里之外的情況和隱微之中的深情。這就是說，成功的決策者既要高瞻遠矚又要明察秋毫，也就是胸懷全域。三國時期的諸葛亮就是這樣一個人。

諸葛亮是漢司隸校尉諸葛豐後裔。父親諸葛瑾早亡，諸葛亮與其弟諸葛均跟隨叔父諸葛玄遷居南陽。諸葛玄去世後，諸葛亮便在南陽隆中建一草廬，躬耕田畝。當時劉備求賢若渴，帶著關羽、張飛兩人三顧茅廬，才得與諸葛亮相見。劉備對諸葛亮說：「今漢室傾危，奸臣當道，皇上蒙塵，備自不量力，欲復興漢室。只為自己智術短淺，迄無所成。然我志猶未已，今得遇先生，望乞賜教。」諸葛亮答道：「自董卓專權以來，群雄並起，四方擾攘。曹操與袁紹相比，雖名微力寡，可曹操終究會將袁紹打敗，轉弱為強，這雖說依賴於天時，也取決於人謀。今曹操已擁兵百萬之眾，且挾天子以令諸侯，此人不可與其爭鋒。孫權據有江東，已歷三世，國險民附，賢能之士樂於為其效命，國力穩固，不可輕圖，只可與其結盟，以作外援。荊州北據漢沔，東連吳會，西通巴蜀，自古以來即是用武之地，而其地未有得主，此乃天賜將軍之良機，未知將軍可有意否？再則益州乃是險塞之地，沃野千里，向來稱為天府之國，高祖得此地而成帝王之業。今劉璋暗弱，張魯在北，雖民殷國富，卻不知存恤，草野智士，渴得明君。將軍是帝室之胄，思賢之心若渴，廣招天下英雄，信義四海皆聞。若得荊益兩地，據險自守，西和諸戎，南撫夷越，外結孫權，內修政理，靜觀天下之變，即可命一上將，率荊州之軍向宛洛進發，將軍自領益州兵馬去向秦川，天下百姓都會簞食壺漿，歡迎將軍。若這樣做，霸業必成，漢室將興也。」

　　諸葛亮身處茅廬，卻胸懷天下，將當時的形勢分析得清清楚楚。這一番宏論，令劉備茅塞頓開，連連稱善。

　　遠見出卓識，但是遠見來之不易。籠統地說，遠見是一切領導者的必備素質，也是保證用權的持續與延伸的一種先決條件，它要求領

導者必須將個體與群體、情感與理智、經驗與理論、形象與抽象、常規與非常規、科學與常識、靜態與動態、橫向與縱向、定性與定量、回饋與超前、單向與全方面、系統與辯證等許多個方面結合起來進行綜合性思考。簡單地說，遠見和卓識來自於領導者所具備的高思想意識水準，善於分析和綜合來自各個方面的資訊，能夠周全而準確地做出判斷和決定，能夠制定出克敵制勝的計畫和戰略。

遠見卓識要求領導者在用權的過程中要從大局出發，既要突出重點，又要兼顧其他各個方面的考慮；不僅要看到眼前的實際情況，而且還要以一種變化的觀點去思考和探討情勢的變化，具有辯證的眼光，然後對自己所要從事的工作做出一個周密而詳細的計畫，再付諸於實踐。這樣，領導者才能從根本上把握住用權的關鍵，克敵制勝，使己方立於不敗之地。

深謀遠慮，站得高望得遠

領導者必須有遠見，必須向前看。領導關於未來方向的看法，建立在控制著人們的個人價值觀和思想的基礎之上。一種遠見並不是一系列的目標，而是一系列的雄心壯志，它們一度被藏在心底，現在要使它們發揮出來，創造一種巨大的內在的推動力，使人們朝著某個方面去工作。

隨著時代的進步、科技的發展，人與人之間的關係、事與事之間的關係，彼此越來越複雜。怎樣將各種關係調理得清清楚楚並適當地駕馭它，這就離不開謀略。科學越發達，謀略的法門越神奇玄妙。能夠就事論事，就理論理，就事辦事，就理從理；能夠正確計畫，妥當處置，這也不失為有見識、有作為的人。

深事深謀、淺事淺謀，大事大謀、小事小謀，遠事遠謀、近事近謀，都要具備深遠的策略和高明的見識。計謀貴在高人一籌，策略貴在高人一招。能看到別人不能看到的，能謀劃別人不能謀劃的，能思慮別人不能思慮的，能推測別人不能推測的，這才稱得上遠謀大略。

　　優秀的領導者具有戰略思維。戰略思維又稱全域性思維，它是洞察全域、思考全域、謀劃全域、指導全域、配合全域的思考能力和工作能力。

　　領導者不僅要像一個高明的戰術家一樣去完成每一件事情，更應該以一個戰略家的姿態未卜先知，搶佔制高點，從而在新的變化面前從容不迫。領導者的戰略觀，是指領導者對管理活動進行全域的分析判斷後而做出的籌畫和指導。它要求領導者從整體、長遠和根本上去觀察問題。對於領導者來說，戰略觀是建立在以下三個層面上的：

　　一是具有全域性。全域是由各個局部有機結合而成的，這種有機的結合就產生了整體大於部分之和。領導者重視全域，從全域出發來思考問題和做出決策是很有必要的。

　　二是具有長期性。戰略是一個在較長時間內起作用的謀劃和對策。正確的戰略是根據管理活動發展變化的趨勢而制訂的，在趨勢發生根本逆轉之前，不應該隨意更改。領導者的戰略立足點是現在，而著眼點是未來。

　　三是具有相對性和層次性。由於全面和局部的劃分是相對的，因此局部應該服從全域，低層次的戰略應該不違背高層次的戰略要求。

　　重視戰略問題，樹立戰略觀念，不能只靠領導者的直覺來做出管理的決策，因為這樣做帶有很大的盲目性。對於領導者來說，決策失誤會造成無法彌補的巨大損失。只有通觀全域，長遠考慮，研究規

律，才稱得上是成功的領導者。

「不畏浮雲遮望眼，只緣身在最高層。」領導者需要站得高、望得遠，要善於掌握事物的發展規律，按照事物的連續性和因果性的聯繫預見它的發展趨勢。而且事物是多變的，要根據其時間、地點不同以及整體利益與局部各利益的差異來做出戰略決策。

運籌帷幄才能旗開得勝

在做任何事之前，你都要面對選擇和判斷。人生就是在不斷的選擇和判斷中度過的，如果你選擇對了道路，那麼你的人生可能會一帆風順、飛黃騰達；如果你判斷失誤而入了歧途，那麼你這一生可能就只能與噩夢相伴。選擇和判斷，對於你的人生就是這麼重要。

如何才能做好選擇和判斷呢？特別是在這個「資訊爆炸」的時代，各種各樣的道路、方向、方式、經歷、指導放在你的面前，經常讓人不知所措。只有選擇好了，判斷好了，才會有好的結果。所以，在眾多資訊中抽出適合自己的資訊，這個環節就顯得非常重要。如何才能眾裡尋他一下命中呢？這就需要極強的預測能力。在商業這個極具機遇性的行業裡，預測能力尤為重要。往往一個不起眼的資訊，就能給你極大的靈感，抓住了這個商機你就可能一夜暴富。所以，有效的預測對於一個競爭者來說，是最重要的能力。

市場變化多端，資訊浩渺如洋，如何從這資訊的汪洋大海中撈出屬於自己的商機？只有靠預測！一個成功的企業家能從繁複的資訊中預測出未來市場的走向，並馬上將其轉化為決策的行動。資訊有價值，只要你利用得好，轉眼間就能變成大把的鈔票。競爭者在做決策前，都要對市場的形勢做一下評估和預測，運籌帷幄才能旗開得勝。

如果對市場的一切都不熟悉，不提前做出一個精確的預測就妄下決定，那麼你肯定會在商戰中死得很慘。商場如戰場，競爭的殘酷性讓決策者在關鍵時刻一步也不能走錯。

精明的預測是成功決策的前提。一個企業要發展，要提高經濟效益，決策者就必須對國內外經濟態勢和市場要求有所瞭解，對生產流通有關的各個環節非常熟悉，掌握各方面的最新最可靠的資訊，找出有利於企業發展的資訊加以利用，這樣才能使企業時刻走在時代的前沿，跟得上時代的發展。

在這個競爭如此激烈瞬息萬變的市場中，決策者必須要有敏銳的眼光，做到審時度勢，這樣才能在企業之林中立於不敗之地。

與之類似，諸葛亮火燒赤壁靠的是什麼？靠的就是預測。一個智囊、軍師、元帥靠的不是勇是智，這智就是預測，就是判斷。

當然，預測也離不開知識和經驗，預測是在知識、經驗的基礎上做出來的。決策又是在預測的基礎上做出來的。所以，競爭者不能沒有知識、沒有經驗，更不能沒有預測能力。

對自己的未來、對形勢的發展、對市場的變化，都要有先見之明，這才能成為一個容易勝算的競爭者。沒有有效的預測就不會有英明的決策，這個道理放在哪裡都受用。

練就一雙穿越時空的慧眼

明天是未知的深淵，但對於明天我們不是手足無措，我們可以預知未來。因為這世界存在著規律和趨勢，未來是在現在基礎上的發展，所以它不可能是脫離現在而存在，在今天的身上能看到明天的影子。對於未來我們不是一無所知，我們可以透過預測略知一二，但這

種預測能力不是每個人都有的。只有不斷的學習、總結、觀察、實踐，才能練就一雙穿越時空的慧眼。

知識是一切行動的基石，你有了知識才能真正地瞭解和參與這個世界。沒有知識，就談不上審時度勢、預測未來。

如果你想提高自己的預測能力，首先必須要具備那個行業所要求的基礎知識。有了專業的知識，你才能真正瞭解這個行業的內情，才能知道行業大體的走勢。當然，光有基礎知識是不行的，你還得時常地關注各種資訊，比如時政、金融、科技、民生、娛樂等各方面相關的資訊你都要知道一些，不然你就會跟不上時代的發展，錯過一些好的商機。

其次，你要時刻關注各方面與行業相關的資訊。有了知識和資訊還不夠，你還得知道怎麼利用這些。這就需要你多看一些行業成功人士的傳記、語錄和歷史人物的傳記等，從他們的人生中總結經驗教訓，擇其優而學，並不在同一個錯誤上跌倒。被證明是錯誤的事情，就沒必要再去經歷一次，只做對的就好。

再次，就是要學會如何總結經驗教訓，學習他人的優點，避免以前發生的錯誤。平時還要多觀察行業市場的動態，政策的變動，經濟發展的趨勢，總之要多看多聽多想。

最後，還有一個非常重要的方面就是要具備長遠的思想，從一件事情看到它背後可能發生的第二、三、四件事情。只顧眼前是沒有出路的，要想在商業叢林中站穩腳跟，必須具備走一步看五步、看十步的能力。所以，如果你現在還只是個做一天和尚撞一天鐘的工作態度，那麼要想提高預測能力就必須先得把這態度改了，做每一件事情都要想到這之後的結果，這樣久了你就會擁有不錯的預測力了。

總之，想要提高自己的預測力，平時做事的時候就要多想、多思考。商界成功人士大多有這樣的共識：一個成功的企業家、一個成功的領導者，每天至多只用20％的時間處理日常事物，而另外80％的時間則用來思考企業的未來。

　　競爭者要生存，要具有市場競爭力，應付瞬息萬變的市場競爭，就必須能夠進行科學的預測，並在此基礎上做出正確的判斷和假設，採取有利的戰略行動計畫，否則企業就會在競爭中貽誤商機，難逃失敗的命運。

　　科學的預測可以帶來巨大的財富，也可以帶來順利的人生，所以提高自己的預測能力是非常有必要的。從今天起，補充知識、關注資訊、總結經驗、思考未來吧！

布利丹效應：果斷是決策的心臟

來源：西方諺語

內容精解：14世紀，法國經院哲學家布利丹在一次議論自由問題時講了這樣一個寓言故事：「一頭飢餓至極的毛驢站在兩捆完全相同的草料中間，可是牠始終猶豫不決，不知道應該先吃哪一捆才好，結果活活被餓死了。」由這個寓言故事形成的成語「布利丹驢」，被人們用來喻指那些優柔寡斷的人。後來，人們常把決策中猶豫不決、難做決定的現象稱為「布利丹效應」。

應用要訣：決策者要避免布利丹效應的對策，果斷選擇後全力以赴。果斷地抓住時機，確定新的行進方向，集中所有資源不遺餘力地向新方向進發，這是一位優秀決策者應有的前瞻性能力。

優柔寡斷會功敗垂成

那些成功人士，他們的成功得益於在機遇面前有果敢決斷和雷厲風行的魄力。他們有時難免犯錯，但是，比那些在機遇面前猶豫不決的人能力強得多，因而他們成功的機會也大得多。因為不敢決斷而失去成功機遇的事例在我國古代歷史上層出不窮，比如韓信就是一例。

楚漢相爭的時候，作為第三者的韓信實力最大，他完全能左右楚漢的勝敗之局。辯士蒯通便對韓信說：「當今楚、漢二王的命運在你

的手中，你投靠漢，漢就會勝利；投靠楚，楚就會勝利。我願對你推心置腹，貢獻計謀，對你有極大的好處。眼下，你佔據齊國的地盤，如果你從燕趙兩地空虛的地方出擊，就可以控制楚漢的後方。此時，你滿足人民的希望、人民的要求，天下自能聞風而起，都來回應你。順者則昌，逆者則亡，機遇來了不去把握，自己反而會遭禍殃。希望你慎重考慮！」

依時局，韓信的勢力足以有稱霸的資本，但他對此猶豫不決。幾天後蒯通又勸諫說：「計謀大事在於時機，錯過了時機而能永久處於安穩的地位，少見。在機遇面前要迅速做出決斷。猶豫不決，是事業的大害。只看到小小的計謀，卻失去了天下的大局面，已看清楚了卻不敢去做，是百事的禍害。猛虎的猶豫，還不如蜂蠆的致螫；駿馬局促不前，還不如駑馬的安步。雖然有舜禹的智慧，默默不言，還不如聾啞人的手勢指點。

「唉！功勞難成，卻容易毀敗；時機難得，卻容易失去。時機呀，時機！不會再來了，但願你細緻考慮吧！」然而韓信仍然在猶豫，他不能下決心背叛劉邦，最後終被劉邦殺害。

如果韓信當時聽從了蒯通的勸告，鼎足而立，再招攬天下的賢人哲士，收服天下民心，漢室江山就會易主了。韓信的悲劇在於他對機遇沒有充分的認識能力，更沒有決斷和駕馭機遇的能力。兵家常說：「用兵之害，猶豫最大也。」猶豫不決、當斷不斷的禍害，不僅僅表現於打仗方面，在現代的商業戰略上又何嘗不是如此呢？商戰之中，機不可失，時不再來，如果猶豫不決、當斷不斷，那麼你在商場上只會一敗塗地，無立身之處。因此，斬釘截鐵，堅決果斷，已成當代企業家的成功祕訣之一。

當機立斷，果斷拍板

一個企業面臨無數次的危機和轉折，隨之有無數的決策產生。無論決策如何，在這樣一個瞬息萬變的時代裡找尋一個恰當的突破口至關重要，而尋找突破口最重要的就是選擇恰當的時機和對象。

經營有一個機遇問題，在這個問題上強調一點勇敢是必要的，凡是看中了的就要果斷行動。

拿破崙也有類似的說法：「無論從事何事，2/3應預先計畫，1/3由機會決定。加重前者是懦怯，過於依靠後者屬魯莽。」以上是軍事上的說法，我們討論經營，舉一個經營者的話作說明。土光敏夫是日本經營大師，他也講了與上述的同樣意思的話：「一味追求完善，那就會坐失良機。」「即使只能得60分，也要速辦速決，決斷就是要不失時機。該決定時不決定，是最大失策。」

企業的管理者在工作中要擔起重要決策的職能，而成功的決策往往與時機緊密聯繫在一起。管理者要善於在實踐中發現機遇、尋找機遇、把握機遇，同時，也要善於發揮聰明才智當機立斷，果斷拍板，確保決策的及時、有效和準確。只有大膽抓住時機，及時予以決斷，才能使決策贏得優勢，取得成功。掌握不好時機，當斷不斷，徘徊觀望，猶豫不決，或不當斷時匆忙去斷，都會造成決策失誤。可以說，掌握良好時機，有助於管理者運籌帷幄、決勝千里。

提高管理者的決斷能力，要運用把握決策時機的領導藝術。時機是在領導活動中隨時間而變化的機遇、機會、契機、轉機等。時機的特點在於變，但這種變是有規律可循的。高明的管理者把握時機的藝術是能審時度勢，發現時機，分析時機，尋找可乘之機，敏捷地抓住

時機，快人半拍地把事情完成，形成先發優勢，占得發展的先機。高明管理者的時機藝術還表現為善於抓住時機的變化，以變制變。能夠觀察到競爭對手錯失的機會，乘虛而入，使形勢朝著有利於自己的方向轉化，雖不是先發優勢，但由於能夠尋找出超越的時機，往往能夠形成後發優勢。決策的時機不可失，緊緊抓住決策時機當斷則斷，是管理者的職務責任。

能夠多謀善斷就是管理者必須善於和勇於不失時機地選定決策方案，迅速實施。謀而不斷是決策之大忌。即使是最好的方案，如果久拖不決、時過境遷就會失去可行性和可靠性。因此，管理者必須具備當機立斷的魄力。一個管理者如果具有乾脆俐落的作風，還可以激勵下屬充滿信心和熱情去實施決策。

快刀斬亂麻，該出手時就出手

現代企業要求決策具有一定的效率，因為只有這樣才能適應瞬息萬變的市場競爭。決策時的猶豫不決，有意或無意的拖延常會降低決策的效率。在猶豫不決時，領導者首先要找出拖延的主要原因，才能對症下藥，著手改進。

一個想做大事的人，必須要具有果斷的勇氣。領導者帶領團隊如同將軍帶兵打仗，在一場你死我活的兩軍對陣戰爭中，主將只有精通戰術、果斷堅毅，才能沉著應戰，凱旋而歸。

在一個懦夫和猶豫不決者的眼裡，任何事情看上去都是不可能會成功的。決策方式對一個領導者成敗影響也是非常大的，一個人不管做什麼事都應該當機立斷。

曾有這樣一個故事：古希臘的佛里幾亞國王葛第士以非常奇妙的

方法在戰車的軛上打了一串結。他預言：誰能打開這個結，就可以征服亞洲。一直到西元前334年，還沒有一個人能夠成功地將麻繩打開。

這時，亞歷山大率軍侵入小亞細亞，他來到繩結前面，不加考慮便拔劍砍斷了繩結。後來，他果然一舉佔領了比希臘大50倍的波斯帝國。

亞歷山大果斷的劍砍繩結，說明他捨棄了傳統的思維方式，正是因為他果斷的行動打破了傳統，所以才能成為一個成功者。果斷處理事情，是一個人成功的基礎。

自古魚與熊掌不可兼得，領導者做事要當機立斷，不可太過於貪圖眼前一時的得失，世間的機會往往都是稍縱即逝。在生活中我們會遇到很多機會。該出手時就出手！如果看準了方向就要當機立斷，不可太貪圖眼前。

作為一名領導者，面對各種各樣的選擇是不可避免的，特別是在變化和節奏都相對要快得多的資訊行業，更是如此。當我們面對一些難以取捨的問題時，慎重考慮當然是必要的，但是不能因此而猶豫不決。因為一個人的精力和才智是有限的，猶豫徘徊、患得患失，那麼最後的結果將是浪費掉那應該屬於自己的機遇與成功。

當然，凡一切事情謀而後定，應該多做思考，思前顧後，所謂「謀定而後動」。但是，過多的猶豫往往坐失良機，亦是敗事之有餘也，實在應該引以為鑑。我們要果斷地做出決定，就應該把果斷與機智相應的結合起來，這樣才能成就一番事業。

智者千慮，兩利相權從其重

美國著名管理學家西蒙說：「管理就是決策。」領導管理工作離

不開決策，決策的好壞直接影響著企業的成敗。決策是企業經營管理成功的關鍵要素之一。

當前，有不少管理者在選擇經營專案時，與小驢的心理有著驚人地相似。他們為尋找專案整天忙忙碌碌，四處奔波，終於找到了一個專案，然而在論證是否採納其專案時，因追求「萬全之策」、追求「最優方案」，最後不得不將到手的專案放棄，坐失良機。創業時選擇項目固然重要，但不能因其重要而過分謹慎。市場經濟充滿了風險性、偶然性與不確定性，任何專案都有利弊，且前途未卜，智者千慮也有一失，一個決策的高手只能「兩利相衡從其重，兩害相權從其輕」。

西點軍校認為，軍事決策的基本原則是權衡利弊，趨利避害。指出軍事領導者只有在尊重客觀事實的基礎上，充分地發揮人的能動作用，準確把握對敵鬥爭利與害兩個方面，趨利避害，抓住時機，揚長制勝，才能做出科學、正確的軍事決策。強調正確的軍事決策正是在認清利害、權衡利弊的基礎上做出的，企業經營決策要做到科學、正確，也必須把握權衡利弊、趨利避害這一基本原則。這是企業經營立於不敗之地的關鍵。

企業經營決策中對利害的把握和軍事決策一樣，也要求決策者在全面認識利害之後，要善於「兩利相權從其重，兩害相衡趨其輕」。這是決策者權衡利弊的一個準則。據日本的有關統計，在想從事發明的人們中，每1萬人中只有1人有發明的具體成品，而1000個有發明成品的只有不到100人能申請專利，這100件專利被用於事業的還不到10件。據此，日本松下公司制訂了不發明只改進的經營策略，實踐證明他們是成功的。放棄自我發明新產品而直接向國外購買實用的專利

權，加以外型的重新設計、品質改良和成本的降低，使產品價廉物美更具競爭力。不發明只改進的策略，有效地克服了開發新產品耗費龐大、不易成功且成功產品壽命短的困難。

由此可以看出，領導者切不可利無輕重、害無大小，凡利皆趨、凡害皆避，這樣有時會因小失大，得不償失。美國派克公司開發、爭奪低檔筆的失誤，就很好的說明了這一點。

本來，派克筆屬高檔產品，人們購買派克筆不僅是為了買一種書寫工具，更主要的是買一種形象，以此表明自己的身份。

1982年，派克公司新任總經理彼得森上任後，不是把主要精力放在改進派克筆的款式和品質、鞏固發展已有的高檔產品市場上，而是盲目熱衷於轉軌和經營每支售價在3美元以下的鋼筆，以爭奪低檔筆這一大市場。這樣，派克筆作為「鋼筆之王」的形象和聲譽受到了損害，而克羅斯公司趁機大舉進軍高檔筆市場。結果沒過多久，派克公司不僅沒有順利地打入低檔鋼筆市場，反而使高檔筆市場的佔有率下降到17％，銷量只及克羅斯公司的50％。派克公司的決策失誤，正在於以開發低檔筆的「小利」而損害了經營高檔筆的「大利」，教訓是深刻的。

企業領導者必須認清，在決策過程中選擇固然重要，但不能因其重要而過分謹慎。在充滿風險性與不確定性的社會中，做出兩全其美決策的可能性幾乎為零。一個決策高手只能在險中求穩，劣中求優，或「兩利相衡從其重、兩害相權從其輕」。不能優柔寡斷，舉棋不定。

福克蘭定律：有效的決策才算是決策

提出者：法國管理學家福克蘭。

內容精解：當不知如何行動時，最好的行動就是不採取任何行動。沒有必要做出決定時，就有必要不做決定。

應用要訣：對於決策者來說，正確的決策非常重要。如果沒有準確的預見，遇事又手忙腳亂，就很可能做出錯誤的決定。決策時要廣開言路，圍繞決策內容尋找各種可能的解決方案，選擇最優方案實施並隨時完善，才能提高決策的精確度。

決策要善於聽取各方聲音

在企業管理過程中，很多決策是經由上司向下屬發佈的，但決策的過程必須號召下屬參與進來，提供更多解決方案。所謂「智者千慮，必有一失」，即便決策者經驗再豐富、頭腦再靈活、考慮再周到，都難免有「馬失前蹄」的時候。這時候，號召下屬站在各自立場提出不同的意見，然後融會貫通、橫向比較，進行決策，不僅可以提高決策的科學性和決策效率，而且可以促使下屬更加擁護和執行決策。

某店的店長為樹立自己的權威推行了多種制度革新，修正了門店的各種規章制度，但並未向員工徵求意見。員工曾向他提出了多種合

理化建議，但他全未採納。

結果，新的管理制度實行後大多店員都無所適從。而且店長太獨斷專行，平時的各種決策基本上都是他「一錘定音」，不考慮其他人的意見，雖然他很有魄力，但是失誤率也很高。

這個案例中的店長獨斷專行，不聽取店員的各種建議，完全憑藉個人情緒和意志進行決策，結果造成了店員對決策結果的無所適從。其實個人的認識總是有局限的，博采眾人之長方可成事。

因此，企業的管理者在進行決策時，尤其是制定公司規章制度時，一定要多聽取員工的意見。同時要廣開言路，圍繞決策內容尋找各種可能的解決方案，然後在可供選擇的方案中進行利弊比較，選擇最優方案實施。這樣做出來的決策，才能「得民心，順民意」，才能得到員工的擁護，企業才能更好地發展。

只有掌聲的決策不是好決策

一個管理者，如果不考慮可供選擇的各種方案，他的思想就是閉塞的。卓有成效的決策者往往不求意見的一致，而是十分喜歡聽取不同的意見。因為有效的決策絕非是一片歡呼聲中做出來的，只有透過對立觀點的交鋒、不同看法的對話，以及從各種不同的判斷標準中做出一種選擇以後，管理者才能做出有效的決策。

前哈佛商學院教授、目前擔任決策顧問的約翰‧漢蒙建議，在尋求別人的意見或是參考資料之前自己先想清楚問題，以免受影響。同樣的，如果你是主管，在下屬提出意見之前儘量少開口，以免影響他們的判斷。

每個人看待事情都有特定的角度或是思考模式，這就是認知架

構。每一個人都是依據不同的特定觀點看待這世界，因此，每一個人看到的都是部分的事實，不是全部。但是，遺憾的是我們很少意識到這點，我們常常忘記自己其實也是限制在某個框架裡，誤以為自己掌握所有的事實。

要知道，做決策時對於問題所採取的不同認知架構會產生不同的結果。決策的有效性並不取決於「意見一致」，而是建立在不同觀點的衝突、協商上，和對不同判斷的選擇基礎上的。

作為企業的管理者，要時刻銘記這樣的道理，擁有了獨斷權的同時就擁有了最大的決策錯誤的機會。當大家意見取得一致時，得出的結論卻往往適合最差的人。「一致同意」、「一致支持」是對領導決策虛幻的認同，是決策的最大陷阱。有效的爭論對於組織本身來說具有許多積極意義。當人們敢於提出不同意見並為之爭論時，組織本身就變得更加健康。意見分歧會讓人們對不同的選擇進行更加深入的研究，並得出更好地決定和方向。著名作家彼得・布勞克指出：如果你不願參與機構中的政治與爭論，你永遠也無法在工作中實現對你來說重要的事情。

如何做出最佳決策

既然成功決策的時機選擇如此重要，那麼，作為管理者該如何捕捉決策時機呢？以下幾點是需要注意的：

首先，要看大氣候環境。

這裡指的是國際、國內、本地的政治、經濟、科技、文化等形勢動態。重大事件影響、新的政策實施、法規制度公佈，是這種氣候的具體表現，這個大氣候是我們決策的客觀依據。充分利用大氣候這個

良好的環境條件，積極發展自己就能獲得成功。

其次，要看自身條件優勢。

大氣候有利，還要從自身的實際出發抓住本地的優勢。這個優勢主要是指地理環境、物質特產、土地資源，以及人們的精神狀態、社會秩序、人才技術、水電交通、資金等。管理者要抓住自己的優勢特點，果斷決策。否則，會坐失良機。優勢也是在不斷變化的。現在的優勢不抓住，將來就會變成劣勢。

再次，看對方弱點。

人類社會是在競爭中發展的。在戰爭中，避其鋒芒、抓住弱點，可克敵制勝。在經濟競爭中要取得勝利，不僅要充分發揮自己的優勢，還要抓住對方的薄弱環節突然襲擊，取得主動權，奪得勝利。美國克萊斯勒公司是美國三大汽車公司之一，在1979年世界石油危機時處於絕境，但新任董事長艾科卡抓住市場缺油弱點，大膽進行產品換型決策，生產節油的K型車大受消費者歡迎。虧損三年後便轉為盈利，僅1982年就獲利1.7億美元，1983年就還清315億美元貸款。

第四，要看苗頭趨勢。

事物發展往往由萌芽到弱小，由弱小到強大。我們應在新生事物剛剛出現苗頭的時候當機立斷。號稱股票之王的華倫·巴菲特靠證券交易而逐漸發展累積了44億美元財產，成了美國第八大富翁。他的經驗歸納為：尋求被市場低估了價值的股票，毫不猶豫地買下它，再等待股價上升。被「低估了的股票」是一種假象，勢必要上升，在處於萌芽苗頭，巴菲特慧眼識貨抓住了它，發了大財。高明的管理者在別人狂熱時卻尋找冷門，當別人醒悟時，他已把事情完成了。

最後，則是看風險程度。

捕捉決策時機時要充分估計到風險程度。要把效益值與損失值綜合起來考慮，既不要單純看效益值盲目行動，也不要單純看損失值而畏縮不前，兩者要最佳地結合在一起。在決策時要留有餘地，保留一定的彈性，把風險降到最低。

隨時追蹤並完善決策

追蹤完善決策，是企業決策者在初始決策的基礎上對已從事的活動的決策方向、目標、方針及方案的重新調整。如果在原決策執行過程中已經發現了錯誤，管理者卻拒絕進行任何修改，依舊一意孤行地執行下去，必然會直接危及到決策目標的達成，導致原決策徹底失敗。因此，追蹤決策對於任何決策來說都是相當重要的環節。

對決策進行完善修改，是在原有方案的執行過程中情況發生了重大變化，致使原有決策面臨失敗或者失效的危險的情形下展開。因此，完善決策的分析過程首先是從回溯分析開始。回溯分析是對原來決策的產生機制、內容、環境進行客觀、冷靜的思索，分析產生失誤的原因、性質及程度，從而為制定有效的對策提供依據。回溯分析必須以充分的事實為依據，應注重原有決策事實，而不是去追究原有決策的個人責任。當然，回溯分析本身也包含尋找原有計劃中的合理因素，為制定新的決策計畫提供參考和依據。

一般的決策是從頭開始，即以「零」為起點，因為通常決策選擇的方案尚未付諸實施，客觀對象與環境尚未受到決策的干擾與影響。追蹤決策則不同，它並不是以原決策的起點為起點，而是以已經發生了變化的主客觀條件為起點。它所面臨的問題，已經不是問題的初始狀態。因為原有決策已經執行了或長或短的一段時間，這種執行不僅

伴隨著人力、財力、物力和資源的消耗，而且這樣消耗的結果已經對周圍環境產生了實際影響。原決策執行的時間越久、執行的面越廣，影響就越大，偏離的目標就越遠。

追蹤決策不是對原有決策的簡單改變或重複，而是對原有決策的「揚棄」，只有比原決策更加完善和圓滿，才能體現其意義所在。其次，追蹤決策也意味著要在多個替代方案中比較選優，必須是新的備選方案中的優化方案。在主客觀情況發生了變化的情形下，在諸多新的方案中選擇出一個最優方案，從而獲取最佳效益。有時候，追蹤決策只能從小損或大損中選擇，盡可能獲得更多的收益。

對決策的完善修改要有強烈的超前意識。這就要提高管理者的洞察力，準確地預測事物發展變化的趨勢，深刻地認識事物發展的未來走向，切實把握事物發展的規律性，這是做好決策和追蹤決策的基本功。同時，要有多種預備方案。在擬定工作方案時要力爭全面，除了必須實施的方案外，還要持有多種預備方案，不是留一手，而是力爭多留幾手，以應付不測情況的發生。情況一旦發生變化，可以按預定方案迅速轉移目標，按照新方案重新實施。追蹤決策最主要的是「兩害相權取其輕」。欲思其成，必慮其敗。慮敗，才能在意外情況出現之時沉著冷靜、遇事不慌、敗而不亂，為轉敗為勝創造契機。

奧卡姆剃刀定律：複雜的問題可以簡單化

提出者：14世紀歐洲邏輯學家、聖方濟各會修士奧卡姆的威廉。

內容精解：如無必要，勿增實體，即「簡單有效原理」。正如《箴言書注》2卷15題所說的：「切勿浪費較多東西去做，用較少的東西，同樣可以做好的事情。」

應用要訣：不做任何多餘的事。在人們做過的事情中，可能大部分都是無意義的，而常隱藏在繁雜事物中的一小部分才是有意義的。所以，複雜的事情往往可藉由最簡單的途徑來解決，做事要找到關鍵。簡言之，把煩瑣累贅一刀砍掉，讓事情保持簡單！

最好的方法最簡單

根據奧卡姆剃刀定律，對任何事物準確的解釋通常是那種「最簡單的」，而不是那種「最複雜的」。這就像音響沒有聲音，人們總是會先看看是不是電源沒有接好，而不會馬上就將音響拆開檢查線路。

奧卡姆剃刀定律在企業管理中可進一步深化為簡單與複雜定律：把事情變複雜很簡單，把事情變簡單很複雜。這個定律要求人們在處理事情時，要把握事情的本質，解決最根本的問題。尤其要順應自然，不要把事情人為地複雜化，這樣才能把事情處理好。

如果管理者認為只有焦頭爛額、忙得要死，才能取得工作上的成

功，那就大錯特錯。事情會朝著複雜的方向發展，而效率則來源於簡單。不要被複雜的事務干擾，忽略了真正有效的東西。真正有效的方法，往往是最簡單的。

傑克·威爾許的管理思想中有一條非常著名的論斷，那就是「成功屬於精簡敏捷的組織」。他認為企業不必複雜化，對他來說，使事情保持簡單是商業活動的要旨之一。他說，他的目標是：「將我們在奇異所做的一切事情、所製造的一切東西『去複雜化』。」

奧卡姆剃刀原理，向我們傳遞「簡單與高效」的法則、理念和意識。愛因斯坦說：「如果你不能改變舊有的思維方式，你也就不能改變自己當前的生活狀況。」

當管理者用奧卡姆剃刀改變思維時會驚奇地發現：工作與管理不再是煩瑣而雜亂，簡單才是最美，也最容易獲得高效。

化繁為簡是一種大智慧

近幾年，隨著人們認識水準的不斷提高，「精簡機構」、「刪繁就簡」等種種追求簡單化的觀念，在整個社會不斷深入和普及。根據奧卡姆剃刀定律，這正是一種大智慧的體現。

如今科技日新月異，社會分工越來越精細，管理組織越來越完善化、體系化和制度化，隨之而來的還有不容忽視的機械化和官僚化。於是，繁文縟節便不斷滋生。可是，國內外的競爭都在日趨激烈，無論是企業還是個人，快與慢已經決定其生死。如同在競技場上賽跑，穿著水泥做的靴子卻想跑贏比賽，肯定是不可能的。因此，我們別無選擇，只有脫掉水泥靴子，比別人更快、更有效率，領先一步，才能生存。換而言之，就是凡事要簡單化。

很多人會問：「簡單能為我們帶來什麼呢？」看了下面的例子，我們自然就會明白。

博恩・崔西是美國著名的激勵和行銷大師，他曾與一家大型公司合作過。該公司設定了一個目標：在推出新產品的第一年裡實現100萬件的銷售量。該公司最優秀的行銷精英們開了8個小時的群策會後，得出了幾十種實現100萬件銷售量的不同方案。每一種方案的複雜程度都不同。這時，博恩・崔西建議他們在這個問題上應用奧卡姆剃刀原理。

他說：「為什麼你們只想著透過這麼多不同的管道，向這麼多不同的客戶銷售數目不等的新產品，卻不選擇經由一次交易向一家大公司或買主銷售100萬件新產品呢？」

當時整個房間內鴉雀無聲，有些人看著博恩・崔西的表情就像在看一個瘋子。然後有一名管理人員開口說話了：「我知道一家公司。這種產品可以成為他們送給客戶非常好的禮物或獎勵，而他們有幾百萬客戶。」

最後，根據這一想法，他們得到了一筆100萬件產品的訂單。他們的目標實現了。

可見，不論你正面臨什麼問題或困難都應當思考這樣一個問題：「什麼是解決這個問題或實現這個目標的最簡單、最直接的方法？」你可能會發現一個簡便的方法，為你實現同一目標節約大量的時間和金錢。記住蘇格拉底的話：「任何問題最可能的解決辦法是步驟最少的辦法。」正如奧卡姆剃刀定律所闡釋的，我們不需要人為地把事情複雜化，要保持事情的簡單性，這樣我們才能更快更有效率地將事情處理好。

與此相關的，還有一個非常有趣的故事：

日本最大的化妝品公司收到客戶抱怨，買來的肥皂盒裡面是空的。於是他們為了預防生產線再次發生這樣的事情，工程師想盡辦法發明了一臺X光監視器，去透視每一盒出貨的肥皂盒。同樣的問題也發生在另一家小公司，而他們的解決方法是買一臺強力工業用電扇去吹每個肥皂盒，被吹走的便是沒放肥皂的空盒。

面對同樣的問題，兩家公司採用的是兩種截然不同的辦法。無論從經濟成本方面還是資源消耗角度，第二種方案的優勢不言而喻。

所以，在現實生活中，當遇到問題時我們要勇敢地拿起「奧卡姆剃刀」，把複雜事情簡單化，以選擇最智慧的解決方案。

簡單不是盲目作為

有人曾經請教馬克‧吐溫：「演說詞是長篇大論好呢，還是短小精悍好？」他沒有正面回答，只講了一件親身感受的事：「有個禮拜天，我到教堂去，適逢一位傳教士在那裡用令人動容的語言講述非洲傳教士的苦難生活。當他講了5分鐘後，我馬上決定對這件有意義的事捐助50元；他接著講了10分鐘，此時我就決定將捐款減到25元；最後，當他講了一個小時後，拿起缽子向聽眾請求捐款時，我已經厭煩之極，一分錢也沒有捐。」

在上面馬克‧吐溫的例子中我們發現，他用自身的實際經歷向求教者說明：短小精悍的語言，其效果事半功倍，而冗長空泛的語言不僅於事無益，反而有礙。

事實上，不僅語言如此，現實生活亦同樣如此。這就要求我們要學會簡化，剔除不必要的生活內容。這種簡化的過程如同冬天給植物

剪枝，把繁盛的枝葉剪去，植物才能更好地生長。每個園丁都知道不進行這樣的修剪，來年花園裡的植物就不能枝繁葉茂。每個心理學家都知道，如果生活匆忙凌亂，為毫無裨益的工作所累，一個人很難充分認識自我。

為了發現你的天性，亦需要簡化生活，這樣才能有時間考慮什麼對你才是重要的。否則，就會損害你的部分天資——而且極有可能是最重要的一部分。

那麼，我們如何來實現這種簡化呢？很簡單，就是重新審視你所做的一切事情和所擁有的一切東西，然後運用奧卡姆剃刀，捨棄不必要的生活內容。

也許你認為奧卡姆剃刀只放在天才的身邊，但其實它無處不在，只待人們把它拿起。當我們絞盡腦汁為一些問題煩惱時，試著摒棄那些複雜的想法，也許會立刻看到簡單的解決方法。人生的任何問題都可運用奧卡姆剃刀。奧卡姆剃刀是最公平的刀，無論科學家還是普通人，誰能有勇氣拿起它，誰就是成功的人。

越複雜越容易拼湊，越簡單就越難設計。在服裝界有「簡潔女王」之稱的簡・桑德說：「加上一個扣子或設計一套粉色的裙子是簡單的，因為這一目了然。但是，對簡約主義來說，品質需要從內部來體現。」她認為，簡單不僅僅是擯除多餘的部分，避免喧囂的色彩和繁瑣的花紋，更重要的是體現清純、質樸、毫不造作。

需要注意的是，這裡所謂的「簡單」，是在對事物的規律有深刻的認識和把握之後的去粗取精、去偽存真。

正如一個雕刻家，能把一塊不規則的石頭變成栩栩如生的人物雕像。如果你抓不住重點、找不到要害，不知道什麼最能體現內在品

質，運用剃刀的結果只能是將不該刪除的刪除了。

所以，在我們使用奧卡姆剃刀時要將其用在恰當的位置上，而不是盲目亂刪。

用好「奧卡姆剃刀」

有些事你得多花費一些時間，有些事你稍微處理就行，有些事你根本就不用操心。簡單就是力量，花一定的時間化繁為簡可以節省更多的時間。

如果你有兩個原理，它們都能解釋觀測到的事實，那麼你應該使用簡單的那個，直到發現更多的證據。如果你有兩個類似的解決方案，選擇最簡單的、需要最少假設的解釋是最有可能正確的。

這就是奧卡姆剃刀定律的精髓所在。

很多成功而偉大的科學家，如哥白尼、牛頓、愛因斯坦等，都是先使用這把鋒利的「奧卡姆剃刀」把最複雜的事情化為最簡單的定論，然後才踏上通往天才的輝煌之道。

「奧卡姆剃刀」是最公平的刀，無論科學家還是普通人，誰都能有勇氣拿起它。經過數百年的歲月之後，奧卡姆剃刀已被歷史磨得越來越快，它早已超越了原來狹窄的領域，成為我們人生道路上的真理。

簡單是一種適當而必要的生活狀態，簡單出英雄、簡單出實效，把複雜的事情簡單化。世界比我們想像的要簡單，不要總是人為地給它添累贅，簡單才是最高境界。

我們每一個人都會遇見複雜的問題，解決問題的時候要複雜問題簡單化，運用奧卡姆剃刀定律來提高辦事效率。

霍布森法則：懂得選擇，學會放棄

提出者：英國劍橋商人霍布森。

內容精解：1631年，英國劍橋商人霍布森從事馬匹生意。他承諾：凡是買或租我的馬的，只要開個價就可以在馬圈中任意挑選，但必須是能牽出圈門的馬，牽不出去的不行。很顯然，這是一個圈套，因為馬圈的門很小，大馬、肥馬、好馬根本就出不去，只有那些小馬、瘦馬才出得去。「霍布森選擇」其實就等於告訴顧客不能挑選。後來，管理學家西蒙把這種沒有選擇餘地的所謂「選擇」譏諷為霍布森選擇法則。

應用要訣：沒有選擇不好，但太多選擇也不好。要對面前的機會進行篩選，去掉不符合條件的選擇。要懂得選擇，學會放棄；善於決斷，果斷選擇。

你的選擇，你的人生

每個人都有選擇的自由，你選擇了什麼樣的人生道路，決定了你享有什麼樣的人生。有的人可以永遠做自己生活的主人，有的卻永遠地成了自己生活的奴隸。希望、絕望，可愛、可恨，積極、消極，自信、自卑……這所有的一切，都統統歸結於你自己的選擇。

成功也是可以選擇的，關鍵在於你是否有一個明確而切實的目

標。

　　尤爾加在底特律生活了一段時間以後搬到了紐奧良。他在底特律時只是一個鉛管匠，努力了好多年也沒有發展起自己的事業，原因是缺乏資金。剛搬到紐奧良的時候，他帶著老婆、三個孩子和120美元，那是他全部的家當和資產。搬來後的第一天，他找了八家鉛管公司，可是沒有人願意雇用他，那些人只是告訴他人手已經夠了。

　　無奈，第二天他跳上了一輛公共汽車，走過了一條長長的、繁忙的大街。那條街上有幾家速食店，他記下了窗戶上張貼徵聘店員廣告的店名。走到路盡頭時，他跳上了另一輛返回家的車，一路上去了四家速食店，可是都沒有找到工作。最後，總算第五家的經理對他有點興趣。他向那個經理保證，他工作勤奮，而且做人誠實。那個經理告訴他薪水相當低，但他告訴經理待遇不成問題，他會為顧客提供一流的服務。

　　他的工作一直都做得很努力，結果在六個星期之內他成了那家速食店的營業部經理。在那期間，他結識了不少顧客，根據他們的要求他改善了服務品質，提高了工作效率。九個月後，這家速食店的老闆把他叫到了辦公室。原來這個老闆除了經營餐飲業之外，還有別的投資項目，尤其是在房地產方面也經營得不錯。這個老闆看他的能力很強，也很敬業，就想派他去一座有90戶的大廈當助理經理。

　　他當時就愣住了，然後告訴老闆他只當過鉛管匠，對管理大廈一無所知。老闆笑著對他說：「我查過你在速食店的記錄，利潤增加了83%。管理大廈與管理速食店的道理是一樣的——樂於助人、推行計畫和委派。我想你一定能讓大廈保持客滿，準時收到房租，而且保養良好。」

結果他接受了那個工作——薪資是他在速食店時的三倍，還有一間漂亮的公寓。兩年後，他已經升為了高級經理，不久以後，他就有足夠的錢來開創他自己的事業——創辦一家大規模的鉛管企業。

尤爾加選擇了一份很少人願意去做的工作，但他最終成就了自己的事業。

所以，人的一生從哪裡開始並不重要，重要的是你知道自己是要到哪裡去。即使你選擇了最不起眼的工作，如果你能讓自己的目標明確起來，那你麼就能在平凡的崗位上為不平凡的事業做出充分的準備，就能為自己的事業打下堅實的基礎，實現自己的夢想，成為一個成功的人。

沒有餘地的選擇，等於沒選擇

從前有位商人欠了一位高利貸債主一筆鉅款。那個又老又醜的債主看上商人青春美麗的女兒，便要求商人用女兒來抵債。商人和女兒聽到這個提議都十分恐慌，狡猾偽善的高利貸債主故作仁慈，建議這件事聽從上天安排。

高利貸債主說，他將在空錢袋裡放入一顆黑石子和一顆白石子，然後讓商人女兒伸手摸出其一。如果她拿到黑石子，她就要成為他的妻子，商人的債務也不用還了；如果她揀中的是白石子，她不但可以回到父親身邊，債務也一筆勾銷。但是，假如她拒絕探手一試，她父親就要入獄。雖然不情願，商人的女兒還是答應試一試。當時，他們正在花園中鋪滿石子的小徑上，協議之後，高利貸的債主隨即彎腰拾起兩顆小石子放入袋中。

敏銳的少女突然察覺：兩顆小石子竟然全是黑的！但她一言不

發，冷靜地伸手探入袋中，漫不經心似的，眼睛看著別處，摸出一顆石子。突然，手一鬆，石子便順勢滾落路上的石子堆裡，分辨不出是哪一顆了。「噢！看我笨手笨腳的，」女孩呼道：「不過，沒關係，現在只需看看袋子裡剩下的這顆石子是什麼顏色，就可以知道我剛才選的那一顆是黑是白了。」

到此，我們都知道袋子剩下的石子一定是黑的。惡債主既然不能承認自己的詭詐，也就只好承認她選中的是白石子。

對於個人來說，如果陷入「霍布森選擇效應」的困境，就不可能發揮自己的創造性。因為任何好與壞、優與劣都是在對比選擇中產生的，只有擬定出一定數量和品質的方案對比選擇、判斷，才有可能做到合理。

一個人在進行判斷、決策的時候，必須在多種可供選擇的方案中研究、決定取捨。倘若只有一個方案就無法對比，也就難以辨認其優劣。因此，沒有選擇餘地的選擇，就等於無法判斷，等於扼殺創造。

何時二選一，何時三選一

魚和熊掌不能兼得時，選擇吃魚，那麼就不能吃熊掌，這就是選擇的機會成本。

與之類似，在陽光明媚的午後，你好不容易處理完公司的業務報告，喝杯下午茶休息一下時，來點甜點怎麼樣，蛋糕還是巧克力薄餅？

「蛋糕還是巧克力薄餅」類似於「魚與熊掌」，這種選擇實際上也是一種機會成本的考慮。如果你喜歡吃蛋糕，但你也喜歡吃巧克力薄餅，在兩者之間選擇，接受蛋糕的機會成本是放棄巧克力薄餅。吃

蛋糕的收益是5，那麼吃巧克力薄餅的收益是10。這樣，吃蛋糕的經濟利潤是負的，所以選擇吃巧克力薄餅而放棄蛋糕。

值得注意的是，有些機會成本是可以用貨幣進行衡量的。比如，要在某塊土地上發展養殖業，在建立養兔場還是養雞場之間進行選擇，由於二者只能選擇其一，如果選擇養兔就不能養雞，那麼養兔的機會成本就是放棄養雞的收益。在這種情況下，人們可以根據對市場的預期大體計算出機會成本的數額，從而做出選擇。有些機會成本是無法用貨幣來衡量的，它們涉及人們的情感、觀念等。

機會成本廣泛存在於生活當中。一個有著多種興趣的人在上大學時，會面臨選擇專業的難題；辛苦了五天，到了假日，是出去郊遊還是在家看電視劇；面對同一時間的面試機會，選擇了一家公司就不能去另一家公司……對於個人而言，機會成本往往是我們做出一項決策時所放棄的東西，而且常常比我們預想中的還多。

人生面臨的選擇何其多，人們無時無刻不在進行選擇。比如，是繼續工作還是先去吃飯；是在這家商店買衣服還是在那家商店買衣服；是買紅色的衣服還是黃色的衣服；心中有個祕密是告訴朋友還是不告訴朋友……這些選擇在生活中很常見，不過似乎並不重大，所以大家輕鬆地做出了選擇，也不會慎重考慮。

機會成本越高，選擇越困難，因為在心底，我們不願放棄任何有益的選擇。但是，我們有時必須「二選一」，有時必須「三選一」，在這時機會成本的考量顯得尤為重要。

放棄換取更多收穫

上帝在關上一扇窗的時候，會打開另一扇窗或者打開一扇門。所

以，不要害怕失去，失去的同時你可能會得到更多。

在選擇中要懂得放棄，只有放棄了錯誤才能走向正確。比爾‧蓋茲曾說過：「人生是一場大火，我們每個人唯一可做的，就是從這場大火中多搶一點東西出來。」在火中搶東西，沒有多少時間供我們考慮，只可能挑最重要的拿，而放棄那些相比之下次要的東西。

我們不可能每個機會都去嘗試，也不可能每個領域都獲得成功。放棄自己不擅長的，放棄沒有結果的嘗試，放棄過多的欲望，放棄錯誤的堅持，這樣才能成為真正的贏家。

松下幸之助，就是一位敢於放棄、懂得適時放棄的精明人。他領導松下集團走過了風風雨雨，創下了一個又一個商業奇蹟。1950年代，很多世界性的大公司都紛紛投入到大型電子電腦的研發和生產中，以為這種高新科技會帶來新的收益奇蹟。松下通信工業公司也不例外地投入其中。可是1964年，在松下已經花費了5年時間、投入了高達10億日圓的研究開發資金，研發很快要進入最後階段的時候，松下公司突然決定全盤放棄，不再做大型電子電腦。這是松下幸之助的決定。他考慮到大型電腦的市場競爭太激烈，如果一招不慎，很可能使整個公司陷入危機。到那時再撤退，可能為時已晚。還是趁沒有陷入泥潭前，先拔出腳為好。結果，事實證明松下幸之助的決定是完全正確的。之後的市場正是像松下預測的那樣，許多世界性的公司也陸續放棄了大型電腦的生產。

松下幸之助的成功，當然與他非凡的預測力是分不開的，但是更重要的是他懂得適時放棄。做決策靠的就是果斷，知道這條路是錯的，就立即掉轉頭到正確的路上去，不要為過去的付出斤斤計較。在錯誤的路上走得越遠，只能失去得更多。

Part 15

訊息：掌控資訊就掌控一切

掌握資訊越多或越新的人，就越能支配他人。

——美國俗語

一個成功的決策，等於90％的資訊加上10％的直覺。

——S·M·沃爾森（美國）

對對手和我們周圍世界的情報瞭解，這是制定全部政策的基石。

——鮑德溫（英國）

沃爾森法則：得資訊者得天下

提出者：美國企業家沃爾森。

內容精解：資訊與情報是金錢的使者，你能得到多少往往取決於你能知道多少。得資訊者得天下。把資訊和情報放在第一位，金錢就會滾滾而來。

應用要訣：要在變幻莫測的市場競爭中立於不敗之地，你就必須準確快速地獲悉各種情報：市場有什麼新動向？競爭對手有什麼新舉措？等等。在獲得了這些情報後，果敢迅速地採取行動，這樣不成功都難。

搏擊商海，訊息制勝

美國南北戰爭時期，市場上豬肉價格非常高。商人亞默爾觀察這種現象很久了，他透過自己收集的資訊認定，這種現象不會持續太久。因為只要戰爭停止，豬肉的價格就一定會降下來。從此，他更加關注戰事的發展，準備抓住重要資訊大賺一筆。一天，他在報紙上看到了這樣一個資訊：李將軍的大本營出現了缺少食物的現象。經過分析他認為，戰爭快要結束了，戰爭結束就說明他發財的機會來了。亞默爾立刻與東部的市場簽訂了一個大膽的銷售合約，將自己的豬肉低價銷售，不過可能要遲幾天交貨。按照當時的行情，他的豬肉價格實

在是太便宜了。銷售商們沒有放過這一機會，都積極進貨。不出亞默爾的預料，不久後戰爭果然就結束了。市場上的豬肉價格一下子就跌了下來。在這次行動中，他共賺了100多萬美元！

在知識經濟時代，要在變幻莫測的市場競爭中立於不敗之地，你就必須準確快速地獲悉各種情報：市場有什麼新動向？競爭對手有什麼新舉措？在獲得了這些情報後，果敢迅速地採取行動，這樣你不成功都難。資訊與情報的商業價值在於，它們直接影響到企業的命運，是企業成功的關鍵因素。

市場競爭的優勝者往往就是那些處於資訊前沿的人。在同樣的條件下，獲取資訊更快更多的人就會優先搶得商機。有人說市場經濟就是資訊經濟，其精髓就在於此。從某種意義上說，關注資訊就是關注金錢，資訊已經成為一種不可忽視的資源，在商海中搏擊學會收集資訊，才能抓住有效資訊從而成為贏家。

資訊與情報給企業帶來巨大利益的同時，也給許多企業敲響了警鐘：資訊既能帶來滾滾財富，資訊的外洩也會讓企業遭到致命的打擊。

沃爾森認為，具備了一流的人才與技術只說明企業具備了生產一流產品的能力，這種能力如果沒有靈活、高效、及時地把握市場前沿資訊的資訊系統作為保障，也會化為烏有。同時，沃爾森認為，資訊與情報關乎企業的方方面面，企業不但要注重內部資訊，而且更要重視外部資訊；不但注意搜集、把握資訊，而且要做好資訊保密工作。

從紛繁的現象中提取有效資訊

隨著網路的普及，我們正走入資訊經濟時代，但有幾個人能像亞

默爾那樣找到對自己有效的資訊？如今，人們追求的已經不是資訊的全面，而是資訊的有效。越來越多的資訊充斥著電腦螢幕，人們絕不可能困在對全面資訊的無限追求中，那將浪費過多的時間和成本。只要能收取到對市場影響最本質的有效資訊，就足夠了。有則「九方皋相馬」的故事，或許能給我們以啟示。

秦穆公對伯樂說：「你的年紀大了，你能給我推薦相馬的人嗎？」伯樂說：「我有個朋友叫九方皋，這個人對於馬的識別能力不在我之下，請您召見他。」穆公召見了九方皋，派他去尋找千里馬。三個月以後九方皋返回，報告說：「已經找到了，在沙丘那個地方。」穆公問：「是什麼樣的馬？」九方皋回答說：「是黃色的母馬。」

穆公派人去取馬，卻是純黑色的公馬。穆公很不高興，召見伯樂，對他說：「你推薦的人連馬的顏色和雌雄都不能識別，又怎麼能識別千里馬呢？」伯樂長歎一聲，說：「九方皋所看見的是內在的素質，發現馬的精髓而忽略其他方面，注意力在馬的內在而忽略馬的外表，關注他所應該關注的，不去注意他所不該注意的，像九方皋這樣的相馬方法，是比千里馬還要珍貴的。」馬取來了，果然是千里馬。

這則故事就是成語「牝牡驪黃」的出處，說明只有透過現象看本質，才能提取有效資訊，才能發現真正有價值的東西。在生活中面對同樣的資訊，不同的人可能做出不同的解讀，從而做出不同的決策，這種差別來源於對有效資訊的提取不同。

我們生活在資訊社會中，要提升自己提取有效資訊的能力。有句話說得好，「世界上從來不缺少美，而是缺少發現美的眼睛」，運用到經濟生活中也是同樣的道理——生活對大家都是平等的，也從來不

缺少成功機會，我們需要有一雙敏銳的慧眼，發掘有效資訊。

博弈能否勝算，資訊說了算

資訊對於博弈的重要性怎麼強調都不為過。

以前有個做古董生意的人，他發現一個人用珍貴的茶碟做貓食碗，於是假裝很喜愛這隻貓，要從主人手裡買下。古董商出了很高的價錢買了貓。之後，古董商裝作不在意地說：「這個碟子它已經用慣了，就一塊兒送給我吧。」貓主人回說：「你知道用這個碟子，我已經賣出多少隻貓了？」

古董商萬萬沒想到，貓主人不但知道而且利用了他「認為對方不知道」的錯誤大賺了一筆。由於資訊的寡劣所造成的劣勢，幾乎是每個人都要面臨的困境。誰都不是先知先覺，那麼怎麼辦？為了避免這樣的困境，我們應該在行動之前，盡可能掌握有關資訊。知識、經驗等，都是你將來用得著的「資訊庫」。

有了資訊，行動就不會盲目，這一點不僅在投資領域成立，在商業爭鬥、軍事戰爭、政治角逐中也一樣有效。

《孫子兵法》云：「知己知彼，百戰不殆。」這說明掌握足夠的資訊對戰鬥的好處是很大的。在生活的「遊戲」中，掌握更多的資訊一般是會有好處的。比如，你要戀愛，你得明白他（她）有何所好，然後才能對症下藥、投其所好，才不至於吃閉門羹。你猜拳行令，如果你知道對方將出什麼，那你絕對能贏。

資訊是否完全會給博弈帶來不同的結果，有一個劫機事件的例子可以說明。假定劫機者的目的是為了逃走，政府有兩種可能的類型：人道型和非人道型。人道政府出於對人道的考慮，為了解救人質，同

意放走劫機者；非人道政府在任何時候總是選擇把飛機擊落。如果是完全資訊，非人道政府統治下將不會有劫機者（這與現實是相符的。在漢武帝時期，法令規定對劫人質者一律格殺勿論。有一次一個劫匪綁架了小公主，武帝依然下令將劫匪射殺，公主也死於非命，但此後其國內一直不再有劫人質者），人道政府統治下將會有劫機者。但是，如果想劫機的人不知道政府的類型，那麼他仍然有可能劫機。所以，一個國家要防止犯罪的發生，僅有嚴厲的刑罰是不夠的，還要讓人民瞭解那些刑罰（進行普法教育），因為不知道會面臨刑罰，就不會用那些規則來約束自己的行為。

有史以來，人們從來沒有像現在這樣深刻地意識到資訊對於生活的重要影響，資訊實際上就是你博弈的籌碼，我們並不一定知道未來將會面對什麼問題，但是你掌握的資訊越多，正確決策的可能就越大。在人生博弈的平臺上，你掌握的資訊的優劣和多寡，決定了你的勝算。

時刻保持對資訊的敏感

獲取資訊的能力是需要培養的，下面的遊戲是一個很好的選擇。

遊戲說明：

參與人數：5人一組；時間：15分鐘；場地：教室；材料：短文。

遊戲的步驟：

1.從報紙或雜誌上摘取一篇文章。注意選擇的文章不要很熱門，要保證大家都不熟悉。

2.將參與遊戲的人分成5人一組，並按順序編號。

3.請每組的1號留在房間裡，其他人先出去。

4.把摘取的文章念給各組的1號聽，但是不允許做記號或者提問。

5.接下來分別請每組的2號進來，讓1號把聽到的內容告訴2號，2號也不許做記錄和提問。以此類推，直到5號接收到資訊為止。

6.最後，請每組的5號複述他們聽到的文章的內容。

遊戲建議：

我們都知道資訊在傳遞的過程中會失真，即使一段簡單的話，經過幾個人的傳遞也會變樣。這不僅因為在聽的過程中漏掉了資訊，更因為每個人在傳遞資訊時都不自覺地加入了自己的理解，使得資訊越來越偏離它本來的意思。做這個遊戲的時候，要注意以下幾點內容：

1.注意聆聽和溝通，以免漏掉有用資訊，這樣才能將正確、準確的資訊傳遞下去。

2.造成資訊失真的原因有很多，主觀因素有本人的記憶力、理解力和表達能力；客觀因素有當時的環境和傳遞者對傳遞內容的熟悉程度。

3.提高聽力的有效方法有很多，如做筆記、默記故事的關鍵字，最有效的就是記下故事裡的邏輯關係，這樣無論文章多長、關係多複雜，都不會影響我們獲取有用的資訊。

遊戲延伸：

上面這個遊戲主要是培訓我們收集資訊的能力。現代商業競爭越來越激烈，及時、準確地掌握資訊對贏得競爭十分重要。資訊就是資歷，資訊就是競爭力，資訊就是利潤。一個人如果能及時掌握準確而又全面的資訊，就等於掌握了競爭的主動權。如何有效掌握資訊呢？那就要求我們對資訊要敏感。

日本德斯特自動販賣機公司董事長古川久好，在12年前曾是一

家公司的小職員，平時為老闆做一些文書工作，跑跑腿，整理整理報刊材料。這份工作很辛苦，薪水又不高，他時刻琢磨著想個辦法賺大錢。

有一天，古川久好從報紙上看到這樣一條介紹美國商店情況的專題報導，其中有一段提到了自動販賣機，上面寫道：「現在美國各地都大量採用自動販賣機來銷售貨品。這種販賣機不需要雇人看守，一天24小時可隨時供應商品，而且在任何地方都可以營業，為人們帶來了許多方便。可以預料，隨著時代的進步，這種新的售貨方法會越來越普及，必將被廣大的商業企業所採用，消費者也會很快地接受這種方式，前途一片光明。」

古川久好開始在這上面動腦筋，他想：「雖然現在自己所處的地區還沒有一家公司經營這個項目，但將來必然會邁入一個自動售貨的時代。這項生意對於沒有什麼本錢的人最合適。我何不趁此機會去鑽這個冷門，經營此新行業？至於販賣機裡的商品，應該搜集一些新奇的東西。」

於是，他就向朋友和親戚借錢購買自動販賣機，共籌到了30萬元，這筆錢對於一個小職員來說可不是一個小數目。他以一臺1.5萬元的價格買下了20臺販賣機，設置在酒吧、劇院、車站等一些公共場所，把一些日用百貨、飲料、酒類、報紙雜誌等放入其中，開始了他的新事業。

古川久好的這一舉措，果然給他帶來了大量的財富。當地人第一次見到公共場所的自動販賣機，感到很新鮮，因為只需往裡投入硬幣，販賣機就會自動打開送出你所需要的東西。一般一臺販賣機只放入一種商品，顧客可按照需要從不同的販賣機裡買到不同的商品，非

常方便。古川久好的自動販賣機第一個月就為他賺了100多萬元。他把每個月賺的錢都投資於自動販賣機上，擴大經營規模。5個月後，古川久好不僅連本帶利還清了借款，而且還淨賺了近2000萬元。

　　一條資訊造就了新一代的富翁，古川久好的成功讓我們清楚地看到：只有保持對資訊的敏感，才能成為一個現代社會中高素養的商人，才能夠在風險十足的商業競爭中抓住更多的機遇，才能在商場博弈中脫穎而出。

　　足見，資訊不僅僅是我們決策的根據，更是我們制勝的關鍵。

前景理論：前景與風險是一對雙胞胎

提出者：諾貝爾經濟學獎獲得者、美國心理學家卡尼曼。

內容精解：包括三個基本原理：一是大多數人在面臨獲得時具備風險規避意識；二是大多數人在面臨損失時具備風險偏愛傾向；三是人們對損失比對獲得更敏感。

應用要訣：人們在面臨獲利時，不願冒風險；而在面臨損失時，人人都成了冒險家。在面臨風險時，要以理性的視角去認識和分析從而做出正確的選擇，做出有價值的冒險，抓住風險中的商機。

得與失背後的風險決策

有個著名的心理學實驗，它讓人們回答：假設你得了一種病，有十萬分之一的可能性會突然死亡。現在有一種吃了以後可以把死亡的可能性降到零的藥，你願意花多少錢來買它呢？或者假定你身體很健康，醫藥公司想找一些人來測試新研製的一種藥品，這種藥用後會使你有十萬分之一的機率突然死亡，那麼醫藥公司起碼要付多少錢你才願意服用這種藥呢？

實驗中，人們在第二種情況下索取的金額要遠遠高於第一種情況下願意支付的金額。我們覺得這並不矛盾，因為正常人都會做出這樣的選擇，但是仔細想想，人們的這種決策實際上是相互矛盾的。第一

種情況下是你在考慮花多少錢消除十萬分之一的死亡率，買回自己的健康；第二種情況是你要求得到多少補償才肯出賣自己的健康，換來十萬分之一的死亡率。兩者都是十萬分之一的死亡率和金錢的權衡，是等價的，客觀上講，人們的回答也應該是沒有區別的。

為什麼兩種情況會給人帶來不同的感覺，做出不同的回答呢？對於絕大多數人來說，失去一件東西時的痛苦程度比得到同樣一件東西所經歷的高興程度要大。

對於一個理性人來說，對「得失」的態度反映了一種理性的悖論。由於人們傾向於對「失」表現出更大的敏感性，往往在做決定時會因為不能及時換位思考而做出錯誤的選擇。

一家商店正在清倉大拍賣，其中一套餐具有8個菜碟、8個湯碗和8個點心碗，共24件，每件都完好無損。另有一套餐具，共40件，其中有24件和前面那套的種類大小完全相同，也完好無損，除此之外，還有8個杯子和8個茶盤，不過其中2個杯子和7個茶盤已經破損了。

第二套餐具比第一套多出了6個好的杯子和1個好的茶盤，但人們願意支付的錢反而少了。

一套餐具的件數再多，即使只有一件破損，人們會認為整套餐具都是次品，理應價廉；件數少但全部完好，就是合格品，當然應當高價。

在生活中，人們由於「有限理性」而對「得失」的判斷屢屢失誤，成了「理性的傻瓜」。

體育場將上演一場由眾多明星參加的演唱會，需要1000元。這是你夢寐以求的演唱會，機會不容錯過，因此很早就買了演唱會的門票。演唱會的晚上，你正興沖沖地準備出門，卻發現門票掉了。要想

參加這場演唱會，必須重新掏一次腰包，那麼你會再買一次門票嗎？假設是另一種情況：同樣是這場演唱會，票價也是1000元，但是你沒有提前買票，打算到了體育場後再買。剛要從家裡出發的時候，你發現1000元弄丟了。這個時候，你還會再花1000元去買這場演唱會的門票嗎？

與在第一種情況下選擇再買演唱會門票的人相比，在第二種情況下選擇仍舊購買演唱會門票的人絕對不會少。同樣是損失了1000元，為什麼大多數人會有截然不同的選擇呢？

對於一個理性人來說，他們的理性是有限的。在他們心裡，對每一枚硬幣並不是一視同仁的，而是視它們來自何方、去往何處而採取不同的態度。這其實是一種非理性的思考。

前景理論告訴我們，在面臨獲得與失去時，一定要以理性的視角去認識和分析風險，從而做出正確選擇。

改變態度，改變風險

前景理論告訴我們：人們對損失和獲得的敏感程度是不同的，損失的痛苦要遠遠大於獲得的快樂。那麼面對風險，你是選擇躲避，還是勇往直前？

還是那個著名的心理學實驗：假設你得了一種病，有萬分之一的可能性（低於美國年均車禍的死亡率）會突然死亡，現在有一種藥吃了以後可以把死亡的可能性降到零，那麼你願意花多少錢來買這種藥呢？

現在請你再想一下，假定你身體很健康，如果說現在醫藥公司想找一些人測試他們新研製的一種藥品，這種藥服用後會使你有萬分之

一的可能性突然死亡，那麼你要求醫藥公司花多少錢來補償你呢？

在實驗中，很多人會說願意出幾百塊錢來買藥，但是即使醫藥公司花幾萬塊錢，他們也不願參加試藥實驗。這其實就是損失規避心理在作怪。得病後治好病是一種相對不敏感的獲得，而本身健康的情況下增加死亡的機率對人們來說卻是難以接受的損失，顯然，人們對損失要求的補償要遠遠高於他們願意為治病所支付的錢。

不過，損失和獲得並不是絕對的。人們在面臨獲得的時候規避風險，而在面臨損失的時候偏愛風險，而損失和獲得又是相對於參照點而言的，改變人們在評價事物時所使用的觀點，可以改變人們對風險的態度。

能否降低風險、戰勝風險，關鍵在於你面對風險的態度。勇於面對，積極尋找解決方案，最終你就能戰勝風險。

走得遠的人是敢冒險的人

人生最大的風險就是永遠不冒險。要冒一把險！做事要有冒險的勇氣，走得最遠的人常是願意去做、願意去冒險的人。

「冒險」這個名詞其實我們是有些避諱的，好像它只是一種盲目行動或孤注一擲。冒險其實從本質上說體現著一種個體性，但這種個體性並不與和諧相衝突。重大的和諧便是持久的個體的和諧，是一種包含了冒險精神的和諧。

從全球富豪榜看，這些富人的一個共同特徵就是天生喜歡冒險，不管是錢還是其他，他們都敢拿去冒險。在任何一個時代、任何一個國家都會有這樣一部分人，他們善於冒險，敢於冒險，樂於冒險。摩洛・路易士就是這部分人中的一個。

摩洛‧路易士的非凡成就來自兩次成功的冒險，一次在20歲，一次在32歲。

19歲時摩洛‧路易士隨家人一起遷到紐約。他在一家廣告公司找到一份差事，每週14美元的薪酬。那時摩洛‧路易士經常跑外勤，工作非常忙碌，成天瘋狂工作。下午6點下班以後，他還到哥倫比亞大學上夜校，主修廣告學。有時候，由於沒完成工作，下課後還會從學校趕回辦公室繼續完成工作，從晚上11點一直工作到第二天凌晨兩點，是經常的現象。

摩洛‧路易士喜歡具有創意的工作，他也確實有這方面的才能。

20歲時，他放棄了廣告公司頗有發展前景的工作，決心自己獨闖一片天地。他開始了人生中的第一次冒險。

他投身於未知的世界，從事創意開發。主要是說服各大百貨公司，使CBS電視公司成為紐約交響樂節目的共同贊助商。當時，這種工作對人們來說是陌生的，很難接受，於是摩洛‧路易士遇到了前所未有的困難。幾乎所有人都認為他不會成功。

摩洛‧路易士卻仍舊信心百倍地進行說服工作。工作有了相當進展：一方面，他的創意很受歡迎，與許多家百貨公司簽成合約；另一方面，他向CBS電臺提出的策劃方案也順利被接受。成功近在咫尺了，最終卻由於合約存在的一些小問題而中途流產。

這並沒使他一蹶不振。就在這件事結束之後不久，一家公司聘請他為紐約辦事處新設銷售業務部門的負責人，薪水相當可觀。於是，摩洛‧路易士在這裡充分發揮自己的潛力，施展了自己的才華。

幾年後，摩洛‧路易士又回到久別的廣告業，擔任承包華納影片公司業務的湯普生智囊公司的副總經理。

當時，電視尚未普及，處於起步階段。但摩洛‧路易士卻看好這個行業的前景，開始他人生中的第二次冒險。由他們公司所提供的多樣化綜藝節目，為CBS公司帶來空前的效益。

摩洛‧路易士的冒險並不是孤注一擲，是看準後才下賭注的。最初兩年，他僅是純義務性地在「街上乾杯」的節目中幫忙，沒想到竟使該節目大受歡迎。從1948年開始到今天整整40多年的時間，它的播映從未間斷過，這是在競爭激烈的電視界內的奇蹟。

摩洛‧路易士的成功在於敢為天下先、敢於冒險，這也是多數人走向成功的一個共同因素。人生本身就是在冒險，你之所以不能成功就是因為你害怕冒險。

企業家＝冒險精神＋領導力＋創新。這是5位諾貝爾經濟學獎得主聯手給企業家精神下的共同定義。可見，冒險精神是一個企業家必須具備的重要特性。如果你不敢採取任何冒險行動，那你就永遠也不會成功。

如果你說不敢冒險的話，那我告訴你，其實，你每天都在冒險。開車上班是一種冒險，游泳是一種冒險，吃生魚是一種冒險，只是由於你對其中的大多數情況習以為常，所以這些冒險沒有引起你的注意而已。

冒險，要冒有價值的風險

有一年，但維爾地區經濟蕭條，不少工廠和商店紛紛倒閉，被迫賤價拋售自己堆積如山的存貨，價錢低到1美元可以買到100雙襪子。

那時，約翰‧甘布士還是一家紡織廠的小技師。他馬上把自己積蓄的錢用於收購低價貨物，人們見到他這股傻勁，都公然嘲笑他是個

蠢材。約翰·甘布士對別人的嘲笑漠然置之，依舊收購各工廠和商店拋售的貨物，並租了很大的貨倉來存貨。

他妻子勸他說，不要買這些別人廉價拋售的東西，因為他們歷年積蓄下來的錢數量有限，而且是準備用做子女學費的。如果此舉血本無歸，那麼後果不堪設想。

對於妻子憂心忡忡的勸告，甘布士安慰她道：「3個月以後，我們就可以靠這些廉價貨物發大財了。」過了十多天，那些工廠即使賤價拋售也找不到買主了，便把所有存貨用車運走燒掉，以此穩定市場上的物價。他妻子看到別人已經在焚燒貨物不由得焦急萬分，抱怨起甘布士。對於妻子的抱怨，甘布士一言不發。

終於，美國政府採取了緊急行動，穩定了但維爾地區的物價，並且大力支持那裡的廠商復業。

這時，但維爾地區因焚燒的貨物過多，存貨欠缺，物價一天天飛漲。約翰·甘布士馬上把自己庫存的大量貨物拋售出去，一來賺了一大筆錢；二來使市場物價得以穩定，不致暴漲不斷。

在他決定拋售貨物時，他妻子又勸告他暫時不忙把貨物出售，因為物價還在一天一天飛漲。他平靜地說：「是拋售的時候了。再拖延一段時間，就會追悔莫及。」果然，甘布士的存貨剛剛售完物價便跌了下來。他的妻子對他的遠見欽佩不已。

後來，甘布士用這筆賺來的錢開設了5家百貨商店，成為全美舉足輕重的商業鉅子。

事實上，冒險具有一定的危險性，抓住機遇也是件很不容易的事情，並不是每個人想做就能做到的事情。正因為如此，冒險才顯得那麼重要，冒險也才有冒險的價值。

Part 16

創新：有超人之想，才有超人之舉

不創新，就滅亡。

——亨利·福特（美國）

創新是唯一的出路，淘汰自己，否則競爭將淘汰我們。

——安迪·葛洛夫（美國）

可持續競爭的唯一優勢來自於超過競爭對手的創新能力。

——詹姆斯·莫爾斯（美國）

毛毛蟲效應：打破常規，破舊立新

提出者：法國昆蟲學家法布林。

內容精解：法布林曾經做過一個著名的實驗：他把許多毛毛蟲放在一個花盆的邊緣上，使其首尾相接圍成一圈，在花盆周圍不遠的地方撒了一些毛毛蟲喜歡吃的鬆葉。毛毛蟲開始一個跟著一個繞著花盆的邊緣一圈一圈地走，一小時過去了，一天過去了，又一天過去了，這些毛毛蟲還是夜以繼日地繞著花盆的邊緣在轉圈。一連走了七天七夜，它們最終因為飢餓和精疲力竭而相繼死去。毛毛蟲習慣於固守原有的本能、習慣、先例和經驗，無法破除尾隨習慣而轉向去覓食。後來，人們把這種喜歡跟著前面的路線走的習慣稱之為「跟隨者」的習慣，把因跟隨而導致失敗的現象稱為「毛毛蟲效應」。

應用要訣：不能盲目因循守舊，墨守成規，一成不變。時代在不斷變化和發展，對於任何問題的解絕不能禁錮於以往的僵化模式，而要不斷地創新和與時俱進，才能適應時代變化以及自身發展的需求。

擺脫頭腦中的思維定勢

我們難逃這種效應的影響。比如，在進行工作、學習和日常生活的過程中，對於那些「輕車熟路」的問題，會下意識地重複一些現成的思考過程和行為方式，因此很容易產生思想上的慣性，也就是不由

自主地依靠既有的經驗、按固定思路去考慮問題，不願意轉個方向、換個角度想問題。

固有的思路和方法具有相對的成熟性和穩定性，有積極的一面。是因為襲用前人的思路和方法，有助於人們進行類比思維，可以縮短和簡化解決的過程，更加順利和便捷地解決某些問題。

與此同時，它的消極影響也不容忽視，那就是容易使人們盲目運用特定經驗和習慣的方法對待一些貌似而神異的問題，結果浪費時間與精力，妨礙問題的解決。而且經年累月地按照一種既定的模式思考問題，不僅容易使人厭倦，更容易阻礙人的創造能力，影響潛能的發揮。

時代在不斷變化和發展，我們也在不斷地成長和發展，對於任何問題的解絕不能禁錮於以往的僵化模式，而要不斷地創新和與時俱進，從而能夠適應時代變化以及自身發展的需求。唯有在工作和生活中有所創造，擺脫自己頭腦中的思維定勢，不再因循前人的足跡，而是另闢一條屬於自己的蹊徑，才能百尺竿頭更進一步。

改變「一條路跑到黑」的思維

生活中，我們常用「一條路跑到黑」來形容那些一根筋或鑽牛角尖的傻瓜。然而，在遇到難題的時候，人們又往往不自覺地成為「一條路跑到黑」的傻瓜。那麼，我們如何在難題面前不當傻瓜呢？先看一看下面這個例子：

加拿大亞伯達省有一名叫斯考吉的高中女生。為了實現自己到25歲會成為百萬富翁的誓言，斯考吉從小就喜歡看比爾·蓋茲的書，並研究《財富》雜誌每年所列全球最富有的100個人。她發現：那些最

富有的100人中，有95%以上的人從小就有發財的欲望，57%的全球巨富在16歲之前就想到了開自己的公司，3%的全球巨富在未成年之前至少做過一樁生意。於是她得出結論：要致富，就必須從小有賺錢的意識。

在賺錢方面，小斯考吉選擇了投資股票。很多投資股票的人，不是盯著電視就是盯著報紙，因為這些媒體都有對股市的直接報導。然而，卓有收穫的小斯考吉並沒有選擇這種直接的途徑，而是根據證券營業部門口的摩托車數量決定該股是拋售還是買進。

例如，她專盯一家鋼鐵企業的股票。當這家企業股票下跌到4美元以下時，某證券營業部門口的摩托車便多起來，過一段時間，股價又漲了回去；當這檔股票漲到8美元左右時，該證券營業部門口的摩托車又會開始多起來，接下去，該股必跌。期間，她經過調查發現，該企業的工人們不願意看到工廠的股票下跌，每次股價太低時，他們就自發地去買進一些股票，從而帶動股價上升；當上升到一定高位後，工人們拋售股票，致使該股下跌。

就這樣，小斯考吉觀察工人們往返證券營業部的摩托車數量的變化，採取拋售或買進的舉措，取得了不小的收穫。

透過這個事例我們可以看出，小斯考吉巧妙利用相關定律，從與股市相關的拋買人群的行動變化下手，反而比那些只知道盯著股市直接報導的媒體的人們更有收效。

與此類似，我們在日常生活中遇到很多棘手的問題，這些問題往往讓人不知如何處理。於是，有的人在困難面前駐足不前，絞盡腦汁也想不出什麼好方法；而有的人轉換思想，從與之相關的事情著手，很快使問題迎刃而解。

所以，我們平時要大力培養自己洞察事物間相關性的能力，抓住事物和問題的關鍵，合理利用相關定律尋求解決方法，不做「一條路跑到黑」的傻瓜。其中，培養自己的洞察能力，一方面要有開放心，絕不視任何主意為無用，傾聽與你不同的觀點，任何人都有東西值得你學習；另一方面，訓練你的思想來為你工作，讓你的腦子做你要它做的事，而且當你要它做的時候才做。此外，還要培養自己的好奇心，對你不懂的事提出問題來，發展你的想像力。

以迂為直，開闢成功通道

　　知迂直之計者勝。我們在複雜的事物面前，倘能做到「權輕重」「計迂直」，認識矛盾，使矛盾向有利的方向轉化，走一步看兩步、想三步，步步緊扣目標，運用你「狐狸般狡猾」的腦袋，調用聰明才智，變迂曲為近直，就一定可以走向成功。

　　能不能做到放眼長遠、預見未來，對於一個要想取得成功的人來說無疑是重要的。「明者遠見未萌」。高明的人遠見卓識，知迂直之計，善於變化萬端，捕捉機遇。

　　《孫子・軍爭篇》說：「軍急之難者，以迂為直，以患為利」，「先知迂直之計者勝。」這就是說，「與人相對而爭利，天下之至難」，而「天下之至難」中又以「知迂直之計」為最難。如果把這裡的「爭利」理解為「爭機遇」的話，能把握謀劃迂直關係的人就能獲取機遇。所謂知迂直之計，就是要懂得以迂為直的辦法，這個計謀表面上看走了迂迴曲折的道路，實際上是為獲得機遇更直接、更有效、更迅速地取得成功創造條件。

　　迂直相間，是建立在對客觀事物的深刻分析的基礎之上的。分析

要深刻，需要觀察，在長期的觀察後「吹糠見米」，伺機而動。

　　企業管理中，充滿著曲中有直、直中有曲的事。在經營實踐中，古代商賈、現代企業家創造了不少運用迂直之計的好經驗。這些經驗有的已結晶為經營諺語、格言在經營界流傳著，如「為了明年多得利，寧願今年少受益」，對新產品實行「扶上馬，送一程，服務到家門」，「三分利吃利，七分利吃本」等。

　　美國貝爾電話公司前總裁費爾，是位眼光長遠的企業家。由於他的遠見卓識，使得貝爾電話公司成為世界上最具規模、成長最快的民營企業。費爾在擔任該公司總裁的20年內，成功地作出了四項關係到貝爾公司生存與發展，並使它能在種種風險中飛速成長的正確決策。這四項決策是：第一，提出所謂「貝爾公司以服務為目的」的口號；第二，實行所謂「公眾管制」；第三，建立貝爾研究所；第四，開創一個大眾資金市場。

　　費爾的這四項決策，都不是解決當前需要的「對症良藥」，而是著眼於未來的創造性大決策。這些決策與當時「眾所周知」的看法大相逕庭，引起了人們極大議論，費爾本人甚至遭到貝爾公司董事會的解聘。然而若干年後，費爾的四項大決策實際上正好對付貝爾公司遭到的特殊困難，使貝爾公司獲得了驚人的成功。當時，能否向顧客提供最佳服務成了企業能否繼續發展的重要問題，而費爾提出的「以服務為目的」的口號，以及為此制定的提高服務品質，衡量服務程度的措施，使貝爾公司能順應時代的要求。當時，美國發出了將電話收歸國營的警報，費爾提出的公眾管制力求確保公司利益，使貝爾公司得以繼續生存。當時，由於科學技術的飛躍進步，電訊事業獲得了大發展。

費爾建立的貝爾研究所最先發展的通訊技術成了種種科學技術新發展的先導。當時，資金市場從20年代的投機市場轉向所謂「莎莉媽媽」的中產階層的主婦市場，費爾設計的大眾資金市場正投合了「莎莉媽媽」的意願：擔不起風險，有保證的股息，享有資產增值，可免於通貨膨脹的威脅，從而保證了貝爾公司在近50年來享有充裕的資金來源。

　　費爾的大決策，曲中見直。一言以蔽之，謀求機遇於未來。

韋特萊法則：先有超人之想，後有超人之舉

提出者：美國管理學家韋特萊。

內容精解：成功者所從事的工作，是絕大多數人不願意去做的。要先有超人之想，後有驚人之舉，能不落俗套，可不同凡響。

應用要訣：沒有人隨隨便便能成功。那些取得成功的人，做的往往是別人不願意做的事情。敢想別人不敢想的，才能做別人不能做的。

成功是「想」出來的

成功從根本上講，是「想」出來的。只有敢「想」，會「想」，善於思考，才會是成功者的候選人。傑出人士善於思考，把別人難以辦成的事辦成，把自己本來辦不成的辦成。當別人失敗時，你如果可以從他人的失敗中得出正確的想法並付諸行動，你就可能成功。當你自己失敗了，你能夠轉換到一個正確的想法上再付諸行動，同樣可以獲得成功。

如果你想要少做一些工作但仍能得到想要的東西，那麼你就一定要比普通人思考更多。當然，如果你的思考本來就是錯誤的，那麼再多的思考也無益。你所想的一定要具備高品質、積極向上並具有創造性。

平庸的人往往不是懶得動手腳，而是不愛動腦筋，這種習慣制約了他們的發展。相反，那些成績優異的人無一不具有善於思考的特點，善於發現問題、解決問題，不讓問題成為人生難題。可以講，任何一個有意義的構想和計畫都是來自思考。一個不善於思考的人，會遇到許多舉棋不定的情況；相反，正確的思考者卻能運籌帷幄，做出正確決定。

1999年蓋茲在接受專訪時談到，他作為微軟公司的總裁再也沒有編寫軟體的時間了。但是無論多麼忙，他每週總會抽兩天時間到一個寧靜的地方獨處一下。為什麼？他說，面對繁重的工作和激烈競爭的IT市場，他作為管理者，不能把精力浪費在小事上，他必須用專門的時間去思考，以做出具有戰略意義的決策。

中國近代史上的名臣曾國藩也有這樣的習慣。無論戰事多麼緊張或政務多麼複雜，他每天都會擠出一個時辰在一間靜室裡靜坐，有時是為了平靜自己的情緒和心態，有時是為了理清自己的思路。

從上面的兩個例子我們可以看出，成大事者不善於思考是不行的。只有專注地思考，才能集聚自身的力量、勇氣、智慧等去攻克某一方面的難題，才能取得良好的效果。

所有計劃、目標和成就，都是思考的產物。你的思考能力，是你唯一能完全控制的東西。你可以以智慧或是以愚蠢的方式運用你的思想，但無論如何運用它，它都會顯現出一定的力量。沒有正確的思考，你不可能克服壞習慣，也防止不了挫敗。

一個人要想做出一番大事，必須善於思考，多向自己提問。年輕人要成就大事，首先得先思考你的事業，思考你自己，向自己問問題。只有養成了這樣的習慣，在事業的開創過程中不斷地思考自己，

思考自己所做過的、正在做的和將要做的事情；不斷地向自己提出問題，看一看哪些是需要彌補的不足之處，哪些是應該改正的錯誤之處，哪些是該向人請教的不明處……只有這樣，才會不斷前進，走向成功。

只有想不到，沒有做不到

人類發展至今，已經創造了一個又一個的奇蹟——電腦的全球化普及，人造衛星、太空船的升空，登月計畫的實現等等，這些恐怕是前人連想都沒想過的事情，但是竟然做到了，讓它們一一變成了現實。這足以說明，人的潛質是無限的，只有想不到的，沒有做不到的。只要心存信念，樹立遠大的目標，一切的不可能都將成為可能。

思考是行動的前提，要想做得到先要想得到。想到是進行思維的結果，在正確的思維指導下去行動，是取得成功的關鍵。所以，做任何事情首先都要進行周密的思維，制定出相應的目標和規劃。因為沒有目標的工作是不可能讓我們調動所有的潛能為之努力的，也不可能創造出最大的人生價值。

只有想不到，沒有做不到；只要想做到，就能夠做得到。想不到的人，永遠不可能做到；淺嘗輒止的人，也不可能做到；只有那些像得了魔症一樣想到底的人，才能做到，才能成功。可見，只要進行正面思維，加上必勝的決心，就可以做成想做的事情。

思路有多遠，你就能走多遠

有這樣一句話：「思想有多遠，你就能走多遠。」其中的道理很簡單——先要敢想，才能做大事。換而言之，先有超人之想，才有超

人之舉。

　　生活中，大人都喜歡問小孩一個問題：長大後想要做什麼？這是一個關於夢想的問題，更是測試志向的問題。如果小孩回答以後想要做工程師、科學家或富豪之類的，大人會說他有志氣、有出息。敢於為自己設計遠大的理想，才能成就大事業。一個人，要想成功，就要敢於想像。

　　這個想像，不是空想，是一種自信，是一種勇敢。每個人都想成功，但很多人都缺少這種自信和勇氣。那些成功的人往往多的也就是這點自信和勇氣。就像在美國歷史上頗有作為的林肯總統，在被記者問到他之前的兩任總統之所以沒有簽署《解放黑奴宣言》，是不是要留給他來成就英名時，他說道：「可能有這個意思吧。不過，如果他們知道拿起筆需要的僅是一點勇氣，我想他們一定非常懊喪。」一個人之所以沒有成功，缺少的往往不是機會，而是敢於把握機會的勇氣。林肯敢於去把握，最終名揚天下，而他之前的兩任總統卻「錯失了良機」。

　　「敢想敢行動」，是在成功者的評語中出現頻率最高的詞之一，沒有想法就不會有作為。人生就好比一個「夢工廠」，沒有大膽的想像，就不可能有驚人的舉動。激烈的競爭，從來不容許懦夫成功。那些取得成功的人與你沒什麼兩樣，如果說有區別的話，那就是他們想了你們不敢想的事，做了你們不敢做的事。

　　20世紀初期，美國的汽車大王亨利・福特為了使汽車具有更好的性能，決定生產一種有8顆汽缸的引擎，而這在當時的技術環境下幾乎是不可能的。但是，亨利・福特不這麼認為，他給工程師們下達了完成「不可能任務」的死命令——無論如何也要生產這種引擎，去做，

直到你們成功為止，不管需要多長時間。結果，8顆汽缸的引擎真的被工程師們給製造出來了，福特的想法得到了實現。

可見，只要你敢想，就有可能會成功；如果你連想都不敢想，那麼今生肯定與成功無緣。

做第一個「吃螃蟹」的人

魯迅先生曾經嘉許世界上第一個吃螃蟹的人是英雄，這並非聳人聽聞之言。

以作戰為例，漢代的作戰方法到明清時期依然未變，軍人們對抗的戰場上仍然看不到從改進手段入手尋求制勝的道路。大多數統兵高手的制勝之道，都是以現有條件為手段，尋求以謀制勝，在計謀上演繹出千變萬化來，結果是繼孫吳以後兵家輩出，兵書汗牛充棟，但變來變去都還是在孫吳的思想內打圈子，所想的無非是韜略、謀術。重權謀，成為東方兵學的特點。

在這種氛圍下，要想在軍事觀念上有大的變革當然是很難的，但個別有識之士從改進兵器入手，敢為天下先，在謀略對抗的主流中躍出一股注重從改進技術手段以求勝的潛流。這種走前人沒有走過的道路的闖勁，無疑應當納入統御謀略之中。

在改進兵器方面走出一大步的是南宋名將陳規研製使用火槍。作為南宋鎮撫使陳規，不僅研究謀略戰法，更重要的是重視兵器研究，從技術入手提高作戰效率。北宋初年，古代火器初次使用於戰場，標誌熱兵器和冷兵器並用時代的開始，他在前人研製的「火箭」、「火球」、「火蒺藜」基礎上製造出火槍，並在1132年守德安（今湖北安陸）70天中，以此種武器給敵人以重創。這是一種以竹桿為筒，內裝

火藥，臨時點燃，噴射火焰，靠這種「火槍」焚毀了敵軍攻城的裝備「天橋」，敵人被迫退兵。據說，這是世界戰爭史上第一次使用管形噴火器，比歐洲1915年使用的金屬噴火器早783年。曾遠征中亞的一代天驕成吉思汗之所以能所向無敵，就在於他依據游牧民族善騎馬的特點，創建了世界第一流的騎兵部隊，而且還創建了炮兵，提出了「攻城用炮」的理論，在滅金、攻宋和西征中發揮了巨大的威力。他的孫子忽必烈繼承和發展了攻城用炮的思想，從西域請來炮匠製造回回炮，在襄（陽）樊（城）大戰中使用此炮，「機發，聲震天地，所擊無不摧陷，入地七尺」，戰鬥大勝，故又稱此炮為「襄陽炮」。之後忽必烈不滿足已有的成就，大批徵調炮匠研製新炮。僅1279年，就從兩淮徵調炮匠600多人，1284年從江南選調11萬匠戶到都城製造新大炮。到1287年，元朝火炮技術出現突破，一種利用火藥在金屬管內燃燒產生氣體壓力，把彈丸發射出去的金屬管形火炮出現於戰場，比西方同類型火炮要早50年以上。

創新精神是推動社會變革的強大動力。敢為天下先，勇於實踐，大膽創新，是時代賦予我們的要求。沒有第一個吃螃蟹的人，就沒有今天的佳餚；沒有無畏的開拓者，人類就無法生存。我們讚美「第一」，就是讚美創新者的勇氣。

里德定理：若要經久不衰，切勿經久不變

提出者：美國花旗銀行公司總裁約翰・里德。

內容精解：如果有誰認為今天存在的一切都將永遠真實存在，那麼他就輸了。若要經久不衰，切勿經久不變。

應用要訣：接受變化、不斷學習、與時俱進，才能改變現狀，突破舊格局，才能跟上日新月異的時代，才能適應發展變化的新形勢、新情況、新環境，開闢更廣闊的生存空間。

坦然面對波瀾壯闊的變化

有人說，偉人改變環境，能人利用環境，凡人適應環境，庸人不適應環境。這話有一定道理。世界是不斷變化的，不根據變化著的環境調整自己，只有死路一條。面對市場的變化，企業不能夠很快地隨著市場變化而變化，這樣的企業往往受到市場變化的拋棄。

在現實中，對待生活和工作的不同態度要根據變化採取相應的行動，在不斷尋找出路中重新獲得成功。在發現事物已經發生變化時卻不採取任何行動，繼續抱著自己的經驗站在原地幻想，結果被一成不變的思維模式蒙蔽了，使自己陷入困境。所以，不要在事物突變面前彷徨，要拋棄舊有的觀念。只有經過一番曲折和努力，才能重新獲得成功。在企業經營活動中，一定要用正確的理念來指導我們的行動。

企業置身的時代是一個大變革的市場經濟時代，是一個日新月異的時代，也是一個競爭日益激烈的時代。在這樣一個時代，企業的生產經營不是一潭死水，它隨時都會掀起翻滾的浪花，企業遇到的變化是無處不在、時時都會發生的。我們要以靈敏的嗅覺和銳利的目光，去觀察、去預見、去發現、去體驗，做到未雨綢繆，及早地嗅出變化的氣息，發現變化、感受變化、正視變化，進而以積極的心態笑對變化。

　　我們的企業不能簡單地照搬過去成功的經驗，而不顧及環境的變化和競爭對手的成長，更不能為貪圖眼前的安逸否認變化、拒絕變化、害怕變化，對周圍發生的一切漠然置之、視而不見、無動於衷。只有善於觀察一開始發生的細小變化，才會有足夠的思想準備和較強的承受能力，去坦然面對波瀾壯闊的變化，坦然面對來勢迅猛的變化。

　　在當今發展日新月異的時代，每個人都要善於學習、不斷學習、與時俱進，只有這樣才能適應發展變化的新形勢、新情況、新環境，儘快確定自己的人生座標，找對自己的位置，找到自己發展的道路，不斷追求自己的新目標。

改變世界前先改變自己

　　很久很久以前，人類還赤著雙腳走路。

　　有一位國王到某個偏遠的鄉間旅行，因為路面崎嶇不平，有很多碎石頭，刺得他的腳又痛又麻。回到王宮後他下了一道命令，要將國內的所有道路都鋪上一層牛皮。他認為這樣做，不只是為自己，還可造福他的人民，讓大家走路時不再受刺痛之苦。

但即使殺盡國內所有的牛，也籌措不到足夠的皮革，而所花費的金錢、動用的人力更不知有多少。雖然這件事根本做不到，甚至還相當愚蠢，但因為是國王的命令，大家只能搖頭歎息。一位聰明的僕人大膽向國王提出建言：「國王啊！為什麼您要勞師動眾，犧牲那麼多頭牛、花費那麼多金錢呢？您何不只用兩小片牛皮包住您的腳呢？」國王聽了很驚訝，但也當下領悟，於是立刻收回成命採納了這個建議。據說，這就是「皮鞋」的由來。

想改變世界，很難；要改變自己，則較為容易。

與其改變全世界，不如先改變自己——「將自己的雙腳包起來」。

我們可以改變自己的某些觀念和做法，以抵禦外來的侵襲。當自己改變後，眼中的世界自然也就跟著改變了。

如果你希望看到世界改變，那麼第一個必須改變的就是自己。

心若改變，態度就會改變；態度改變，習慣就會改變；習慣改變，人生就會改變。

打破傳統格局，緊跟時代步伐

提起汽車工業，不能不提到亨利‧福特。回顧福特公司的發展歷程和汽車工業的軌跡，不難發現，亨利‧福特早期是一位思想敏銳、與時代同步前進的偉大工業家。

農民出身的亨利‧福特雖然沒有受過高等教育，卻養成了勤奮好學、勤於思考的好習慣。科學技術的日新月異、工業生產的迅猛發展深深地刺激了福特，特別是汽車的發明，更令他激動萬分。他決心親自生產並駕駛這種代步的機器，與時代同步前進。

從1888年起，亨利‧福特便投身汽車工業。前途荊棘密布，他先後創辦的底特律汽車公司和福特汽車公司都失敗了。這兩次失敗並未嚇退福特，他又第三次創辦起了福特汽車公司。

　　與前兩次創業不同，這次亨利‧福特更加重視對人才的使用和現代化生產方式的採用，以及管理體制的完善建立。

　　亨利‧福特找到了詹姆斯‧庫茲恩斯這位專家擔任公司的經理。詹姆斯‧庫茲恩斯是位經營天才，在他的輔佐下，亨利‧福特做出了三個載入史冊的決策：

　　首先，進行市場預測。通過市場預測，亨利認識到只有廉價才能多銷。當時的汽車價格都很高，雖然利潤很大，但無法打入工薪階層和農民家庭。亨利‧福特由此出發主持制訂了車身輕、功率大而可靠、廉價的T型汽車的製造計畫。

　　其次，採取流水作業法。因為要廉價，必須像軍事工業生產那樣流水作業大量生產。為此，在庫茲恩斯的舉薦下，亨利‧福特請來了有「機械化天才」之稱的沃爾特‧弗蘭德斯和另外兩位設計師，並在1913年建成了幾經改造的裝配線——世界上第一條汽車流水生產線，T型汽車就由這條生產線上源源不斷地生產出來。生產效率也大為提高，由過去12小時28分鐘生產一輛車，提高到9分鐘生產一輛的水準。

　　再次，建立銷售網。到1912年，已有上千家商行從事銷售福特汽車的工作。這使得剛剛誕生不久的廉價耐用的黑色T型汽車能夠沖向全世界。

　　此外，亨利‧福特還在以他作為現代企業家的魄力和勇氣建立起富有效率的經營管理體制的同時，率先實行每日9小時工作制，使工作時間縮短了一小時。採取了一些開明政策，諸如最低薪資5美元一天，

以及雇用殘廢者和犯過罪的人。這些非但沒有產生負作用，而且激發了工人的積極性，緩和了勞資關係，使製造成本降低而銷售利潤大幅上升，更重要的是使公司安然度過了1931年的經濟大蕭條時期。

亨利・福特在福特汽車公司的革新導致了世界汽車工業的一場革命。此後，世界汽車工業飛速發展。雖然亨利・福特在晚年也犯了故步自封、獨斷專行的錯誤，並且使福特汽車公司一度走了下坡路，被通用公司追了上來，最後亨利・福特不得不讓位於他的孫子。但是，亨利・福特在20年代和30年代所具有的創新精神和魄力是不容抹煞的。從另一個角度講，亨利・福特的被迫退位也說明了企業家保持一個與時代同步的思想的重要性。

現實是殘酷無情的，誰不適合時代，誰就將被殘酷地淘汰出局。福特一世如此，其他所有的領導者亦是如此，故步自封的結果，就只有落後。領導者從本質上來說也是一個傳統的打破者，只有衝破老的思想，迎合時代發展的需要才能成為一個真正的領導者。

突破現狀，更上一層樓

無論是在學校還是就業之後，你都往往習慣於按照別人提供的模式來做事，畢竟這種模式是很多人用經驗和汗水得來的，通常也會較少受到別人的非議。省時省力，何樂而不為？可是日久天長，毫無新意和變化的生活逐漸令你感到厭倦和疲憊不堪，你試圖改變現狀，但很快就發現，最大的阻撓力量恰恰來自你最熟悉的人們，無論是苦口婆心的勸說還是幸災樂禍的非議，所有的這些都讓你按部就班地生活……

事實上，按部就班並不是什麼壞事。在你想改變自己或者周遭的

環境之前，你甚至必須學會適應這樣的生活，並從中吸取經驗和教訓以及一切對你的成長有利的因素。可是當你對自己的現狀不再滿足的時候，你就應該明白並且勇於承認：是改變的時候了。此時此刻，問題的關鍵不再是應不應該改變，而是如何去克服種種障礙和阻撓，並且盡可能地以最小的代價令你的人生更上一層樓。

在一成不變的生活之中，人很容易感到厭倦，喜新厭舊是人類的天性。當所有的事情都不再對你具有吸引力的時候，你會覺得日子越來越乏味，甚至百無聊賴。於是你的內心深處開始萌動改變現狀的想法，卻又患得患失，害怕非但沒有實現自己的想法反而會失去現有的一切。這種心理再正常不過了。對於任何一種生命體來說，趨利避害都是生存的基本法則。而當你試圖改變現狀的時候，其實也是希望自己能得到一些更大的利益來改善自己的生命狀態，這種利益可能是物質上的，也可能是精神層面的。

如果你冷靜而理智地思考，就會發現，在人生的長河之中，改變其實才是唯一永恆的主題。沒有對現狀的不滿和試圖改變的欲望，人類就無法取得今天的成就，僵化的思維和保守的規矩遲早都會被打破。因此，當你選擇改變現狀的時候，你選擇的不僅僅是一種生活方式，更選擇了一種對待人生的態度，那就是積極、樂觀、自信。

一個樂觀自信、勇於突破現狀的人，並非僅僅憑著一時的衝動試圖改善人生狀態，而是經過深思熟慮、權衡利弊之後的決定。對於這些人來說，人生是一場戰役，更是一種樂趣無窮的遊戲。輸贏本是常事，又何必斤斤計較一時的得失？如果你從某件正當的事情之中感受到了一種強烈的吸引力，那正是你的命運之神在對你頻頻招手。切莫放過這個機會，無論得到的是什麼，都是屬於你獨一無二的財富。

變，才是唯一的不變

一些具有劃時代意義的重大企業創新已成為經典範例，一直膾炙人口，廣為傳誦：

福特汽車公司在生產方式上創新，於1913年創造並首先採用流水線作業，使大量生產得以實現，生產成本大大下降，一躍成為汽車工業巨頭。

通用汽車公司在組織方式上創新，由前總裁艾爾弗雷德‧斯隆於1920年代創造了「集中決策，分散經營」的管理體制，解決了當時大企業普遍面臨的管理難題，使公司能夠迅速發展壯大起來，後來成為工業經濟體系中的基本組織模式。

麥當勞公司在經營方式上創新，成長為速食業的龍頭。

迪士尼公司在娛樂文化上創新，於1955年把米老鼠們請進了迪士尼樂園，開創了獨一無二的巨大市場，把本世紀的遊樂園發展到了幾乎完美的程度，而別人很難在這一市場上與其競爭，它得到的則是「超級文化利潤」。

微軟公司在產品開發上不斷創新，不斷推出的電腦軟體使人們的工作方式、學習方式和生活方式發生重大變革，從而成為通往「未來之路」上的領先快車。

在世界眾多的頂級經理中，相互之間的共同之處往往是不多的。他們之間存在著性別、種族和年齡上的差異，各有與眾不同的辦事風格和持續關注的目標。但這些人卻有一處彼此相同：他們在動手做任何一件事之前，總要打破一些「傳統智慧」的陳規戒律。他們為什麼這樣？因為創新是在這個不斷變化的世界裡持續生存的唯一武器。

Part 17

競爭：最大贏家的鬥智遊戲

新經濟時代，不是大魚吃小魚，而是快魚吃慢魚。

——錢伯斯（美國）

如果通用公司不能在某一個領域坐到第一或者第二把交椅，通用公司就會把它在這個領域的生意賣掉或退出這個領域。

——傑克·威爾許（美國）

多想一下競爭對手。

——比爾·蓋茲（美國）

波特競爭戰略：競爭是戰略，更是謀略

提出者：全球戰略權威，被譽為「競爭戰略之父」的美國學者麥克‧波特。

內容精解：在1980年出版的《競爭戰略》一書中波特為商界人士提供了三種卓有成效的競爭戰略：總成本領先戰略、差別化戰略和專一化戰略。競爭的本義是對競爭的謀略，謀略是大計謀，是對整體性、長期性、基本性問題的計謀。競爭戰略是對競爭的謀略，發展戰略是對發展的謀略，什麼戰略就是對什麼的謀略。

應用要訣：競爭是潛力的催化劑，也是邁向成功的催化劑，是生存的一種規則。只有競爭才能不斷超越自己，才有更快的進步和更好的發展，才不會被社會所劣汰。對於企業管理者而言，只有不懼競爭、敢於競爭、善於競爭，才能在市場經濟大潮中獲得生機，贏得生機。

與競爭對手共舞，共存共贏

同行企業之間相互競爭是不可避免的，但應當既有競爭又有共存意識，共同維護市場，不要將市場毀滅了。同行不是冤家，而是雙贏的關係，是你好我好大家好的關係。不是消滅競爭對手，而是與競爭對手共舞。

生物界有個眾所周知的生存定律，那就是達爾文的生物進化論。生物進化論揭示了生物適者生存的規律，要適應外界環境而生存就得改變自身的適應能力。要改變自身的適應能力就需要競爭，要和周圍環境和周圍生物進行競爭。同樣的，人類的競爭就是為了自己的利益與他人競爭。

競爭可以使人類社會進步和發展，這是一個人人都認可的真理。在商業上，競爭也可以帶來雙贏，這是良性競爭；不擇手段的競爭卻是商業競爭中的忌諱，這實際是種自殺式競爭。因為不按商業規律、不按職業道德的所有競爭在短時期內或許會得到些蠅頭小利，但是，這種競爭行為畢竟是違背經濟規律和生存定律的，最終必然會自取滅亡。

競爭是地球上有了生物時就有的自然和社會現象，競爭存在於一切領域。在當今社會，經濟領域裡的競爭尤其令人矚目。

諾貝爾經濟學獎獲得者萊因哈特・賽爾頓教授有一個著名的「博弈」理論。假設有一場比賽，參與者可以選擇與對手是合作還是競爭。如果採取合作策略，可以像鴿子一樣瓜分戰利品，那麼，對手之間浪費時間和精力的爭鬥不存在了；如果採取競爭策略，像老鷹一樣互相爭鬥，那麼，勝利者往往只有一個，而且即使是獲得勝利也要被啄掉不少羽毛。現代社會中的企業關係，追求的是互惠互利的有序競爭。所以，不論對個人還是對公司，單純追求一己私利的競爭只能導致競爭的惡性循環，使外部環境惡化，進一步促使經濟停滯。因此，企業之間不能單純互相競爭，也要有互相激勵、互相合作，這才能真正做到雙贏。

競爭可以雙贏，汽車領域裡「寶馬」與「賓士」並駕齊驅；飲

料市場中「可口可樂」與「百事可樂」同時並存。諸如此類，不勝枚舉。

任何企業都會有競爭夥伴，只有這樣才能加速你人生之船的航行！因為，有容乃大，競爭對手是成功的最好動力。樹立競爭對手，把他們視為最刺激的夥伴，一路同行，這才是成功企業管理者的成功定律。

將競爭意識根植於內心

現在的時代是競爭的時代，在這個以幾倍甚至幾十倍的高速度發展的時代，昨日的百萬富翁今天就可能成為淘汰品，甚至早上還流行的音樂晚上就有可能已成為明日的黃花。這樣的例子屢見不鮮，所以這個時代呼喚競爭意識。對於管理者而言，這一點尤其重要，管理者應當努力去培養自己的競爭意識，勇敢地直面競爭。

第一，把競爭意識扎根於心靈深處。

競爭意識其實是市場意識和人類發展的一種必然衍生物，要走向市場、要發展進步就必然有競爭。作為事業帶頭人的管理者，如果在心理上缺乏競爭的準備，對競爭的重要性和殘酷性認識不足，就難以在突如其來和激烈的競爭中取得勝利。只有心中銘記競爭，心裡明白競爭的意義，心底領悟競爭的激烈性，管理者才能立於不敗之地。

第二，機遇意識要時刻駐足心底。

競爭往往是對機遇的競爭，在時空上抓往先機，往往領先對手獲得市場。機遇的競爭最需要的就是時刻在心底確立機遇意識，即使在事業興旺時，管理者也不能絲毫放鬆對自己機遇意識的培養，否則很容易使單位或組織在市場競爭中落伍。

美國玻璃界的三巨頭之一——美國克林登玻璃實業公司總經理是一位敢於也善於抓機遇的高手。1963年的一次公司高層領導會議上，討論彩色電視機用的映像管要不要研究開發並進行生產的問題，由於當時的競爭對手愛恩斯·尹利納公司對此也猶豫不決，加上此項研究需要較高的技術研究費用，會上有一些董事不同意開發。主要理由是承擔的風險過高。夏摩禮·赫頓·傑尼爾力排眾議宣佈：「如果我們現在捨不得花錢，轉眼之間我們便會落在人家後面了，我們必須立即撥款2000萬美元研究開發彩色映像管。」這筆鉅資沒有白費，彩色映像管後來成為克林登公司的主要創收項目。更重要的是，彩色映像管的生產豐富和完善了克林登公司的玻璃系列製品，增加了公司在市場上的競爭能力。在這裡，是無時不忘機遇的心理素質使夏摩禮·赫頓·傑尼爾抓住了機遇，使企業獲得了先機。

　　無疑，夏摩禮·赫頓·傑尼爾的機遇意識源於他的競爭意識和魄力，沒有在競爭中求得優勝的心理準備和心理定向，他不會如此及時地抓住稍縱即逝的商業良機。正所謂：機遇只垂青於勤奮而有準備的人。

快魚法則：不是大魚吃小魚，是快魚吃慢魚

提出者：美國思科公司總裁約翰‧錢伯斯。

內容精解：在看似風平浪靜的大海裡，海底世界卻存在著這種現象：海底生物在弱肉強食的競爭下，用以大吃小的方式獲得生存，就是所謂的大魚吃小魚。當今市場競爭不是大魚吃小魚，而是快魚吃慢魚。

應用要訣：當今市場競爭異常激烈，市場風雲瞬息萬變，市場訊息流的傳播速度大大加快。誰能搶先一步獲得資訊、搶先一步做出應對，誰就能捷足先登，獨佔商機。在「快者為王」的時代，速度已成為企業的基本生存法則。企業必須突出一個「快」字，追求以快制慢，努力迅速應對市場變化。

機不可失，時不再來

在當今市場經濟的激烈競爭中，幾乎所有的經營型服務型企業都在用盡全身解數搶佔市場、擴大銷量。市場先機稍縱即逝，速度就成為了獲勝的關鍵因素之一。此時市場的成敗，不能僅僅以「大魚」、「小魚」論，而要看「快」與「慢」，形成「快魚吃慢魚」的結果。

市場反應速度決定著企業的命運，只有能夠迅速應對市場者，才能成為市場逐鹿的佼佼者。Modell體育用品公司的執行長默德在一次圓

桌會議上重複了錢伯斯的這句話，他對與會的執行長們說：想要在以變制勝的競賽中脫穎而出，速度是關鍵。

正如非洲大草原上的動物們一樣，當牠們一開始迎著太陽奔跑的時候，獅子知道如果牠跑不過速度比牠慢的羚羊，牠就會餓死。而羚羊也知道，如果自己跑不過速度最快的獅子，牠就必然會被吃掉。加拿大將楓葉旗定為國旗的決議通過的第三天，日本廠商趕製的楓葉小國旗及帶有楓葉標誌的玩具就出現在加拿大市場，銷售良好。作為「近水樓臺」的加拿大廠商則坐失良機。有人曾形容說，美國人第一天宣佈某項新發明，第二天投入生產，第三天日本人就把該項發明的產品投入了市場。

眾所周知，作為市場戰略，時間對於資金、生產效率、產品品質、創新觀念等更具有緊迫性和實效性。因此，「快魚吃慢魚」意即「搶先戰略」，是贏得市場競爭最後勝利的首要條件。

實踐早已證明，在其他因素相同或基本相同的情況下，誰先搶佔商機，誰就會取得最後的勝利，搶先的速度已成為競爭取勝的關鍵。閃電般的行動必然會戰勝動作遲緩的對手，使「慢魚」在沒有硝煙的戰場上敗下陣來。實施「搶先戰略」，意在「先」，貴在「搶」，因為「商機」是短暫的、有限的，是轉瞬即逝的。正所謂「機不可失，時不再來」。

商海只適於快魚生存

當今市場經濟是殘酷的優勝劣汰，原來可能是「大魚吃小魚」，現在則是「快魚吃慢魚」，

在競爭激烈、以速度制勝的今天，只有在市場上領先對手的企

業，才能立於不敗之地。任何企業存在的條件是要在市場上「數一數二」，否則將會被超越、整頓、關閉或出售。

比爾・蓋茲是微軟公司主席和首席軟體架構師。微軟公司在個人計算和商業計算軟體、服務和網際網路技術方面都是全球範圍內的領導者。

在2008年6月截止的上個財年，微軟公司的收入達620億美元，在78個國家和地區開展業務，全球的員工總數超過9萬人。最開始，蓋茲憑藉個人電腦作業系統的獨佔優勢，構建了自己的軟體帝國。

但是，時間不長，這個軟體帝國就遭到「免費作業系統」的威脅，特別是從1990年代後半期網際網路正式登場以後，每個人都可以自由地上網下載這種免費的作業系統。因為使用不是特別方便，因此尚未對微軟造成極大的威脅。微軟之所以能獨佔作業系統軟體市場的主要原因是易於操作的視窗作業系統所發揮的獨特魅力，如果其他公司也推出具有同樣功能的軟體就會對微軟造成致命打擊。

與此同時，很多大型企業開始紛紛發出「微軟的產品價格過高」，「為什麼不降價」的抱怨聲。甚至有企業威脅「要把公司內的作業系統全部換掉」，以逼迫微軟降價，但是蓋茲仍然不願改變自己的做法，而且決定打出另外一副牌。

蓋茲認為，在數位世界裡每個人都能得到相同的機會，使用者是客戶也是敵人，所以不能掉以輕心。對業界也是一樣，如果不加快速度想好下一步該怎麼做，可能就會被市場淘汰。

「Linux」免費作業系統剛一出現，蓋茲就著手研發新一代的作業系統。正是由於蓋茲快速察覺到情況的嚴重性並且迅速做出回應，因此Linux的出現，才沒有對微軟造成實質性的威脅。

以這個案例來看，我們把微軟的實力歸功於速度不為過。速度決定一個企業的存在，也左右一個企業的發展。

企業要增強危機意識、市場意識、責任意識，要真正意識到「不想做第一的企業早晚會完蛋」，並在實際行動中真正體現「速度」和效率，更要體現效益。

在資訊社會的市場競爭中，有時不論大小，「快魚吃慢魚」的事時有發生。

擁有閃電般行動的企業必然會戰勝動作遲緩的對手，使「慢魚」在沒有硝煙的戰場上敗下陣來。此時市場的成敗，就不能僅僅以「大魚」、「小魚」論，而要看「快」與「慢」了。

速度會轉換為市場份額、利潤率和經驗，所以，也可以說是對市場反應速度快的公司將吃掉反應遲鈍的公司。

快魚法則告訴我們，真正的快魚追求的不僅是快，更是「準」，因為只有準確地把握住市場的脈搏，瞭解未來技術或服務的方向後，快速出擊才是必要而有效的。

「快魚吃慢魚」強調了對市場機會和客戶需求的快速反應，但絕不是追求盲目擴張和倉促出擊。

史密斯原則：沒有永遠的對手，只有永遠的利益

提出者：美國通用汽車公司前董事長約翰‧史密斯。

內容精解：如果你不能戰勝對手，你就加入到他們之中去。

應用要訣：沒有永遠的對手，只有永遠的利益。無論是合作還是競爭，說到底都是為了利益。企業為了自身的生存和發展，需要與競爭對手進行合作，建立戰略聯盟，即為競爭而合作、靠合作來競爭。

不是你死我活，而是你活我活

現代市場，強調競爭者積極爭取多層次、跨領域的戰略合作，共用資源，集成要素優勢，實現雙贏或共贏的。企業間的競爭不再是你死我活，而是你活我活，在競爭中合作，在合作中競爭，共同發展。

在一個社區旁邊的一條巷子裡，曾經有一家生意很好的公司，最興旺時占了半條街的店面。後來生意逐漸衰落，公司為了節約開支只好出租部分房子。

有一對兄弟最先來這裡租房，辦起了一家茶餐廳，生意非常好。於是，許多茶餐廳全都聚到這條巷子裡來了。這條街越來越熱鬧，很快就成了遠近聞名的「美食一條街」。

看到來租房的人生意這麼好，出租房屋的公司再也按捺不住了。於是，公司收回了所有出租的店面，攆走了所有曾經在這裡經營的商

戶，把他們的店鋪改頭換面自己經營起飲食生意來。但出人意料的是，僅過了一個月這條巷子又冷清了起來，很多這條街上的常客慢慢地不再來光顧了。公司的效益越來越差，收入還沒有租房時的收入高。

公司的老闆百思不得其解，只好去請教一位企業管理方面的專家。專家瞭解了情況後，微笑著問他：「如果你要去吃飯，你會選擇到一個只有一家餐館的街上去，還是到一個有幾十家餐館的街上去？」

老闆回答說：「當然哪裡餐館多我就去哪裡了，給自己多留點選擇機會嘛！」

專家聽了，又微微一笑：「你的公司壟斷了那條小巷上的茶餐廳生意，這跟一條街上只有一家茶餐廳有什麼不同呢？」

老闆恍然大悟。回去後，他減少了公司的店鋪數量，又將部分店面出租。不久，這條巷子又恢復了往日的熱鬧景象。

沒有競爭對手，就等於消費者只能選擇一家公司的產品，那麼消費者很快就會厭煩這種單調的形式，轉而找其他的替代品來。如果把對手全部消滅，看似壟斷了全部市場，實則丟失了所有的客戶。

企業之間既要有競爭，也要有合作。通過合作，企業得到了發展，因此也就獲得了更多更深層次的合作機會。更多更深層次的合作又讓企業可以更快速地發展並壯大。

強強聯手，攜手共贏

20多年前，當今世界首富比爾・蓋茲註冊的微軟公司還幾乎無人知曉。透過研製一些辦公軟體並投入市場，微軟公司開始為一些圈內

人知道。但與當時的電腦業大亨IBM相比，微軟簡直不值一提。但是，比爾‧蓋茲有雄心把自己的公司發展成如IBM一般的大公司。在當時，人們都認為只有發展電腦硬體才會賺錢。但比爾‧蓋茲認為，個人電腦將是未來電腦的發展主方向，而為它服務的系統軟體也將越來越重要。於是，他組織人員日夜奮戰，開發研製新型的系統軟體。不久，他聽說派特森的西雅圖電腦產品公司，已經研製出一種被稱為QDOS的作業系統。微軟馬上決定以合適價格買下其使用權和全部的所有權。之後，蓋茲組織自己的研究人員在此基礎上進行改進，終於研製出了自己的作業系統——MS-DOS系統。在當時，微軟公司力小利薄，根本無法完成自己的抱負向社會推出這項產品。這時，比爾‧蓋茲想到了IBM。

雙方合作的基礎首先是對雙方都有價值，而且是對方急切需要的一種價值。因此，合作的實質就成了「你為我用，我為你用」。在當時，IBM想向個人電腦方向發展，但它必須有合作夥伴。IBM雖然十分強大，但要完成此項開發，軟體上仍需合作。恰好，微軟公司在軟體發展方面的小有名氣和成果也是具有一定優勢的。這樣，二者一拍即合。

在與比爾‧蓋茲會面前，IBM讓他簽署了一項保證不向IBM談任何機密的協議。IBM經常採用這種辦法從法律上保護自己。這樣，IBM今後即使從客戶的設想和資訊中賺錢，客戶也難以起訴。但是，從這例行公事中，蓋茲立即明白IBM是很認真地和他們商量合作事宜的，因為如果IBM不想和他談正經事的話，就不會擬協議。他興奮地對同伴說道：「夥計們，機會來了。」

不過直到和IBM第二次見面後，蓋茲才意識到，IBM準備插手個人

電腦領域。當時，蓋茲只是明白能與IBM合作相當不錯，如能說服其使用微軟軟體就更好。於是，蓋茲對與IBM合作傾注了滿腔熱情。合約的第一項定貨是作業系統。要完成IBM與微軟的合作專案時間緊迫，軟體的成品須在1981年3月底以前設計完成。比爾‧蓋茲帶領自己的團隊，向IBM交了一份滿意的答卷。不久，IBMPC研製成功了，微軟DOS也因之而成為行業的唯一標準。自此，由於IBMPC銷量日增，MS-DOS的影響也與日俱增，為其開發的應用軟體也越來越多，從而更加鞏固了其基礎地位。微軟最終成了最大的贏家。

通過與電腦業巨人IBM的成功合作，微軟挖到了自己至關重要的一桶金，正是這桶金成就了微軟後來的輝煌。微軟與IBM的合作詮釋了弱者通過與強者合作走上成功之路的道理。

好朋友並不意味好夥伴

如果你想開創一份事業，而你身邊的好朋友正好也有相同的想法，這時，你們是否會一拍即合呢？

好朋友的誘惑在於朋友之間的那種心心相通，在於「有福同享，有難同當」，在於「兩肋插刀」的氣魄。有這麼多誘人的因素擺在面前，彷彿只要有了好朋友，一切問題就解決了。好朋友可能是同學、鄰居、從小一起長大的玩伴，互相之間沒有利害衝突，可以隨心所欲地說東道西，聊天喝酒。更難得的是好朋友彼此知根知底，沒有面對陌生人的種種不便。

正因為如此，一般人在開創或拓展自己的事業時，總是想找好朋友一起做。

按理說，當你和好朋友走到了一起，為了共同的事業一起努力，

大家一起賺錢，這是一樁好事。但這裡面有一個誰管理誰的問題。兄弟之間還可以有一個大哥，但好朋友之間就難分彼此了。平時覺得意氣相投，直來直去慣了，可工作就不能這樣了。總得有個人說話更有分量一些，但一個人一個想法，一個人一套思路，憋在心裡日久天長就會產生摩擦、產生隔閡，最後好說好散還好，就怕弄得錢沒賺到反倒丟了朋友。

讓朋友們甘於平庸，千萬不能指望有什麼奇蹟發生。但是，假如你非要與朋友共事，並且堅信不會造成任何有損於友誼的不良後果，那也可以，但你必須有足夠的心理準備去承受失敗。說一個最簡單的例子，比如桃園三結義的劉、關、張，友誼可謂轟轟烈烈，千古流芳，但他們共事的結果是什麼呢？一事無成而已。這裡面更可怕的潛臺詞是劉備太倚重兩個兄弟，結果諸葛亮對關、張二位就縱容了。關羽在華容道放了曹操，按軍紀關羽該斬，但看在劉備的面子上，這事連提也不能提，耽誤了多大的事啊。

一個人有好朋友多半是為了更好地生存，更好地成就一番事業。而古今中外能夠有所作為的人恰恰是那些不指望朋友的人。曹操一代奸雄，秉性多疑，沒有一個朋友，但偏偏是他打下基業，別人只能望其項背，自歎弗如。結論是：好朋友並不意味好夥伴。

朋友間同樣有利益之爭

「沒有永恆的朋友，只有永恆的利益。」這句話聽起來覺得沒有道理，細想起來有點理由。

我們從兒時就交朋友，那時稱為「小朋友」，為什麼能夠成為「小朋友」？就是我帶他玩，他也帶我玩，他把好吃的給我吃，我也

把好吃的給他吃，他把他的文具借給我用，我也把我的東西借給他。雖然當時並不知道這裡面有利益關係，但已經就是一種互惠互利的利益關係了。等到我們長大成人了，各有各自不同的職業，我們在利益關係上已經不存在了，或者很少，我們是否還是朋友呢？後來進中學、大學，我們也有許多朋友，畢業後各奔東西了，甚至有戀人都勞燕分飛了，那時結識的朋友也隨著時間與距離而漸漸淡化了，只能說我們曾經是同學，再見時也就那麼一會兒的熱烈，握個手、吃頓飯，寒暄幾句而已。

夫妻算不算朋友？子女算不算朋友？兄弟算不算朋友？應該說算吧，因為不僅有利益關係，還有血緣關係。但怎麼還有夫妻、父子、兄弟反目的呢？究其原因就在利益上。兄弟間為了爭奪遺產，父母不作為，兒子不努力，或某方過分傷害了對方的利益，都會成為反目的理由。有的人為了一己私利，認賊作父，甚至出賣朋友。如果你交上這樣的朋友就是一輩子的遺憾！看來「沒有永恆的朋友，只有永恆的利益」這句話的確有一定的道理。

那麼，這個世界上是否就沒有朋友了？有的都是利益關係的臨時組合嗎？實際上，朋友還是有的，朋友也不可能一點都不談利益。

與朋友相處，在利益上無非是衝突和一致兩個可選項。至於選哪一個，則要看你對朋友的態度了。

朋友之間多少都會面對利益的衝突，利益衝突往往可以顯現一個人的本性。在利益衝突的前提下，商人用較少的利益換取一個好朋友是值得的；同樣，用較大的利益放棄一個不合適的朋友也是合適的。

只有相同的利益，才能使雙方的友誼持久。因此，我們要儘量化解與朋友利益上的衝突，使自己和朋友有著共同的利益。

大拇指定律：要嘛第一，要嘛出局

提出者：矽谷風險投資家。

內容精解：在矽谷，風險資本所投資的創業企業有著一個不太精確的經驗定律，即所謂風險投資收益的「大拇指定律」：每十個風險資本所投入的創業公司中，平均會有三個企業失敗；三個企業會成長為一兩千萬美元的小公司並停滯在那裡，最終被收購，另外三個企業會上市而且有不錯的市值；其中的一個則會成為耀眼的企業新星，並被稱作「大拇指」。

大拇指定律告訴人們，在風險投資的進程中，不斷有失敗的企業被逐出，不斷有落後的企業被淘汰，不斷有弱勢的企業被趕超，只有最具實力的企業才能成為明星，創造業界神話。

應用要訣：五指連心，大拇指卻只有一個！只有不斷進取，卓爾不凡，才能永遠站在頂峰。不做第一，就註定被淘汰。只有奮起直追，勇往直前，才能締造一個個商業帝國。

要嘛數一數二，要嘛出局

大拇指定律告訴我們，在激烈的市場競爭中，不斷有失敗的企業被逐出，不斷有落後的企業被淘汰，不斷有弱勢的企業被趕超，只有最具實力的企業才能成為明星，創造業界神話。

2001年，奇異已有12個事業部在各自的市場上獨領風騷，至少有9個事業部入選500強企業之列。這是傑克·威爾許推行「數一數二」戰略的輝煌成果。

　　「數一數二」經營戰略的基本含義：

　　（1）「數一數二」就是精幹、高效。

　　未來商戰的贏家要能夠洞察到真正有前途的行業並加入其中，無論是在精幹、高效還是成本控制、全球化經營等方面，都是數一數二。

　　（2）不做到「數一數二」，就意味著整頓或者關閉。

　　傑克·威爾許認為：「當你是市場中的第四或第五的時候，老大隨便一個動作，你就會膽顫心驚。當你是老大的時候，就能掌握自己的命運。」

　　（3）「數一數二」戰略是對專業化精神賦予新意的理解。

　　在任何領域，只有最大或第二的企業才能避開殘酷的競爭，贏得巨額利潤。「數一數二」不只是個目標，也是企業進行整合發展的方式。

　　「數一數二」最重要的不是排第幾，而是在這一戰略的指導下不斷地累積自身的競爭優勢，為企業帶來真正的效益。

　　失敗的企業都是一樣的失敗，成功的企業卻分成很多的層次。只有不斷進取、卓爾不凡，才能永遠站在頂峰當大拇哥，成為行業裡的龍頭。

做企業，沒有最好只有更好

　　商業中有一個信條：「如果你能真正製作好一枚別針，應該比你

製造出粗陋的蒸汽機賺到的錢更多。」所以，努力成為行業中的「大拇指」、業界的翹楚，對企業走向最後的成功至關重要。

奧運會上金牌永遠都屬於第一名，哪怕只與第一名差0.1秒，那也只能拿個銀牌。

企業也是這樣，只有那些排名第一的公司才能立於不敗之地，將競爭者遠遠落在後面。所以，做企業應該像參加奧運會一樣，勇爭第一。世界知名的戴爾電腦公司為我們提供了一個很好的例子：

2003年，戴爾公司的年銷售收入超過354億美元，比上一年有了長足的進步，然而戴爾卻立即宣佈：公司的新目標是2006年的銷售收入達到600億，增長率必須達到市場增長率的3倍。

任何值得慶祝的成功在戴爾看來，似乎都是理所當然的。公司甚至還規定，員工在完成指標後的慶賀不允許超過5秒鐘，而且在一個目標完成後的5個小時之內必須拿出新的目標和計畫。

永遠把自己的眼光聚焦在更高的地方，永遠把自己置於一種厚積薄發的拚命狀態，這就是戴爾的成功哲學。戴爾要求員工把每一次任務都當做參加奧運會，只能拿第一，不能拿第二。戴爾既沒有藍色巨人IBM那麼悠久的歷史和品牌，也沒有惠普實力雄厚的科研力量。如果想要在群雄林立的IT產業謀求大發展，戴爾只能以速度取勝，做到更快、更凶、更狠，以快速的增長速度來贏得市場。

事實證明，戴爾的策略是明智的。戴爾在個人電腦銷售量早已超過IBM、惠普和康柏，並且連續兩年都是全球第一。

如果你不夠強大，那麼就只能依靠更拚命、更迅速、更勇猛來贏得長足的進展。不做第一，就註定被埋沒。只有奮起直追，勇往直前，才能締造一個個商業帝國。

自信地豎起你的「大拇指」

人生之初，我們的起點都是一樣的，而多年之後，之所以有人默默無聞、有人功成名就、有人脫穎而出，也是大拇指定律在發揮作用。

認真對自己進行一下反思吧：

五個手指中，你是最與眾不同的大拇哥嗎？

團隊裡，你是最具遠見卓識的領導者嗎？

群雄逐鹿，你是脫穎而出、卓爾不凡的勝利者嗎？

攀岩時，你是堅忍不拔、笑到最後的追夢人嗎？

體育競賽，你是打破紀錄、遙遙領先的冠軍嗎？

做人也像做企業一樣。只有戰勝困難才能避免被淘汰，只有精益求精才能避免被落下，只有高瞻遠矚才能取得卓越非凡的成就。失敗的人和企業都是一樣的失敗，成功的人和企業卻分成很多的層次。你是否是金字塔上最高的尖頂？是否是夜空中最耀眼的明星？五指連心，大拇指卻只有一個！

帕格尼尼是享譽世界的「小提琴之王」，他在世界音樂史上久負盛名，是著名的演奏家兼作曲家。可是他年輕時，還沒來得及在音樂界嶄露頭角就由於政治原因被逮捕入獄，從此在牢獄中度過了20年。

鐵窗和灰牆並沒有消磨他的意志，監獄看守的不近人情和百般刁難也沒有打擊他的信心，雖然只能與一把獨弦琴相依為命，他依然勤學苦練。無數個黎明與黃昏，他在獄窗前用一把僅有一根C弦的小提琴，與音樂和藝術進行著對話，終於磨練出了一手出神入化的演奏技巧。

出獄後，一個偶然的機會，帕格尼尼舉辦一場專場音樂會。他魔術般的演奏技法博得了觀眾的驚歎，但是沒想到琴弦不堪重負，一根接一根地繃斷了。但帕格尼尼依然鎮定自若，僅憑著唯一倖存的那根琴弦堅持拉完了最後一個音符。整個演奏過程如行雲流水，聽者根本沒有感覺到這其間的變化。直到謝幕時，帕格尼尼舉起了小提琴，觀眾們才看到斷開的琴弦，頓時掌聲雷動。從此，人們賦予帕格尼尼「獨弦琴聖手」的美譽，他傳奇般的藝術人生也成為人們津津樂道的話題。

　　成為業內的「第一」、翹楚是每個人的夢想，然而不經歷一番磨練又怎能超越眾人呢？想成為「大拇指」，就必須付出加倍的努力。沒有當初獄中「一根弦」的苦練，帕格尼尼肯定不會練就一身絕技，也不會獲得日後公認的美譽。他的汗水終於換來了聽眾的一致稱讚，人們一致向他豎起了大拇指。

Part 18

財富：觀念決定貧富，腦袋決定口袋

你不理財，財不理你。

　　　　　　　　　　　　　　　　——投資界名言

愚蠢的行動，能使人陷於貧困；投合時機的行動，卻能令人致富。

　　　　　　　　　　　　　　　——克拉克（美國）

窮人在為錢而工作，富人讓錢為他們工作。

　　　　　　　　　　　　——羅伯特・清崎（美國）

馬太效應：窮人為什麼窮，富人為什麼富

提出者：美國科學史研究者羅伯特·莫頓。

內容精解：馬太效應的名字來自聖經《新約·馬太福音》一則寓言：「凡有的，還要加倍給他叫他多餘；沒有的，連他所有的也要奪過來。」1969年，美國科學史研究者羅伯特·莫頓提出了馬太效應，意指好的愈好壞的愈壞、多的越多少的越少的一種現象，反映的社會現象是兩極分化，富的更富，窮的更窮。

應用要訣：一個人只要努力，讓自己變強，就會在變強的過程中受到鼓舞，從而越來越強。態度積極主動執著，你就獲得了精神或物質的財富，獲得財富後你的態度更加強化了你的積極主動。要改變貧困境地，就要改變自己的思維，學會富人的思維方式。要富腦袋，才能富口袋。

從馬太效應看貧富差距

任何個體、群體或地區，一旦在某一個方面（如金錢、名譽、地位等）獲得成功和進步就會產生一種累積優勢，就會有更多的機會取得更大的成功和進步。這個術語後來被經濟學界借用，反映貧者愈貧、富者愈富，贏家通吃的收入分配不公的現象。

基尼係數則是用於衡量收入分配中馬太效應的重要經濟指標。基

尼係數是義大利經濟學家基尼於1912年提出的，定量測定收入分配差異程度，國際上用來綜合考察居民內部收入分配差異狀況的一個重要分析指標。

基尼係數的經濟含義是：在全部居民收入中，用於進行不平均分配的那部分收入占總收入的百分比。基尼係數最大為「1」，最小等於「0」。前者表示居民之間的收入分配絕對不平均，即100%的收入被一個單位的人全部佔有了；後者則表示居民之間的收入分配絕對平均，即人與人之間收入完全平等，沒有任何差異。這兩種情況只是在理論上的絕對化，在實際生活中一般不會出現。因此，基尼係數的實際數值只能介於0到1之間。

目前，國際上用來分析和反映居民收入分配差距的方法和指標很多。基尼係數由於給出了反映居民之間貧富差異程度的數量界線，可以較客觀、直觀地反映和監測居民之間的貧富差距，預報、預警和防止居民之間出現貧富兩極分化，因此得到世界各國的廣泛認同和普遍採用。

國際上通常把0.4作為收入分配差距的「警戒線」。一般開發國家的基尼指數在0.24到0.36之間，美國偏高，為0.4。

將基尼係數0.4作為監控貧富差距的警戒線，應該說，是對許多國家實踐經驗的一種抽象與概括，具有一定的普遍意義。但是，各國、各地區的具體情況千差萬別，居民的承受能力及社會價值觀念都不盡相同，所以這種數量界限只能用作宏觀調控的參照，而不能成為禁錮和教條。

要富口袋，先富腦袋

在貧富差距越來越大的今天，關於窮與富的思考與爭論成為了一個焦點。在短短的半個世紀內，在這個世界上攫取和創造了絕大多數財富的時代精英們，他們究竟憑的是什麼？而更多徘徊在貧窮邊緣的人們，是什麼讓他們與財富隔海相望？

曾幾何時，創造財富靠的是創業的激情、雄厚的資本，甚至是冒險和投機。可是，隨著知識經濟以迅雷不及掩耳之勢統治了這個世界，在某一天早晨，當洛克菲勒、巴菲特這些昔日的富豪們睜開眼睛的時候，驚奇地發現富豪榜上竟然出現了比爾·蓋茲等一批後起之秀，並且，他們就那樣眼睜睜看著這些富豪們後來居上，幾乎在一夜之間就超越自己躍居富豪榜榜首。

用富可敵國形容比爾·蓋茲的財富一點也不誇張。在短短20多年的時間裡，比爾·蓋茲創造了財富史上的神話，他平均每週增加資產4億美元。他的成功與我們所熟知的那些往日的富豪們完全不同。在過去的一個多世紀裡，全球首富是石油大王、汽車大王、鋼鐵大王等企業鉅子，他們的財富是建立在數不清的有形原料、產品，以及數代人的不懈奮鬥之上的。而比爾·蓋茲的微軟公司，既無高大的廠房，又無堆積如山的原料，有的只是知識和智慧，他們的產品就是一張張軟碟。這雖然只是一個嶄新的產業，可是，現如今，比爾·蓋茲的微軟公司的產值大於美國三大汽車公司產值的總和，美國1996年全年新增產值的2/3是靠像微軟公司這樣的企業創造的。

可以說，比爾·蓋茲之所以能夠連續數年穩坐世界首富寶座，就是由於他有豐富的腦力方面的知識！

美國前總統卡特曾經說過：「工業社會的動力是金錢，但在資訊社會卻是知識。人們將會看到一個擁有資訊且不為人知的新階層出現；這些人會擁有權力——但這種權力並非來自金錢，也不是來自土地，而是來自知識。」

世界著名的社會學家托夫勒在他的《權力轉移》一書中也指出：「知識」在21世紀必定毫無疑問地成為首位的權力象徵。相反，「財富」只占第二位。在資訊社會的今天，「知識」勝過「財富」，同時也創造「財富」。知識就是力量，「富腦袋」＝「富口袋」。

將你的財富摺疊51次

假如你手裡有一張足夠大的白紙，請你把它摺疊51次。想像一下，它會有多高？一公尺？兩公尺？其實，這個厚度超過了地球和太陽之間的距離！財富與之類似，不用心去投資，它不過是將51張白紙簡單疊在一起而已；但我們用心智去規劃投資，它就像被不斷摺疊51次的那張白紙，越積越高，高到超乎我們的想像。

其實，根據馬太效應，我們的收益是具有倍增效應的。你的收益越高，就會越有機會獲得更高的收益。

一位著名的成功學講師應邀去某培訓中心演講，雙方商定講師的酬金是300美元。在那個時候，這筆數目並不算少。

這是一場規模盛大的演講會，參加的人員很多。這位講師的演講非常成功，受到了大家的熱烈歡迎。同時，他也因此結交了更多的成功學人士，感覺受益匪淺。

演講結束後，他謝絕了培訓中心給他的報酬，高興地說：「在這幾天中，我的受益絕不是這幾百美元所能買到的。我得到的東西，早

已遠遠超出了報酬的價值。」

　　培訓中心的主管很受感動，把這個講師拒收酬金的事告訴了培訓中心的所有學員。他說：「這個講師能夠深深體會到他在其他方面的收穫遠遠大於他的酬金，這說明了他對成功學的研究達到了很高水準。像他這樣的講師，才能稱得上是真正意義上的成功學大師，因為他已經深刻領會了成功的要素和成功的意義。那麼，他宣傳的成功學一定很具實用性，也是可行的。閱讀他所著的成功學書籍，一定會得到真實的成功啟迪。」

　　於是，培訓中心的學員們紛紛購買了講師所著的成功學書籍和錄影帶等產品。

　　後來，培訓中心又把這個講師拒收酬金的事寫成激勵短文，掛在培訓中心的閱覽室裡，參加培訓的學員紛紛購買他的書籍和產品，使他的書籍再版了幾次，總數超過了百萬冊。這樣，僅在售書方面，講師的收入就不是一個小數目了。

　　透過這個故事我們不難發現，領悟了馬太效應對於我們獲得更高的收益非常重要。

　　現實生活中，人人都希望自己富裕起來。那麼，我們不能只看眼前的既得利益，應該把目光放得更遠一些，看到馬太效應的增值效果，讓眼前的收益不斷增值。這就好比前面所說的將一張紙摺疊51次那樣，經過不斷累加，你的收益便會越來越多。

學會投資，跨越貧富分水嶺

　　在美國，一度有本暢銷書叫做《富爸爸窮爸爸》。書中講的富爸爸沒有進過名牌大學，他只讀到了八年級，可是他這一輩子卻很成

功，也一直都很努力，最後富爸爸成了夏威夷最富有的人之一。他那數以千萬計的遺產不光留給自己的孩子，也留給了教堂、慈善機構等。

富爸爸不光會賺錢，在性格方面也是非常的堅毅，因此對他人有著很大的影響力。從富爸爸身上，人們不光看到了金錢，還看到了有錢人的思想。富爸爸帶給人們的還有深思、激勵和鼓舞。

窮爸爸雖然獲得了耀眼的名牌大學學位，卻不瞭解金錢的運作規律，不能讓錢為自己所用。其實說到底，窮與富就是由一個人的觀念所決定的，但容易受周圍環境的影響。

所有的有錢人都有一個共同的觀念：誓做富爸爸，不做窮爸爸。用錢去投資，而不是抱著錢睡大覺。

正確投資是一種好習慣，養成這樣習慣的人命運也許從此改變。而那些擁有了財富就止步的人，將會重新回到生活的原點。

一個人如果不養成正確投資的好習慣，讓錢在銀行睡大覺，就是在跟金錢過不去，就是在變相削減自己的財富。有很多人辛勞一生到頭來還是窮人，就因為這些人不會把錢變成資本。

可以這樣說，富人都是天然的投資家，大多數窮人都只是純粹的消費者。因此，如果要想不再做窮人，就不但要努力掙錢、用心花錢，還要養成良好的投資習慣，主動獵取回報率能超過通膨率的投資機會，這樣才能真正保證自己的錢財不縮水，才能逐漸接近自己的財富目標，才能過上更好的生活。

槓桿效應：尋找財富支點，撬起財富大廈

提出者：古希臘科學家阿基米德。

內容精解：古希臘科學家阿基米德有這樣一句流傳千古的名言：「給我一個支點，我就能撬起地球！」意思是利用一根槓桿和一個支點，就能用很小的力量撬起很重的物體。槓桿原理也充分應用於投資中，主要是指利用很小的資金獲得很大的收益。

應用要訣：在投資時做好預算，把握時間節點和投資額度，可以以最佳投資贏得最大回報。找到財富支點，你就能用你的財富槓桿撬動財富大廈，實現一夕暴富的神話。

財務槓桿：一夕暴富不是夢

槓桿原理說明，找到一個支點，人們透過利用槓桿可以以較小的動力撬起自己所追求的大事物。同樣，找到一個財富支點，你可以用你的財富槓桿撬動財富大廈，實現一夕暴富的神話。

在經濟活動中，一項經濟活動引起的一個經濟指標很小的變動，可以使另一個經濟指標有較大的變動。

在我們的日常生活中，槓桿原理應用非常廣。譬如，你每天開車用的方向盤，就運用了槓桿原理。高槓桿率是當今資本市場金融交易的重要特點，所謂槓桿率是指金融機構的資產對其自有資本金的倍

數。例如，如果槓桿率是10，則對應於1美元的資本金，銀行將能提供10美元的貸款。對於給定資本金，槓桿率越高，金融機構所能運作的資產越多，金融機構的盈利就越高。商業銀行、投資銀行等金融機構均採用了槓桿經營模式，即金融機構資產規模遠高於自有資本規模。風險和收益是成正比的，槓桿率越高風險也越大。我們接觸到槓桿率最簡單的例子就是房屋貸款。

那麼什麼是財務槓桿呢？從西方的理財學對財務槓桿的理解大體有以下兩種觀點：

第一，將財務槓桿定義為「企業在制定資本結構決策時對債務籌資的利用」。因而財務槓桿又可稱為融資槓桿、資本槓桿或者負債經營。這種定義強調財務槓桿是對負債的一種利用。

第二，認為財務槓桿是指在籌資中適當舉債，調整資本結構給企業帶來額外收益。如果負債經營使得企業每股利潤上升，便稱為正財務槓桿；如果使得企業每股利潤下降，通常稱為負財務槓桿。顯而易見，在這種定義中，財務槓桿強調的是通過負債經營而引起的結果。

另外，有些經濟學家認為財務槓桿是指在企業的資金總額中，由於使用利率固定的債務資金而對企業主權資金收益產生的重大影響。

與第二種觀點對比，這種定義也側重於負債經營的結果，但其將負債經營的客體局限於利率固定的債務資金，其定義的客體範圍是狹隘的。企業在事實上可以選擇一部分利率可浮動的債務資金，從而達到轉移財務風險的目的。

藉助槓桿原理贏得最大回報

瞭解槓桿原理，我們可以在投資時做好預算，把握時間點和投資

額度，以最佳投資贏得最大回報。

　　絕大多數進行房產投資的人都不是一筆付清的，他們都是負債投資。如果你買一幢100萬元的房子，首付是20％，你就用了5倍的財務槓桿。如果房價增值10％的話，你的投資回報就是50％；如果你的首付是10％的話，財務槓桿就變成10倍。如果房價上漲10％，你的投資回報就是1倍！

　　在投資市場上，人們都有以小博大的欲望，希望用很少的錢賺更多的錢。然而天下沒有免費的午餐，使用槓桿也是以巨大的風險為代價，這就需要投資者不要只看到收益，更要看到風險，合理正確地使用這一工具，讓其最大限度地為己所用。

甘蔗沒有兩頭甜，善用槓桿避風險

　　從某種程度上來說，槓桿原理的使用可以增加你的購買力，使你掌握自己的潛在資產。它的機制遠比你想像的要普通，比如，當你進行抵押貸款的時候，你實際上是在運用槓桿原理來支付你無法用現金兌付的某樣東西，而當你償付了抵押貸款後，你就可以在資產買賣中獲取利潤。

　　你也可以將槓桿原理運用到股票投資的保證金交易中。在這個場合中，可以用自己的錢加上從股票經紀人那裡借來的錢來購買股票。如果股票上漲，你賣出可以獲取盈利，然後將借的錢和借款利息歸還，剩餘的錢就歸你了。

　　因為你只是用了自己很少的錢進行投資，使用槓桿原理可能會比不用在投資回報上賺取更多。舉一個例子，如果你自己出5000美元，又借了5000美元做一筆10000美元的投資，然後以15000美元出手，那

麼你盈利是以5000美元賺取了5000美元，即你的投資回報率是100%。如果你全部用自己的錢來投資，則只是在10000美元的投資基礎上實現了5000美元的盈利，或者說是50%的回報率。

雖然在投資中運用槓桿原理會增加你的收益，但也會給你帶來巨大的風險。

運用槓桿性投資的波動越大，帶來巨大損失的風險性越高。事實上，你損失的錢會比你的投資還多，而這種情況在沒有運用槓桿性投資的時候是不會發生的。

俗話說，凡事有一利就有一弊，甘蔗沒有兩頭甜，槓桿也不例外。我們在使用槓桿之前有一個更重要的核心須要把握住：那就是成功與失敗的機率是多大。要是賺錢的機率比較大，就可以用很大的槓桿，因為這樣賺錢快；如果失敗的機率比較大，那根本不能做，做了就是失敗，而且會賠得很慘。

二八定律：以最小投入獲得最大收益

提出者：義大利經濟學家帕累托。

內容精解：在任何一組東西中，最重要的只占其中一小部分，約占20%，其餘的約80%儘管是多數，卻是次要的，因此又稱二八定律。

應用要訣：在投資理財中並不是投入越多越有效，要考慮投資成本，減少費用，以最小的投入獲得最大的收益，這是投資理財的上上策。

你想做「二」還是「八」

二八定律得到了廣泛的認證，一個企業80%的利潤來自20%的項目；20%的人掌握了世界上80%的財富；20%的人身上集中了人類80%的智慧⋯⋯在理財投資領域這個定律也有其價值，在股市上就有這樣的有趣現象。

股市中有80%的投資者只想著怎麼賺錢，僅有20%的投資者考慮到賠錢時的應變策略。結果是，只有那20%的投資者能長期盈利，而80%的投資者卻常常賠錢。

20%賺錢的人掌握了市場中80%正確的有價值資訊，而80%賠錢的人因為各種原因沒有用心收集資訊，只是透過股評或電視掌握20%的資訊。

當80%的人看好後市時，股市已接近短期頭部；當80%的人看空後市時，股市已接近短期底部。

　　券商80%的佣金是來自於20%短線客的交易，一般投資人80%的收益卻來自於20%的交易次數。因此，除非有良好的短線投資技巧，否則不要去貿然參與短線交易。

　　只占市場20%的大盤指標股對指數的升降有著80%的參考作用，在研判大盤走向時，要密切關注這些指標股的表現。

　　一輪行情只有20%的個股能成為黑馬，80%的個股會隨大盤起伏。80%的投資者都會和黑馬失之交臂，僅20%的投資者與黑馬有一面之緣，能夠真正騎穩黑馬的更是少之又少。

　　有80%投資利潤來自於20%的投資個股，其餘20%投資利潤來自於80%的投資個股。投資收益有80%來自於交易數的20%，其餘交易數的80%只能帶來20%的利潤。所以，投資者需要用80%的資金和精力關注於其中最關鍵的20%的投資個股和20%的交易。

　　股市中20%的機構和大戶佔有80%的主流資金，80%的散戶佔有20%資金，所以，投資者只有把握住主流資金的動向，才能穩定獲利。

　　成功的投資者用80%的時間學習研究，用20%的時間實際操作。失敗的投資者用80%的時間實盤操作，用20%的時間後悔。

　　股價在80%的時間內是處於量變狀態的，僅在20%的時間內處於質變狀態。成功的投資者用20%的時間參與股價質變的過程，用80%的時間休息，失敗的投資者用80%的時間參與股價量變的過程，用20%的時間休息。

　　由此看出能夠真正掌握投資理財技巧，讓自己在利潤與風險並存的理財投資中成功收益的人是少數的，你是願做成功的「二」，還是

願做占大多數的「八」呢？

　　有這樣兩種人：第一種占了80%，擁有20%的財富；第二種只占20%，卻掌握80%的財富。為什麼？原來，第一種人每天只會盯著老闆的口袋，總希望老闆能給他們多一點錢，而將自己的一生租給了第二種20%的人；第二種人則不同，他們除了做好手邊的工作外，還會用另一隻眼睛關注正在多變的世界，他們明白什麼時間該做什麼事，於是第一種80%的人都在替他們工作。每個人都不願自己是個一事無成的人，都希望自己能夠成為令人羨慕的20%的人當中的一分子。在現代社會，要想淘到屬於自己的第一桶金，不僅要懂得技巧，而且要會尋找機會。

　　想要成為「二」中的一分子，並不是可望而不可及的事情。只要經過自己的努力，善於發現自身的優勢，敢於去拚搏，善於在競爭激烈的社會中發現機遇，一旦發現了機遇就抓住它，不要因為暫時的困難就放棄了可以給自己帶來財富的機會。

黃金分割線——家庭投資理財的尺規

　　黃金分割是一種古老的數學方法。黃金分割的創始人是古希臘的畢達哥拉斯，他在當時十分有限的科學條件下大膽斷言：一條線段的某一部分與另一部分之比，如果正好等於另一部分和整個線段的比即0.618，那麼，這樣比例會給人一種美感。

　　黃金分割線的神奇和魔力，數學界還沒有明確定論，但它屢屢在實際中發揮我們意想不到的作用。如攝影中的黃金分割線，股票中的黃金分割線……同樣，黃金分割線在個人或家庭的投資理財規劃中也有著神奇的效果，妙用黃金分割線可使資產安全地保值增值。

一般來說，個人的負債收入比率數值應在0.4以下，高於此數值則在進行借貸融資時會出現一定困難。要保持財務的流動性，負債收入比率維持在0.36最為合適。如果一個人的該項比例值大於1，則意味著他已經資不抵債了。從理論上講，這個人已經破產了。

1. 投資額度要設上限

小明當前的家庭總資產，包括銀行存款、一間套房、貨幣市場基金和少量股票，總價值為527.5萬元，其中房產尚有140萬元貸款沒有還清，淨資產（總資產減去負債）為387.5萬元，投資資產（儲蓄之外的其他金融資產）有195萬元，小明的投資與淨資產的比率為195÷387.5＝0.503，遠低於黃金分割比率0.618。這意味著家庭有效資產可能得不到合理的投資，沒有達到「錢生錢」的目的，因此加大投資金額是很有必要的。

要讓資金最快增長，毫無疑問，要多投入資金。但是因為存在著虧損的可能性，所以小明給投入的資金量設定了上限。加大投資額的同時也要考慮償付能力，在償付比率合理的基礎上進行合理的理財投資。這就是小明財務一直很穩健的原因，而大部分人進行理財投資時往往忽略了自己的償付能力。

2. 借款可優化財務結構

在經濟風險膨脹的今天，如果償付能力過低，則容易陷入破產的危機。償付比率衡量的是財務償債能力的高低，是判斷破產可能性的參考指標。小明的總資產為527.5萬元，其中淨資產為387.5萬元，而他的房產貸款還有近140萬元未還。按照償付比率的計算公式，小明的償付比率為387.5÷527.5≈0.735。

從小明多年的財務經驗看，變化範圍在0～1之間的償付比率，一

般也是以黃金分割比率0.618為適宜狀態。如果償付比率太低，則表示生活主要依靠借債維持，這樣的財務狀況，無論債務到期還是經濟不景氣，都可能陷入資不抵債的局面。而如果償付比例很高，接近1，則表示自己的信用額度沒有充分利用，需要藉由借款來進一步優化其財務結構。

0.735是個比較理想的數字，即便在經濟不景氣的年代，這樣的資產狀況也有足夠的債務償付能力，但0.735遠高於黃金分割比率，可見小明資產還沒有得到最大合理的運用，信用額度也沒有充分利用。當然，0.735的償付比率增加了小明投資住宅房的信心。

小明開始尋找符合自己財務的投資住宅房，一方面他要使有效資產得到合理的運用，另一方面又要保證家庭財務的償付比率維持在黃金分割比上下。

由小明的事例可以看出，黃金分割線可以作為投資理財的一個度量。

黃金分割線是家庭投資理財的一把尺規，巧用黃金分割線進行投資理財規劃能夠產生微妙的效果，用最小的投入獲得最佳的回報，使資產穩健地保值增值。

羊群效應：投資理財不是趕時髦

來源：一個心理學實驗。

內容精解：在一群羊前面橫放一根木棍，第一隻羊跳了過去，第二隻、第三隻也會跟著跳過去；這時把那根棍子撤走，後面的羊走到這裡，仍然像前面的羊一樣向上跳一下，這就是所謂的「羊群效應」，也稱「從眾心理」。意指由於對資訊缺乏瞭解，投資者很難對市場未來的不確定性作出合理的預期，往往是透過觀察周圍人群的行為而提取資訊，進而產生跟風行為。

應用要訣：跟風很容易導致盲從，而盲從往往會陷入騙局或遭到失敗。投資理財要學會理智、不盲目，多做研究和分析，不要被眾人跟風的表象所迷惑，要學會透過現象看本質，審時度勢，做出正確的判斷，才能減少失誤和損失，獲得最大回報。

理性消費，不盲目跟風

「羊群效應」告訴我們，許多時候並不是諺語說的那樣——「群眾的眼睛是雪亮的」。在市場中的普通大眾，往往容易喪失基本判斷力，人們喜歡湊熱鬧、人云亦云。有時候，群眾的目光還投向資訊媒體，希望從中得到判斷的依據。但是，媒體人也是普通群眾，不是你的眼睛，你不會辨別垃圾資訊就會失去方向。所以，收集資訊並敏銳

地加以判斷，是讓人們減少盲從行為更多地運用自己理性的最好方法。

不做任人宰割的「羊」

一位石油大亨到天堂去參加會議。一進會議室，發現座無虛席，自己沒有地方落座。於是，他靈機一動，大喊一聲：「地獄裡發現石油了！」

這一喊不要緊，天堂裡的石油大亨們紛紛向地獄跑去，很快，天堂裡就只剩下那位石油大亨了。

這時，大亨心想：大家都跑了過去，莫非地獄裡真的發現石油了？

於是，他也急匆匆地向地獄跑去。

在實際的投資生活中，「羊群效應」現象比比皆是。但是，那些從眾的「羊」，並沒有像自己想像中的那樣賺到利潤，而是很容易成為被「宰割」的對象。

就拿股市來說，很多散戶被股市情緒所控制，從而出現從眾心理：好的時候都蜂擁而上，壞的時候消極沮喪。其實，在股市投資中，往往是少數人的看法才是正確的。

例如，股市大亨們想從散戶手中拿到廉價的籌碼，只要放點消息：「天堂在2500點以下！」結果，那些原先看好3000點的散戶都紛紛放棄原有位置，蜂擁到2500點去尋找自己的天堂。但是，通往2500點的路很快就被截斷了，當他們不得不回來後卻發現自己原來的位置被大亨們佔據了。兩手空空的散戶們仍然渴望進入天堂，這時，大亨們又喊話了：「真正的天堂是在5000點上方。」有些散戶忘了先前吃

的虧，再一次相信這種伎倆。同時，由於從眾心理，其他散戶也會隨之爭先恐後湧向5000點，而大亨們早就半道下車了。真正倒楣的，就是那些沒有主見、盲從的散戶。

雖然每個人都認為自己有判斷能力，但是在很多時候我們總是不自覺地隨大流，因為我們每個人不可能對任何事情都瞭解得一清二楚，對於那些自己不太瞭解、沒有把握的事情，一般就會採取隨大流的做法。然而，這種做法帶來的收益，往往與我們期望的大相逕庭。

無論是股票也好，基金也好，乃至自己投資開公司，心態是非常關鍵的。在現實生活中，一方面，我們要保持自己心態的獨立性，一旦認準了一顆金蛋，就不要被別人的言論所左右，假以時日讓它孵化成金雞；另一方面，我們要學會理智、不盲目，多做研究和分析，不要被眾人跟風的表象所迷惑，要學會透過現象看本質，以伯樂的眼光審時度勢。

做一匹特立獨行的「投資狼」

有位老獵人最喜歡聽狼嚎的聲音。在月明星稀的深夜，狼群發出一聲聲淒厲、哀婉的嚎叫，老獵人經常為此感動。他認為那是來自天堂的聲音，因為那種聲音總能震撼人們的心靈，讓人們感受到生命的存在。

老獵人說：「我認識這個草原上所有的狼群，但並不是由形體來區分牠們，而是透過聲音——狼群在夜晚的嚎叫。每個狼群都是一個優秀的合唱團，並且牠們都有各自的特點以區別於其他的狼群。在許多人看來，狼群的嚎叫並沒有區別，可是我的確聽出了不同狼群的不同聲音。」

狼群在白天或者捕獵時很少發出聲音，牠們喜歡在夜晚仰著頭對著天空嚎叫。對於狼群的嚎叫，許多動物學家進行過研究，但不能確定這種嚎叫的意義。也許是對生命孤獨的感慨，也許是透過嚎叫表明自身的存在，也許僅僅是在深情歌唱。

在一個狼群內部，每一匹狼都具有自己獨特的聲音，這聲音與群體內其他成員的聲音不同。但是，當狼群深情地嚎叫時，牠們成為一個最完美的整體。狼群雖然有嚴格的等級制度，也是最注重整體的物種，但這絲毫不妨礙牠們個性的發展和展示。即使是具有最大權力的阿爾法狼，也沒有權力去要求其他的狼模仿自己的聲音嚎叫，沒有權力去要求其他的狼模仿自己的行為。

每一匹狼都掌握著自己的命運和保留著自己的獨立個性。同樣，就投資而言，我們每一個人的未來終歸掌握在自己手裡。你願意去做一隻待宰的羔羊，還是做一匹特立獨行的狼？答案很明確，做一隻待宰的羔羊肯定會被狼吃掉。

可是，人們在實際的投資過程中，往往意識不到自己在不經意間已經加入了羊群。

我們要時刻保持警惕，時刻保持自己的個性，時刻保持自己的創造性，自己把握自己的未來。

要想有獨立的創意就不要人云亦云，跟在別人屁股後面是撿不到錢的，一定要培養自己獨立思考的能力。

複利效應：利滾利滾出財富大雪球

提出者：美國科學家愛因斯坦。

內容精解：愛因斯坦曾經說過：「宇宙間最大的能量是複利，世界的第八大奇蹟是複利。」複利就是把每一分盈利都投入投資本金，這樣，上一個計息期的利息都將成為生息的本金，即以利生利，也就是俗稱的「利滾利」。複利效應指資產收益率以複利計息時，經過若干期後資產規模（本利和）將超過以單利計息時的情況。複利計息條件下資產規模隨期數成指數增長，而單利計息時資產規模成線性增長，因此，長期而言複利計息的總收益將大幅超過單利計息。影響複利的結果只有兩個因素：一是投資增長率，二是投資時間。投資增長率越大，投資週期越長，財富的累積越大。

應用要訣：堅持不懈地長線投資，不斷獲得穩定的回報。以小博大，用小錢閒錢建立家庭的戰略財富儲備。完善投資結構，讓投資的資金做到短、中、長線投資相結合。降低整體投資風險的同時追求投資收益最大化，令整個家庭資產穩健增值。

複利的神奇魅力

有人曾經問過愛因斯坦：「世界上最強大的力量是什麼？」他的回答不是原子彈爆炸，而是「複利」。

複利是長期投資獲利的最大祕密。

有這樣一個古老而有趣的故事，展現了複利的強大威力。

從前，有一個非常愛下棋的國王，他棋藝高超，從未碰到過敵手。於是，他下了一道詔書，詔書中說無論是誰，只要擊敗他，國王就會答應他任何一個要求。

一天，一個年輕人來到皇宮與國王下棋，並最終贏了國王。國王問這個年輕人有什麼要求，小夥子說他只要一個小小的獎賞，就是在棋盤的第一個格子中放上一粒麥子，在第二個格子中再放進前一個格子的一倍，以此重複向後類推，一直將棋盤每一個格子擺滿。

國王覺得滿足他的要求很容易，於是就同意了。但很快國王發現，即使將國庫裡所有的糧食都給他，也不夠其要求的1%。一粒麥子只有一克重，擺滿棋盤卻需要數十萬億噸的麥子才能夠滿足條件。儘管從表面上看，年輕人要求的起點十分低，從一粒麥子開始，但是經過很多次的乘積，就迅速變成龐大的數字。

很多投資者沒有瞭解複利的價值，或者即使瞭解卻沒耐心和毅力長期堅持下去，這是大多數投資者難以獲得巨大成功的主要原因。如果你想讓資金更快地增長，在投資中獲得更高的回報，就必須對複利引起足夠的重視。

例如：1萬元的本金，按年收益率10%計算，第一年年末你將得到1.1萬元，把這1.1萬元繼續按10%的收益投放，第二年年末將得到 $1.1 \times 1.1 = 1.21$（萬元），如此，第三年年末是 $1.21 \times 1.1 = 1.331$（萬元），到第八年將達到2.14萬元。

同理，如果你的年收益率為20%，那麼3年半後你的錢就多一倍，1萬元變成2萬元。如果是20萬元，3年半後就是40萬元……

可見，複利的確很誘人，但是，想要獲得豐厚的複利收入還要有一些必備的條件。

（1）擁有足夠滿意的本金。

（2）好的投資管道。

（3）足夠的耐心和精力。

要讓複利真正地為我們的錢財服務，首先要完成本金的累積，或者持續地對本金進行投入；其次要瞭解有限的投資管道，在這些管道裡進行恰當地選擇；最後要具備精明的選擇能力，這是複利能否發揮神奇作用的分水嶺。

正如巴菲特所說：「在投資的王國，真正要做的是得到最大的稅後複利。」要想在投資理財中獲得最大的收益，就要充分重視複利的力量。

持有時間決定複利收益

對於投資者來說，短期投資交易往往帶有很大的投機性，成功與否的不確定性更大，並且損失大於收益。打個比方，如果一個投資者能夠在短期交易中獲得8%的收益率，那麼，為了能夠彌補上一次的失敗交易，需要交易成功3次才可以。這就意味著，必須保證75%的交易是成功的，才不至於損失，這樣的成功機率就變得很小了。

如果有人期望利用短期過高的複利取得暴利，這是妄想。因為最傑出的複利增長者——華倫・巴菲特，也只維持了24%的常年投資報酬率，而大部分人都達不到這樣的水準。所以，唯一的做法就是保證一個長期增長的相對較高的複利。

在複利的模式下，想要獲得較高的回報就應該長時間堅持，堅

持的時間越長，獲得的收益越多。也許在起初的一段時間裡，得到的回報並非理想，看似微薄，但只要將這些利潤進行再投資，那麼，你的資金就會像滾雪球一樣變得越來越大。經過年復一年的累積，你的資金就可以攀登上一個新臺階，這時候你已經在新的層次上進行投資了，你每年的資金回報也遠遠超出了最初的投資。

如果從現在開始投資1萬元，經過運作每年能賺到15%，那麼連續20年，最後連本帶利變成了163660元了。看到這個數字後我們也許並不感到滿意，但是連續30年，總額就會變成了662117元。如果連續40年的話，總額又是多少呢？答案或許會讓你目瞪口呆，是2678635元。也就是說，一個25歲的年輕人，只要投資1萬元，每年盈利15%，到65歲時就能獲得200多萬元的回報。

然而，天有不測風雲，市場並非總是一直景氣。每年都保持15%的收益率是很困難的。但這裡說的收益率是個平均數，如果你有足夠的耐心，再加上合理的投資，這個回報率是有可能做到的。

這種由複利所帶來的財富增長，被人們稱為「複利效應」。可以說，複利是一種思維，是一種以耐心和堅持為核心的思維方式。如果我們能充分利用複利思維，不管是投資還是人生都會有不錯的回報。

理財致富是「馬拉松競賽」而非「百米衝刺」，比的是耐力而不是爆發力。成功的投資理財在於長期堅持，而長期投資的最大魅力就在於不可思議的複利效應。

資金理財的時間價值原理

對於每個想學習投資或是對投資感興趣的人來說，他們首先需要接觸的概念就是資金的時間價值原理，此原理的意義就在於告訴人們

今天的1塊錢不等於明天的1塊錢。比如，若銀行的存款利率為10%，將今天的1元存入銀行，1年以後會是1.10元。可見，經過1年的時間，這1元發生了0.10元的增值，也就是說今天的1元和1年後的1.10元等值。

1. 資本的時間價值的含義

首先要說明的是，資金的時間價值是資金在周轉使用中產生的，而通常情況下，資金的時間價值相當於沒有風險和沒有通貨膨脹條件下的社會平均利潤率。

實際上，投資活動總是或多或少地存在風險，通貨膨脹也是市場經濟中客觀存在的經濟現象。因此，利率不僅包含時間價值，而且也包含風險價值和通貨膨脹的因素。只有在購買國庫券等政府債券時才會幾乎沒有風險，如果通貨膨脹率很低的話，可以用政府債券利率來表現時間價值。

時間價值＝政府債券利率－通貨膨脹率

影響資金時間價值的因素包括：

（1）資金的使用時間。在單位時間的資金增值率一定的條件下，資金使用時間越長，則資金的時間價值就越大；使用時間越短，則資金的時間價值就越小。

（2）資金數量的大小。在其他條件不變的情況下，資金數量越大，資金的時間價值就越大；反之，資金的時間價值則越小。

（3）資金投入和回收的特點。在總投資一定的情況下，前期投入的資金越多，資金的負效益越大；反之，後期投入的資金越多，資金的負效益越小。而在資金回收額一定的情況下，離現在越近的時間回收的資金越多，資金的時間價值就越大；反之，離現在越遠的時間回收的資金越多，資金的時間價值就越小。

（4）資金周轉的速度。資金周轉越快，在一定的時間內等量資金的時間價值越大；反之，資金的時間價值越小。

2. 終值與現值的含義

終值又稱將來值，是指現在一定量現金在未來某一時點的價值，俗稱本利和。比如，存入銀行一筆現金100元，年利率為複利10%，經過3年後一次取出本利和共133.10元，這3年後的本利和133.10即為終值。

現值又稱本金，是指未來某一時點上的一定量現金折合為現在的價值。上述3年後的133.10元折合為現在的價值為100元，這100元即為現值。

我們把現值（PV）和終值（FV）之間的關係，用利率K和期數t來表示為：

FV=PV（1+K）t

例如，今天的100元（FV），在通膨率為4%（K）情況下，相當於10年（t）後的多少錢呢？答案是148元左右，也就是說10年後的148元才相當於今天的100元。

資金的時間價值是客觀存在的，投資經營的一項基本原則就是充分利用資金的時間價值並最大限度地獲得其時間價值，這就要加速資金周轉，早期回收資金，並不斷進行高利潤的投資活動；而任何積壓資金或閒置資金不用，就是白白地損失資金的時間價值。

藉助複利的威力讓財富滾雪球

長期持有具有持續競爭優勢的企業股票，將給價值投資者帶來巨大的財富，其關鍵在於投資者未兌現的企業股票收益，經過複利產生

了巨大的長期增值。

很小的百分比在一段長時間所造成的差異是令人吃驚的。投資人的10萬美元以5%的免稅年獲利率計算，經過30年後，將值432194美元；但是若年獲利率為10%，30年後，10萬美元將值1744940美元；倘若年獲利率再加5%，即以15%累進計算，30年後，10萬美元將增加為6621177美元；獲利率為20%，30年後則為23737631美元。

作為一般投資者，在長期投資中沒有任何因素比時間更具有影響力。隨著時間的延續，複利將發揮巨大的作用，為投資者實現巨額的稅後收益。

複利的大小由時間的長短和回報率的高低兩個因素決定。兩個因素的不同使複利帶來的價值增值也有很大不同：時間的長短將對最終的價值數量產生巨大的影響，時間越長，複利產生的價值增值越多；回報率對最終的價值數量有巨大的槓桿作用，回報率的微小差異將使長期價值產生巨大的差異。以6%的年回報率計算，最初的1美元經過30年後將增值為5.74美元；以10%的年回報率計算，最初的1美元經過同樣的30年後將增值為17.45美元。4%的微小回報率差異，卻使最終價值差異高達3倍。

因此，投資具有長期持續競爭優勢的卓越企業，投資者所需要做的只是長期持有，耐心等待股價隨著公司成長而上漲。投資者不必害怕大盤會跌，因為不管是在牛市中還是在熊市中，都有內在價值被市場低估的股票，這正是投資機會之所在。所以，我們要做的就是找出那些能夠長期持有的價值型公司，不為眼前短期的波動所影響。長期持有，藉助複利的威力，最終也會獲得很高的收益。

投資理財，越早越受益

人生沒有假設，沒有可逆性，時不待人。投資理財的時期，當然也應是越早越好！

趁早開始理財的優勢是什麼？

在說明趁早開始理財的優勢之前，我們需瞭解一個財務管理中非常重要的原理，即貨幣時間價值原理。所謂貨幣時間價值，是指貨幣（資金）經歷一定時間的投資和再投資所增加的價值。簡單來說，同樣的貨幣在不同時間它們的價值是不一樣的。所謂價值，我們可以認為是購買力，即能買入東西的多少。現在的1元和一年後的1元其經濟價值是不相等的，或者說其經濟效用不同。現在的1元比1年後的1元經濟價值要大，也就是說更值錢。

為什麼會這樣？

我們用一個簡單的例子來說明。如果您將現在的1元存入銀行，存款利率假設為10%，那麼一年後將可獲利0.1元。這0.1元就是貨幣的時間價值，或者說前面的貨幣（1元1年）的時間價值是10%。根據投資項目的不同，時間價值也會不同，如5%、20%、30%等。

假設一年後，我們繼續把所得的0.1元按同樣的利率存入銀行，則又過一年後，您將獲得0.21元。以此方式年復一年存款，則當初的1元將會不斷的增加，年限夠長的話，到時可能是當初的幾倍。這就是複利的神力！

時間就是金錢！

我們知道了時間的神奇後，也就瞭解了同樣的資金在5年前的投資和5年後的投資的回報將會不同。所以，越早投資也就越快獲得財富。

就算您早一天投資，也會比晚一天要好！這就是趁早投資理財的理由。由時間來給你創造財富！

為了能夠讓自己擁有更多的財富，開始行動起來吧！

海鴿 文化出版圖書有限公司
Seadove Publishing Company Ltd.

作者	滄海滿月
美術構成	騾賴耙工作室
封面設計	斐類設計工作室
發行人	羅清維
企畫執行	林義傑、張緯倫
責任行政	陳淑貞

成功講座 367

The World's Top Thinking
世界頂級思維

出版	海鴿文化出版圖書有限公司
出版登記	行政院新聞局局版北市業字第780號
發行部	臺北市信義區林口街54-4號1樓
電話	02-27273008
傳真	02-27270603
e‧mail	seadove.book@msa.hinet.net

總經銷	創智文化有限公司
住址	新北市土城區忠承路89號6樓
電話	02-22683489
傳真	02-22696560
網址	www.booknews.com.tw

香港總經銷	和平圖書有限公司
住址	香港柴灣嘉業街12號百樂門大廈17樓
電話	（852）2804-6687
傳真	（852）2804-6409

出版日期	2021年04月01日　一版一刷
	2021年08月25日　一版五刷
定價	450元
郵政劃撥	18989626戶名：海鴿文化出版圖書有限公司

國家圖書館出版品預行編目資料

世界頂級思維／滄海滿月著--
一版，--臺北市 ： 海鴿文化，2021.03
面 ； 公分. －－（成功講座；367）
ISBN 978-986-392-371-8（平裝）

1. 思維方法　2. 成功法

176.4　　　　　　　　　　　　110003568

Seadove

Seadove